INTRODUCTION TO
PSYCHOLOGY

ステップアップ
心理学シリーズ

心理学入門

こころを科学する10のアプローチ

YOSHIHIRO ITAGUCHI　HANAE SOMA
板口典弘　相馬花恵　[編著]

講談社

執筆者一覧

阿形亜子
―――――― 奈良女子大学大学院人間文化研究科 博士研究員 (6章)

浅野良輔
―――――― 久留米大学文学部心理学科 准教授 (7章)

＊**板口典弘**
―――――― 慶應義塾大学文学部 助教 (1, 4, 5, 10章)

岡林誠士
―――――― 文化学園大学服装学部 准教授 (2章)

近藤あき
―――――― 早稲田大学高等研究所 准教授（任期付）(4, 5章)

＊**相馬花恵**
―――――― 駿河台大学心理学部 准教授 (8, 9章)

藤村友美
―――――― 同志社大学心理学部 准教授 (3章)

[五十音順, ( ) 内は担当章, ＊は編者]

はじめに

心理学とは？

　心理学は，学問としては哲学から派生したものです。哲学が扱う問題は多岐にわたりますが，心理学はその中でも「人間とはどのようなものか？」について研究をしている学問です。心理学が従来の哲学と異なる点は，このような問題に対して，科学的な手法を用いて取り組んでいる点です。

▶ **科学としての心理学** ｜ 心理学が科学である，というと，違和感を覚える人もいるかもしれません。しかし，「人間」を含むさまざまな対象をより良く理解するためには，客観的な手法を用いることが重要です。物理学を例にとってみましょう。今や科学の代表格である物理学も，最初から"科学"であったわけではありません。たとえば，「世界はどのようなものか？」という問いに対しては，自然哲学の立場から，「地球の周りを太陽が回っている」などといったモデルが提案され，長らく信じられてきました。それが，実験や観察といった実証的手法を取り入れたことにより，より客観的で説明力のあるモデルが提案されるようになりました。こうして，現代の物理学が完成したのです。これと同様に心理学も，できるだけ客観的な手法を用いることによって，科学として，人間の本質について理解することを目指します。ちなみに心理学は，人間の本性を問うという点では"人文科学"（人文学）に，科学的な手法を用いる点では"自然科学"に属するという，数ある学問の中でもちょっと変わった学問分野です。

▶ **日常の中の心理学** ｜ 科学としての心理学の歴史はまだ150年も経っていません。しかしながら，その短い間に心理学は多くの知見を明らかにして，現代の新しい人間観・新しい学問をつくりあげることに貢献してきました。

　心理学で扱う対象は，人間が関係することがらすべてです。そのため，非常に範囲が広く，ある意味では漠然としていて掴みどころがありません。日常的には，政治・金融政策・マーケティング・スポーツ・医療・介護福祉・危機管理・ものづくり・対人関係・教育などの幅広い場面に，心理学の知見

が応用されています。たとえば，スーパーに行ったとしたら，照明の明るさ，陳列棚の配置，商品のパッケージ，かかっている音楽のテンポなど，すべてに心理学の知見が応用されているのです。また，このような日常的な事象だけでなく，心理学では宗教・時間・美・魂といった抽象的な問題も広く扱います。本書では，このような幅広い心理学のうち，代表的な10の心理学領域を紹介します。

本書のアプローチ

本書は一般的な概論書と異なり，それぞれの心理学トピックの解説を，ステップアップ方式で記述しています。各節は，3つのステップにより構成されます。

■ **3つのステップ** ｜ ステップ1は，そのトピックにおける心理学的事象の定義や分類などの知識を紹介します。実はこのステップは通常の概論書のアプローチとあまり変わりません。ただし，ステップ2において，できるだけ具体的な研究例を基にして，「そのような事象がなぜ面白いのか」「その発見がなぜすごかったのか」を解説していきます。このアプローチによって，ただ知識を詰め込むのではなく，より深い理解が得られるでしょう。最後に，ステップ3において，それらが実生活においてどのように活かされているのか，あるいは最新の研究にはどのようなものがあるのか，などの発展的なトピックを紹介します。

■ **心理学の面白さを伝える** ｜ このような3つのステップに沿った学習は非常に効果的です。簡単にいうと，3つのステップを正しく踏めば，本書で学んだ心理学の知識を，誰かに面白く伝えることができるようになるでしょう。1つめのステップ（従来のアプローチ）のみでは，それは「心理学の知識」に留まってしまいます。たとえば，ヒトは"確率の計算"が非常にニガテです。ただし，この事実だけでは，何も面白くありません。しかしステップ2によって，そのトピックに関する研究の具体的内容や背景を知ることができます。それによって，実際に簡単な実験をしてみたり，歴史的な意義あるいは現象のメカニズムを説明できたりするようになります。さらにステップ3では，そのようなトピックを，私たちの日常と結び付けて検討します。たとえば，確率の計算がニガテであるということは，私たち人間がパチンコにハマったり，防災の蓄えをしなかったりする傾向を説明してくれます。このよ

うな「知識を日常の生活に結び付ける力」を応用することにより，たとえば，依存症のリハビリをおこなったり，ある商品をより多くの人に買わせたりする方法を考えることもできるようになります。

　段階的な学習を可能とするステップアップ方式は，わかりやすさ，あるいは理解の深化につながると考えています。いっぽうで，敢えてテーマを絞って話題を深めることにより，心理学研究の奥深さを知って，もっとドキドキワクワクしてほしい，というのが著者たちの本音でもあります。読者のみなさんには，心理学の面白さを理解し，広めて欲しいと考えています。

▶ **領域間のつながり**｜また，本書のもう1つの特徴として，各心理学領域において類似の内容を扱った箇所に「リンク（参照マーク）」をつけています。これによって，領域間のアプローチの関連性や違いも意識できるようになっています。本書は専門書ではありませんので，各領域のトピックを網羅することはできません。しかしながら，できるだけ多角的な視点から，科学としての心理学の魅力を届けられるように心がけています。本書を通して，ひとりでも多くの方が心理学の面白さや意義を知っていただければ幸せです。

　本書を執筆するにあたって，非常に多くの方にご協力をいただきました。各章を執筆の先生方には，いろいろと無理なお願いを聞き入れていただきました。また，査読の先生方（牟田季純先生，中島悠介先生，吉原将大先生，玉利祐樹先生，趙　善英先生，藤掛友希先生，花田恵介先生，担当章順）には多くの有益なご意見をいただきました。最後に，本書の編集者である株式会社講談社サイエンティフィクの野上三貴氏，國友奈緒美氏には，構成から内容に至るまで多大なご尽力をいただきました。心よりお礼申し上げます。

2017年8月

板口典弘・相馬花恵

心理学入門 こころを科学する10のアプローチ

目次

第1章 心理学の歴史——こころを科学する方法　1

1 こころのはじまり　2
- ステップ1　心理学の歴史を学ぶ意義／身体と霊魂　2
- ステップ2　古代の性格診断／こころの在りか　4
- ステップ3　氏か育ちか　5

2 感覚を測る　6
- ステップ1　心理学の夜明け　6
- ステップ2　心理学のはじまり　9
- ステップ3　要素から全体へ　10

3 行動を結ぶ　12
- ステップ1　無意識の発見　12
- ステップ2　行動の科学／行動主義心理学　14
- ステップ3　行動の神経基盤　17

4 "処理"をひも解く　18
- ステップ1　ブラックボックスの中身　18
- ステップ2　集団と個人の意思　21
- ステップ3　成熟による世界の変化　22

5 こころを覗く　24
- ステップ1　フェヒナーの夢　24
- ステップ2　意志と脳　25
- ステップ3　科学としての心理学／科学誌と研究　26

第2章 学習心理学——行動変化のダイナミズム　29

1 学習心理学とはなにか　30
- ステップ1　生得的行動　30
- ステップ2　初期学習と臨界期　33

目次

- ステップ3 哺乳類およびヒトにおける臨界期 ……… 34
- ② **行動の獲得における2つの条件づけ** (1)古典的条件づけ ……… 35
  - ステップ1 古典的条件づけ ……… 35
  - ステップ2 古典的条件づけにおける消去／古典的条件づけにおける般化と弁別／
    高次条件づけ ……… 37
  - ステップ3 味覚嫌悪学習（味覚嫌悪条件づけ）……… 40
- ③ **行動の獲得における2つの条件づけ** (2)オペラント条件づけ ……… 41
  - ステップ1 オペラント条件づけとは／逃避・回避訓練と学習性無力感 ……… 41
  - ステップ2 強化スケジュール／オペラント条件づけにおける消去／
    オペラント条件づけにおける般化と弁別 ……… 44
  - ステップ3 段階的な行動の獲得／2つの条件づけの同異 ……… 47
- ④ **技能学習** ……… 48
  - ステップ1 運動技能の学習 ……… 48
  - ステップ2 鏡映描写実験 ……… 51
  - ステップ3 パフォーマンスの知識 ～スポーツにおける技能学習の利用 ……… 52
- ⑤ **社会的学習** ……… 52
  - ステップ1 社会的学習とは ……… 52
  - ステップ2 攻撃行動の観察学習／模倣の生じやすいモデルとは ……… 54
  - ステップ3 観察学習によるさまざまな学習 ……… 56

第3章 生理心理学——こころとからだをつなぐもの　59

- ① **生理心理学とはなにか** ……… 60
  - ステップ1 生理心理学とは／神経細胞の構造と機能／ゴルジとカハールの業績 ……… 60
  - ステップ2 神経系の構造と機能／中枢神経系／末梢神経系 ……… 63
  - ステップ3 内分泌系が行動に与える影響 ……… 67
- ② **中枢神経系の活動** ……… 68
  - ステップ1 脳活動の計測／脳波の発生機序と応用 ……… 68
  - ステップ2 事象関連電位（ERP）とは ……… 71
  - ステップ3 脳機能イメージング法 ……… 74
- ③ **末梢神経系の活動** ……… 75
  - ステップ1 生理心理学における末梢神経系の活動／自律神経系 ……… 75
  - ステップ2 体性神経系 ……… 78
  - ステップ3 末梢神経系指標による虚偽検出 ……… 81
- ④ **感情** ……… 83

ステップ1	感情と情動／感情の末梢神経反応／情動の座"扁桃体"	83
ステップ2	末梢起源説と中枢起源説	86
ステップ3	現代の末梢起源説：ソマティック・マーカー仮説	88

第4章 知覚心理学——世界が意識にのぼるまで 91

1 知覚心理学とはなにか 92
- ステップ1 知覚とは 92
- ステップ2 知覚にかかわる神経回路 93
- ステップ3 共感覚 95

2 視覚1：明るさと色の知覚 97
- ステップ1 明るさ・色の視覚情報処理 97
- ステップ2 色覚のモデル 98
- ステップ3 明るさ・色の恒常性と順応 100

3 視覚2：かたちと空間の知覚 103
- ステップ1 かたちの知覚／空間の知覚 103
- ステップ2 かたちと大きさの錯視 106
- ステップ3 顔の知覚 108

4 聴覚 109
- ステップ1 聴覚のしくみ 109
- ステップ2 聴覚による方向や情景の知覚 112
- ステップ3 聴覚と視覚の相互作用 113

5 触覚 115
- ステップ1 触覚のしくみ 115
- ステップ2 触覚における錯覚 116
- ステップ3 視覚と触覚の相互作用 118

第5章 認知心理学——対象把握の処理過程 121

1 認知と情報処理 122
- ステップ1 認知心理学とはなにか／認知心理学の実験手法 122
- ステップ2 認知革命 124
- ステップ3 認知心理学の周辺領域 125

2 注意 128
- ステップ1 注意とは 128

	ステップ2	視覚的注意	131

ステップ3　注意の神経基盤 …………………………………………………… 133

③ 記憶 ………………………………………………………………………………… 135
　ステップ1　記憶とはなにか／記憶のモデル／覚えること，思い出すこと …… 135
　ステップ2　壊れた記憶 ………………………………………………………… 139
　ステップ3　記憶の変容 ………………………………………………………… 140

④ 言語 ………………………………………………………………………………… 142
　ステップ1　言語と概念／心的辞書 …………………………………………… 142
　ステップ2　言語の獲得 ………………………………………………………… 146
　ステップ3　言語処理の神経基盤 ……………………………………………… 147

第6章　社会心理学——他者と生きる，人と交わる　　151

① 自己と他者とのかかわり ………………………………………………………… 152
　ステップ1　社会心理学とは／自己／印象形成／対人魅力 ………………… 152
　ステップ2　物理的環境が親密さを促進する：暗闇の効果 ………………… 157
　ステップ3　文化と自己：文化的自己観／他者とのつながりと自己：栄光浴／
　　　　　　　ステレオタイプの弊害：行動との関連 ……………………… 158

② 社会をどう見るか ………………………………………………………………… 160
　ステップ1　態度／原因帰属 …………………………………………………… 160
　ステップ2　考えすぎるとだめ：意思決定と熟慮 …………………………… 165
　ステップ3　過去を振り返る：後悔の心理／
　　　　　　　損失は数字で表現できるか：プロスペクト理論 ……………… 167

③ 社会・集団の影響力——行動のダイナミックス—— ………………………… 170
　ステップ1　社会的影響力／集団行動 ………………………………………… 170
　ステップ2　自分が誰かわからなければ：没個性化 ………………………… 174
　ステップ3　人を動かすには：説得／何が集団を決めるのか：最少条件集団／
　　　　　　　集団から排斥される痛み：社会的排斥 ……………………… 176

第7章　パーソナリティ心理学——あなたらしさの秘密　　181

① パーソナリティ心理学とはなにか ……………………………………………… 182
　ステップ1　パーソナリティ心理学とは／クロスロードとしてのパーソナリティ心理学 ……… 182
　ステップ2　測定法 ……………………………………………………………… 183
　ステップ3　分析法 ……………………………………………………………… 187

2 パーソナリティの分類 ・・・・・・・・・・・ 189
- ステップ1 パーソナリティのとらえ方 ・・・・・・・・・・・ 189
- ステップ2 類型論 ・・・・・・・・・・・ 191
- ステップ3 特性論 ・・・・・・・・・・・ 192

3 パーソナリティの影響 ・・・・・・・・・・・ 195
- ステップ1 因果関係 ・・・・・・・・・・・ 195
- ステップ2 パーソナリティの予測的妥当性：心理学における成果 ・・・・・・・・・・・ 197
- ステップ3 パーソナリティの予測的妥当性：他分野への広がり ・・・・・・・・・・・ 199

4 パーソナリティの形成・発達 ・・・・・・・・・・・ 200
- ステップ1 遺伝と環境 ・・・・・・・・・・・ 200
- ステップ2 行動遺伝学の成果 ・・・・・・・・・・・ 202
- ステップ3 パーソナリティ障害 ・・・・・・・・・・・ 203

第8章 臨床心理学——こころの健康マネージメント　207

1 臨床心理学とはなにか ・・・・・・・・・・・ 208
- ステップ1 臨床心理学とは ・・・・・・・・・・・ 208
- ステップ2 臨床心理学の発展 ・・・・・・・・・・・ 210
- ステップ3 臨床心理学が求められる現場 ・・・・・・・・・・・ 211

2 精神分析療法 ・・・・・・・・・・・ 213
- ステップ1 精神分析理論とは ・・・・・・・・・・・ 213
- ステップ2 精神分析理論の展開 ・・・・・・・・・・・ 215
- ステップ3 精神分析療法の技法 ・・・・・・・・・・・ 217

3 クライエント中心療法 ・・・・・・・・・・・ 218
- ステップ1 人間性心理学理論 ・・・・・・・・・・・ 218
- ステップ2 クライエント中心療法の確立 ・・・・・・・・・・・ 220
- ステップ3 クライエント中心療法の技法 ・・・・・・・・・・・ 221

4 行動療法・認知行動療法 ・・・・・・・・・・・ 223
- ステップ1 行動理論とは ・・・・・・・・・・・ 223
- ステップ2 認知理論とは ・・・・・・・・・・・ 224
- ステップ3 各療法における治療技法 ・・・・・・・・・・・ 226

5 そのほかの臨床心理学的アプローチ ・・・・・・・・・・・ 229
- ステップ1 集団心理療法 ・・・・・・・・・・・ 229
- ステップ2 身体感覚を利用したアプローチ ・・・・・・・・・・・ 231
- ステップ3 なぜ"集団"でおこなうのか，なぜ"身体"を扱うのか ・・・・・・・・・・・ 233

第9章 発達心理学——色とりどりの生涯の歩み　235

1 発達心理学とはなにか　236
- ステップ1　発達とは，発達心理学とは　236
- ステップ2　人間はどのように発達していくのか　236
- ステップ3　個人差をもたらす要因（発達の規定因）　238

2 胎生期・乳児期　240
- ステップ1　胎生期・乳児期の発達の様相　240
- ステップ2　胎生期・乳児期の母子の健康　242
- ステップ3　母子ともに健康であるために　244

3 幼児期　245
- ステップ1　幼児期の発達の様相　245
- ステップ2　幼児・児童虐待　248
- ステップ3　虐待への介入：適切な愛着関係の形成　249

4 児童期　250
- ステップ1　児童期の発達の様相　250
- ステップ2　発達障害　252
- ステップ3　発達障害児の理解とアプローチ　252

5 思春期・青年期　254
- ステップ1　思春期・青年期の発達の様相　254
- ステップ2　アイデンティティの拡散・摂食障害　256
- ステップ3　揺れ動くこころに寄り添う　257

6 成人期・老年期　258
- ステップ1　成人期・老年期の発達の様相　258
- ステップ2　成人期以降の発達上の問題　260
- ステップ3　うつ病・認知症へのアプローチ　262

第10章 神経心理学——脳に宿ったこころの機能　265

1 心と脳　266
- ステップ1　脳損傷と神経心理学的症状　266
- ステップ2　フィニアス・ゲージ　269
- ステップ3　神経心理学的研究の変遷　271

2 脳の構造　272

ステップ1	大脳皮質／大脳皮質の分類	272
ステップ2	2つの脳	275
ステップ3	脳イメージング技術	277

③ 失語症 279
ステップ1	失語症とは／失語症の分類	279
ステップ2	神経心理学，事はじめ	282
ステップ3	認知神経心理学的アプローチ	284

④ 失認症 285
ステップ1	失認症とは／失認症の種類	285
ステップ2	知覚と認識，そして行為	288
ステップ3	自身に対する失認	289

⑤ 失行症 291
ステップ1	失行症とは／失行症の分類	291
ステップ2	行為の随意性と運動制御	293
ステップ3	意図に反した行為／意志と神経心理学的症状	295

事項索引 297
人名索引 305

第 1 章 心理学の歴史 ── こころを科学する方法

1. こころのはじまり
2. 感覚を測る
3. 行動を結ぶ
4. "処理"をひも解く
5. こころを覗く

（板口典弘）

1 こころのはじまり

ステップ1

心理学の歴史を学ぶ意義

　本章「心理学の歴史」は**心理学の観光ガイドブック**のようなものです。ガイドブックを持たずに外国に行って遺跡を見ても面白くないのと同様に，学問においても背景を知らないとその面白さは理解できません。そのため，できればこの章の内容を念頭に置きながら，各章を読んでみてください。さらに，心理学全体について一通り学んだ後で，再度この章を読み返してみてください。そのときにはまた違った世界が開けてくるはずです。

　心理学とは，人間の**感じること**，**考えること**，**行うこと**に関する学問です。そこにはさまざまな分野があり，さまざまなアプローチがありますが，最終的には**人間とはどのような存在であるのか？**という問いに答えることを大きな目的の1つとしています。この問いは，ずいぶん昔から議論されてきました。

身体と霊魂

　現代の種の分類において，私たちヒトは動物の一種に分類されています。動物というのは，生物のなかで植物に対する概念です。古代ギリシャの哲学者**アリストテレス**（384B.C.-322B.C.）は，**感覚**と**運動能力**があるかないかで植物と動物を分けています。さらに18世紀の生物学者**C.リンネ**（1707-1778）も，感覚と移動能力によって，植物界と動物界を分けています。すなわち，感覚と運動能力が私たちにとって重要なようです。それらの正体は何なのでしょうか？

　▶ **生きるということ** ｜ Animal（動物）という言葉は，ラテン語の「生命・霊魂」を表す *Anima* を語源とします。すなわち，昔の人々は，ヒトを含めた**動物には霊魂や生気が存在し，それが身体を動かしている原動力である**と考えていました[1]。その生気が抜けると，動物は死んでしまうというわけで

す。Animaにあたるギリシャ語が，心理学（Psychology）の語源ともなっているPsychē（プシュケー）です。AnimaとPsychēはどちらも「息」という意味であり，息をすることが生命の本質であると考えられてきました。日本語の「生きる」という言葉も，息から派生した言葉ですので，その点では近いものがあります。

▶ **魂の哲学** ギリシャの偉大な哲学者の1人であるソクラテス（469B.C.頃-399B.C.）は，人間の魂を考察の対象にしました。それ以前の哲学者は自然をおもな考察の対象にしていたため，大雑把な意味では，ソクラテスを心理学の祖ということもできます。ソクラテスの弟子のプラトン（427B.C.-347B.C.）は，私たちが見たり触れたりすることのできる世界とは別に，私たちが直接は知覚できない理想の世界（イデア界）が存在すると考えました。そして，ヒトの魂は，肉体とは独立してイデア界に存在すると主張しました。このような考え方は，広い意味で物心二元論とよばれます。この考えで重要な点は，物体（身体）と独立して「こころ」が存在すると仮定している点です。

　プラトンは物体（身体）と心を異なるものとして扱いましたが，万学の祖とよばれるアリストテレスは，身体と心を一元的にとらえる立場をとりました。すなわち，**身体なしには心は存在しえない**という立場です。また，アリストテレスは，このような考えを『De Anima』という本にまとめています。このタイトルは，日本語では霊魂論と訳されることが多いですが，心理学と訳す例もあるようです。アリストテレスは身体と心を不可分なものとしてとらえたため，たとえば感覚の統合といった心的作用も心臓でおこなわれていると考えました。いっぽうで，人間において顕著な能力である理性に関しては，神から与えられた能力であるため，身体器官との対応はないと考えていた点には注意が必要です[2]。このような例外はありますが，アリストテレスの画期的な点は，心的機能を身体の特定部位と結びつけた（局在させた）点でした。しかし，精神と理性を区別したことや，精神の座を心臓と仮定したことについては，後世の学者を誤った方向へ導く原因にもなりました。

1　ラテン語やギリシャ語の「動物」はAnimalやZoonという言葉であり，ともに「動くもの」という意味ではなく「生命」に由来する言葉です。このような意味で考えると，Animalの訳は動物ではなく生物のほうが適しているように思われます。現代と同じ意味で動物という日本語が辞書に登場するのは1876年であり，これはAnimalを訳すためにつくられました。ちなみに，それより以前の日本では，動物を表すときには獣や畜生といった概念が用いられてきました。

2　理性は人間に特有の機能であるいっぽう，霊魂（精神＝プシュケー）はすべての生物がもつものとして区別されています。

ステップ2

古代の性格診断

　人間の性質について考察した重要な学者として，医学の祖とよばれるヒポクラテス（460B.C.頃-370B.C.頃）やガレノス（129頃-200頃）がいます。彼らは医者の立場から，**人間の気質（性格）がどのような要素に由来するか**についての理論を立てました。これらの理論は科学的根拠がないとして，現在では否定されていますが，非常に長い間（2000年間！）信じられてきました。

▶ **体液占い** ｜歴史的にはまず，ヒポクラテスが四体液説という理論を確立し，ガレノスがその理論を発展させました。これは，**ヒトの体内に流れる4種類の体液の調和が崩れることによって心身の病気が誘発される**という理論です。この考えが徐々に，**生まれつきどの成分が多いかによってヒトの気質が決まる**という理論に発展していきました[3]。つまり，性格に関する血液型占いの原型です。ちなみに，血液型によって性格が決まることは科学的に完全に否定されていますが，このような歴史を考えると，血液型診断は私たちにとても馴染みの深い概念であったことがわかります。このような性格理論は，**こころをさまざまな要素に分類し，身体特性と対応づけた**点で意義がありました。この考えを基礎にして，こころの問題と生理学的な要素が徐々に結びついていくことになります。

こころの在りか

　ギリシャ・ローマの哲学者たちは，こころの在りかについてもそれぞれ意見を述べています。ヒポクラテス，プラトン，ガレノスは，ヒトの心（霊魂）は脳髄にあるという考えをもっていました[4]。ヒポクラテスは癲癇（てんかん）が脳髄の不具合であると考えており，ガレノスは**脳室**とよばれる脳の中の空洞部分に精神の気がたまるとしていました[5]。いっぽうで，アリストテレスは**脳を血液の冷却機関と見なしており，精神の座は心臓にある**という説を唱えていました。残念なことに，一般的にはアリストテレスの理論が18世紀まで

3　たとえば，黒胆汁という体液が多いと，憂鬱気質になると考えられていました（黒melan＋胆汁 chole = melancholy）。
4　脳髄とは，脳の俗称です。解剖学的な脳というよりは，脳ミソという単語に近い言葉です。
5　この時代の学者は霊魂の存在を信じていました。霊魂がたまるのに都合がいい場所は，何か詰まっている場所よりも，空洞のほうがよかったのです。

信じられることになります。ラテン語，英語，日本語などさまざまな言語において，こころを指す言葉と心臓を指す言葉に重複がみられることからも，この理論は一般に広く受け入れられていたことがわかります。これは，アリストテレスの影響の強い時代に旧約聖書がギリシャ語に訳されたことに関係があるのかもしれません[6]。

ステップ3

氏か育ちか

ギリシャ・ローマの哲学が花開いた後，西欧はキリスト教の時代に移ります。これに伴い哲学の考察対象は，人間そのものから，人間とキリスト教の神の関係に移っていきました。その後，ルネサンスの時代になって再び人々の興味は人間に戻ります。この時代には美術や芸術が発展したことで有名ですが，その根本には，**人間の本質をとらえようという動機**がありました。

ルネサンス以降の哲学の考え方として，合理論と経験論の2つがあります。これら2つの考え方は，心理学における「氏か育ちか（Nature or Nurture）」論争を考えるうえでも重要です。つまり，人間の性格や知性といった**精神機能は，遺伝によって決まるのか，それとも環境によって決まるのか**，という問題です。この論争は研究の方法論は異なるものの，本質的には哲学の論争（合理論 vs. 経験論）と一致します。

▶ **我思う，ゆえに我あり** ｜ 歴史的には，まず合理論が誕生し，次に経験論へという流れで進んでいきました。合理論とは，**理性の基礎となるものが経験に先立って存在し，そこからさまざまな知識を導くことが可能である**というものです。フランスの哲学者R.デカルト（1596-1650）は，主観的な解釈や経験的に獲得された能力をすべて排除していくと，最終的には「考える」という行為がどうしても残ることに気づきます。この考察にもとづき，考える行為がすべての出発点になっているはずであり，**考える行為は生まれつき備わった人間の機能である**と考えました[7]。さらにデカルトは，**精神と身体が相互作用すること**，および脳の一部（松果体という部位）がそれを司ると主

---

6 旧約聖書（ヘブライ語：紀元前6-4世紀成立）の心（leb）を，ギリシャ語に翻訳する際（紀元前3-2世紀）に，ギリシャ語の心臓（kardia）があてられたようです。
7 ヒトには生まれつき言語を獲得するシステムが存在するという考え方も，生得的な出発点を仮定する点で，合理論的な立場です。合理論は経験が必要ないと主張しているわけではなく，すべての積み重ねの出発点として「経験に依存しない何か」を必要とする考え方です。

張しました。

▶ **タブラ・ラサ** ｜ いっぽうで経験論は，最初は何もない状態からスタートし，**経験によってさまざまな知識体系が形づくられていく**と考えます。これはイギリスの哲学者J.ロック（1632-1704）が著書『人間知性論』で述べたタブラ・ラサ（白紙）という概念に代表されます。経験論に由来する心理学は連合主義とよばれます。連合主義心理学では，経験が観念（私たちの心に生じるもの）を形づくり，**観念どうしの連合が生じると，さらに複雑なものを考えることができる**と考えます。たとえばロックは，「触覚は正常だけれども先天的に目の見えない人が，成長した後にもし目が見えるようになったとき，視覚だけで立方体と球を判断できるか？」という問題に対して，経験論的な立場から「できない」と主張しました。合理論的に知覚能力や幾何学的観念が生得的に与えられているならば，両者を識別できるはずです[8]。このような考えは，私たちの**感覚経験および意識経験を重視する**ことにつながり，後の心理学を育む思想的基盤となっていきました。

2 感覚を測る

ステップ1

心理学の夜明け

　こころについての学問は，19世紀にやっと科学として歩みはじめます。心理学の成立にあたっては，精神物理学という学問が重要な基礎となりました。精神物理学とは，その名のとおり，**精神（＝こころ）の物理学**です。物理学とは，この世界における自然現象を数式として記述・説明する学問です。現在では，物理学が純粋な科学であることに誰も反論しないでしょう。しかしながら，昔は違いました。物理学も自然哲学（自然に関する哲学）として長い間扱われた後に，科学として完成したのです[9]。現代に通じる物理

---

[8] この問題は，モリヌークス問題とよばれ，1694年に『人間知性論』の第2版で紹介された後，当時の科学者の間で非常に話題になりました。1728年にW.チェゼルデンによる先天性白内障の開眼手術の成功後，「できない」ことが証明されました。その後の知見によっても，開眼手術後すぐの患者は，立方体と球を識別できないことが示されています。

学の完成をみた19世紀末の科学者たちは、**人間の感覚を物理学のように数式化すること**に挑みはじめます。

▶ **1000 gと1005 g** ｜ その先駆けとなったのが、ドイツの解剖学者・生理学者である **E. ウェーバー** のおこなった研究です。私たちは2つの異なるおもりを持った際に、そのおもりの重さの違いを比較することができます。しかしながら、ウェーバーは、私たちが検出できる2つの物体の差異の大きさは一定ではないことに気づきました。すなわち多くの人は、50 gと55 gの重さの違いはわかったとしても、1000 gと1005 gの違いはわからないのです。これは驚くべきことです。言い換えると、**外的世界での物理的な量**（刺激強度）の差異（5 g）と、**私たちヒトが感じる量**（感覚強度）の差異は対応していない、ということになります（**図1-1a**）。

ウェーバーは、2つの刺激が異なるものとして区別できるもっとも小さな差（**弁別閾**）が、刺激量に応じてどのように変化するかを数式化しました。2つの刺激（$I1$と$I2$）を比較するとき、弁別閾（ΔI）は比較する刺激（I）に応じて大きくなります。この関係を数式として表すと、$\frac{\Delta I}{I} = C$と記述できます。Cは刺激の種類によって異なりますが、一定の値をとります[10]。この法則は、重さ、明るさ、音の大きさ、線分の長さなどで成立することが知られています。重さの弁別実験は1834年におこなわれ、1846年に著書『*Zusätze zur Lehre vom Bau und von der Verrichtung der Geschlechtsorgane*』で発表されました。

ウェーバーはこの業績以外にも、初めて**心理学実験をおこなった研究者**として評価されています。当時は、こころについて研究するといっても、多くの研究者は頭のなかで考えるだけでした（思考実験）。これに対しウェーバーは、たった1つの要素を実験的に操作し（たとえば明るさだけを変化させる）、そのときの感じ方の変化を検討する方法を用いました。ウェーバー自身は心理学者であるという意識はありませんでしたが、この手法が現代心理学の基礎となっています。

▶ **外の世界と内なる世界** ｜ ウェーバーの弟子であり、ドイツの物理学者・哲学者である **G. フェヒナー** は、ウェーバーが扱わなかった、外的刺激と感覚の強さの関係を数式で記述しようと試みました[11]。本来のフェヒナーの目的は、外的な刺激を受けて変化した**ヒトの生理学的作用**と、**精神的な作用**（す

9　13世紀のイギリスの哲学者R. ベーコンの先駆的研究に始まり、17世紀の科学革命によって、神や霊魂の存在を背景におく科学を否定し、より経験的事実を重視する科学に移行していきました。
10　Cはウェーバー比とよばれています。たとえば重さなら$C = 0.02$となることが知られています。

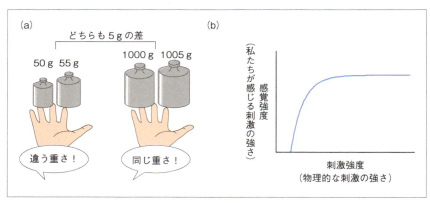

図1-1 ウェーバー・フェヒナーの法則

なわち感覚）の関係を数量化することでした。この学問を内的精神物理学とよびます。しかしながら，この時代の技術では，生きた人間において，感覚受容器（光刺激や音刺激などを感じる細胞）や脳の生理的変化を観察することは困難でした。そこでフェヒナーは少し妥協して，外的な世界の刺激と，精神的作用の関係を記述することを目指したのです。これを外的精神物理学とよびます。

フェヒナーは，感じることのできる最小の差（弁別閾）を積み重ねたら，"感覚の強さ"になるのではないかと考えました。この考えにもとづいて，彼はウェーバーの法則を積分という数学的手法を用いて発展させ，1860年に刺激の強さと感覚の強さの関係を数式として示しました[12]。フェヒナーが発見した法則は，$S = k \log I$ というものであり，感覚強度（S）が刺激の強さ（I）の対数に比例するというものです（kは定数）。この法則はウェーバーのものと合わせて，ウェーバー・フェヒナーの法則とよばれることが一般的です。フェヒナーはこの数式によって，刺激強度と感覚強度の間には，線形ではなく曲線的な関係があることを明らかにしました（図1-1b）。

▶ **こころの数式化** ｜ 感覚を量的に計測し数式化するというアプローチは現在でも有効な方法であり，心理学がほかの学問分野に誇るべき方法でもありま

---

[11] 18世紀のドイツの偉大な哲学者I.カントは個々人の内的現象に関しては実験も数学も適用できないと考えており，その著書『自然科学の形而上学的原理』(1786) において，「心理学は純粋な自然科学にはなりえない」とまで主張していました。これは，不可能宣言とよばれました。

[12] 積分という手法は，I.ニュートンとG.ライプニッツが同時に発見したことで有名です。ちなみに，ライプニッツは二進法を使い，推論を含めたさまざまな機能を機械的に処理する方法を考えていました。この点で，現在の心理学や認知科学の考え方の先取りをしていたといえるかもしれません。

す。ウェーバーとフェヒナーの2人は心理学者とは名乗ってはいませんでしたが，ヒトの心に生じる感覚を科学的に扱う方法を発明した点で，心理学史上の功績は計り知れません。この素晴らしい手法を心理学者がとり入れたことで，現代心理学の歴史が幕を開けることになります。

ステップ2

心理学のはじまり

　1879年にドイツの心理学者W.ヴントは，世界で初めての心理学実験室をライプツィヒ大学に設立しました[13]。この出来事が，科学的な学問分野としての心理学のはじまりだとされています[14]。この時代は，哲学では連合主義が成熟し，生理学や解剖学からも新しい知見が次々と提供され，さらに精神物理学による実験法も整ってきました[15]。このような機運のなか，生まれるべくして生まれたのがヴントの心理学実験室です。彼は1867年に「生理学的心理学」という授業を開講し，1874年に『生理学的心理学の原理』という教科書も完成させました。同時期に，ドイツへの留学中にヴントの授業を受けたアメリカの生理学者W.ジェームズは，アメリカのハーバード大学で心理学実験室をつくっています。ヴントは**実験心理学の父**とよばれ，ジェームズは**アメリカ心理学の父**とよばれています。

■ **こころを見つめる方法** ｜ ヴントが重視したのは内観法という方法でした…と多くの教科書には書かれていますが，**実は少し違います**。内観法とは，自分自身の意識を見つめ，こころのなかで何が生じており，処理されているかを言語化する作業です。この方法は当時のほかの学問分野および，その後の心理学者からも「科学的な方法ではない」という批判の対象となりました。すなわち，人々が自分自身について内省する方法はいくら訓練を積んだとしても，こころについて客観的な根拠にはなりえない，という批判です。このような歴史が通説として語られてきましたが，実際は，ヴントも内観法のこのような使い方に対しては批判的でした。

13　心理学実験室の設立自体はアメリカのほうが先ですが，ヴントの提唱した実験心理学の手法とその影響力（ヴントに学んだ心理学者の多さ）を考慮した結果，現在でもこのようにいわれています。

14　心理学という言葉自体は古くから用いられており，この時代にはそれほど珍しくない言葉でした。文献で確認できる限りは，Psychologiaという言葉は15世紀から用いられていたようです。普及のきっかけは，ドイツの哲学者C.ヴォルフの『経験的心理学』（1732）の出版だといわれています。

15　たとえば，『種の起源』の出版（1859），F.ゴールトンによる統計的手法の開発（1860年代），ブローカ野の発見（1861），F.ドンデルスの反応時間研究（1869），大脳皮質運動野の発見（1870），ゴルジ染色法の開発（1873）などがあります。

実際にはヴントは，内観法を，**意識経験を量的に報告する**ために用いていました[16]。すなわち，ヴントの実験室でおこなわれていたのは，**厳密に統制された環境**において刺激を少しずつ変化させてその印象の変化を調べる感覚・知覚研究でした。このような手法では現代の心理学でもおこなわれています。さらに，研究全体として見れば，刺激弁別に要する時間を計測する**反応時間研究**が多数を占めており，その意味では内観法を重視していたわけではありません。また，**感情や思考過程**についての研究においても，再現性を最優先した実験統制をおこなっていた点で，思索や論理などを拠りどころとする哲学とは一線を画していました。

▶ **ヴントの心理学** ｜ 19世紀末にヴントが築き上げたのは，生理学の知見を補完する理論としての心理学でした。生理学や精神物理学は**物理世界と精神世界には不一致が生じる**ことは示しましたが，それがなぜ生じるかについては説明しませんでした。**心理学はその説明理論を提供するための学問**であり，その理論を支持する証拠は，物理学の知見と比較可能なレベルを目指した厳密な実験統制手法によって支えられるべきだという確固たる信念がありました。歴史的な評価の変遷はどうあれ，ヴントが創始した心理学はその原理に則り，生理学に先行する先進的な理論を提供し，驚くべきヒトの性質を明らかにし続けてきました。

ステップ3

要素から全体へ

　ヴントはヒトの心的活動をさまざまな要素に分解し，それらを組み合わせることによって現象を説明しようと試みるアプローチをとっていました。この立場を**構成主義**とよびます。これは，あるロボットをパーツに分解して，そこにどのような要素があるかを明らかにしてから，また組み立て直す，という作業に似ています。このような点で，構成主義は論理的，かつ数学的な立場だと考えることができます。

　しかしいっぽうで，私たちヒトの精神世界に対しては，このようなアプ

16　心理学初期における内観法についての誤解が生まれた原因としては，①ヴントの一番弟子であるE.ティチナーがアメリカでヴントと異なった立場から内観法を紹介したこと，さらに②ティチナーの弟子で心理学史学者のE.ボーリングがティチナーの内観法をヴントのものとして紹介したことの2点が挙げられます。内省的な内観法に関しては，実験心理学の歴史のなかで主流になったことはない，と最近では主張されています（Clegg, *Self-observation in the social sciences*, 2013; Costal, *Conscious Cogn*, 2006; Schultz & Schultz, *A history of modern psychology*, 2012）。

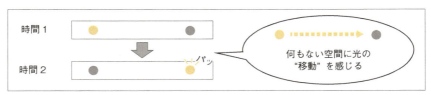

図1-2　仮現運動

ローチはふさわしくないと考える立場も存在します。1900年ごろから，ゲシュタルト派とよばれる心理学者たちは，要素を組み合わせたものが全体として成立したときに，それぞれの要素の集合とは異なる知覚現象が生じることを重視し，構成主義を批判しました[17]。ゲシュタルトとは，ドイツ語で全体・まとまりという意味です。ゲシュタルト派の心理学者は，要素が全体として知覚されることによる創発的な知覚現象の例として，数多くの視覚に関する知覚・錯覚現象を報告しました。

▶ **存在しない動き**　たとえば有名なものでは，1912年にM.ヴェルトハイマーが提唱した仮現運動という現象があります。これは簡単にいうと映画の原理であり，**実際には動きの要素がない場所に動きを感じる**という現象です。たとえば2つのライトがある間隔をおいて並んでいるとします。これらのライトが適当な時間をずらして点滅すると，私たちはライトの光がまるでライトの間を"移動"したかのように感じます。ここで重要なのは，2つのライトのあいだの空間には知覚される対象が何もないにもかかわらず，**私たちが"動き"を感じてしまう**点です。これは，要素の組み合わせのみでは説明できない現象です（**図1-2**）。さらに，ヴェルトハイマーはプレグナンツの法則という原理も見出しました。プレグナンツの法則とは，**私たちが物体の集団をある適当なまとまりとして知覚する一般的な傾向**を指します。たとえば，私たちは「●●　　●●　　●●」という記号の並びを見たときに，"2つの黒い丸"が3つ並んでいると認識するでしょう。しかしながら，そのように見るべき理由はどこにもありません。「●●　　●」「●　　●●」と分けて知覚してもいいはずです。ヴェルトハイマーは空間的・時間的に近いもの，同じようなもの，閉じ合っているもの，よい連続をもつものなど，まとまりをつくりやすいさまざまな要因を発見し，それらを一連の法則として体

17　"全体は足し合わせではない何かである（The whole is something else than the sum of its parts）"ことがゲシュタルトの原理とされています。ちなみにゲシュタルト心理学者によって批判されていたヴントも，さまざまな要素が統合されることによって，要素の足し合わせとは異なる現象が生じることは認めていました。

系化しました[18]。このような知覚理論は，後の認知心理学に大きな影響を与えることになります。

▶ **まとまりの力** ｜ゲシュタルト派の心理学者が検討の対象としたのは知覚や感覚のみにとどまりません。たとえば，W.ケーラーは1917年に洞察学習という新しい学習のタイプを発見しました。これは，チンパンジーが手の届かないところにあるバナナを取るために，周囲にあるカゴを重ねて，踏み台にすることを思いつくような学習の仕方です。このとき生じる行動は，試行錯誤の結果ではなく，その**環境全体の構造を理解する**ことによって生まれる洞察がカギとなります。また，ケーラーの先見的な点は，プレグナンツの法則や洞察学習などの心的活動の基盤には，その構造に対応する脳の構造があると主張した点です。また，K.レヴィンは，社会的な相互作用においても，個々の要素ではなく全体的な作用が働くことを重視しました。この考えから，場の理論やコンフリクトの概念が提唱され，レヴィンは実験的な社会心理学の創始者となりました。これらの考えを発展させた理論は，グループ・ダイナミックスとして体系づけられています。

3 行動を結ぶ

ステップ1

心理学は，行動の科学ともよばれます。これは，心理学者が「こころ」を考える際に，客観的に観察できる「行動」を検討の対象としてきたことに起因します。ここではまず，人の病的な行動を引き起こす心的メカニズムに関して新たな理論を提供した**精神分析学**，生物の行動を「刺激—反応」という組み合わせの連鎖によって説明する**行動主義心理学**，そして時代は少し飛びますが，学習の神経的基盤に関する先駆的理論を提唱した心理学者のD.O.ヘッブについて，順に紹介します。

---

[18] 逆に，もともと存在していた"まとまりの知覚"が失われることをゲシュタルト崩壊とよびます。たとえばある1つの漢字を見つめていると，その漢字を今までのように認識できなくなるような，"バラバラ"な感覚が得られることがあると思います。この現象は，中島敦が1942年に『文字禍』という短編小説で題材にしていることでも有名です。

無意識の発見

世間一般には，いまだにフロイトがもっとも有名な心理学者です。S. フロイトはオーストリアの精神科医であり，精神分析学を創始した人物として知られています。フロイトの提唱した**無意識**の概念および**精神分析学**がその時代および後世に与えた影響は大きく，その功績はコペルニクスやガリレオと比較されることすらあります。しかしながら，精神分析学の理論は，心理学や精神医学の世界から徐々に排斥され，現在は科学的な観点からは重要視されていません。

▶**意識にのぼらないこころ**｜フロイトは1895年に『ヒステリー研究』という本を出版しました。当時は，ヒステリーという症状は原因不明であり，また女性にのみ生じるものだと考えられていました。これに対しフロイトは，男性においてもヒステリー症状は生じうること，さらにその原因は，無意識という，誰もが有するものであると主張しました。フロイトのいう無意識とは，意識にのぼらない心的活動を意味します（**図1-3**）。この主張の画期的な点は，**患者の症状を，健常の人間にも共通する心的メカニズムで説明しようとした点**です。また，無意識の概念は文学や哲学の世界では古くから存在していましたが，それを理論化して病理の説明に用いた点も斬新でした。

さらに1897年には，フロイトは同性の親に対して生来的に抱く畏敬やあこがれ，敵対心といった"複合的な感情"である**エディプス・コンプレックス**という概念を提唱しました[19]。この感情は誰しもがもつものと考えられますが，通常は精神的な成長とともに（意識はせずとも）うまく折り合いをつけ，大人として独立することができます。しかし，その過程に失敗すると，後に神経症が引き起こされるとフロイトは主張しました。さらにフロイトは，患者の夢を分析することにより，うまく対処できないまま無意識のなかに抑圧されてしまった感情を見つけ，神経症の治療ができると考えました。こ

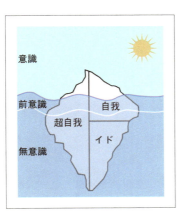

図1-3　海に浮かぶ氷山のたとえ

のアイデアは，1900年に出版された『夢判断』において一般に広められました。その後，無意識の概念は，性衝動・自我・超自我といった機能の構造的な関係を強調する理論へと発展していきます。人間のさまざまな行動の原因を性的な要素に還元する精神分析学の理論は，当時の保守的な学術界から猛反発を受けましたが[20]，徐々に賛同者も増えていきました。

▶ **個人を超えた無意識** | フロイトの弟子のなかで，フロイトがもっともその才能を買ったのが，スイスの医師C.G.ユングです。ユングはフロイトの無意識を，個人的無意識と集合的無意識に分けました。ユングはフロイトと同様に，神経症は自我が無意識を制御できなくなることに起因すると考えてはいたものの，無意識に潜むのは性的な衝動ではなく，全人類に共通する無意識であると考えました。これは，**歴史・文化の違いを超えて人々の見る夢や神話に共通して登場するようなイメージ**を指します。ユングの理論は，フロイトのように構造的ではなく，どちらかというと哲学的であり，文学的です[21]。ユングの理論における因果関係は曖昧で抽象的であるため，学問を問わず広い範囲で引用されることが多く，量子力学における共時性（シンクロニシティ，synchronicity）[22]の概念の発展にも寄与したことが知られています。

---- ステップ 2 ----

行動の科学

心理学の研究において，私たちが観察できる対象は，こころの動きそのものではなく，刺激（感覚入力）と，刺激を与えられたヒトの行動です。この問題を解消するために，観察可能な行動（反応）のみを検討の対象とするアプローチを行動主義とよびます。行動主義心理学はJ.B.ワトソンにはじま

---

[19] この発見は，1896年に起こったフロイトの父親の死がきっかけでした。すなわち，フロイト自身が父親に対するコンプレックスをもっており，それが長い間抑圧されてきたことに気づいたのです。
[20] 精神分析の流行は，ヨーロッパよりも自由な気風の強いアメリカが先でした。
[21] フロイトが無神論者であり客観的な科学を志向していたのに対し，ユングは神の存在を否定せず，神話や宗教の概念を積極的にとり入れました。また，フロイトは，医師が患者の解釈をおこなう立場であることを強調したのに対し，ユングは医師が患者の無意識についての気づきを助ける立場であることを主張した点でも対照的です。2人は親交が深かったものの，無意識に対する理論が一致せず，最終的にはケンカ別れしてしまいます。
[22] この概念は，単純な因果関係では説明できない現象（同時期に離れた場所で生じる一致した出来事）に関する原理を意味します。1945年にノーベル物理学賞を受賞したW.パウリが精神的な不調に悩まされた際にユングの診察を受け，この概念に興味をもったことが量子力学への応用のきっかけとなりました。

り，E. トールマンやB.F. スキナーが発展させました。行動主義心理学者たちはおもに刺激と反応の関係の変化を研究していたため，現在の分類でいうところの学習心理学（学習理論）に含まれます。行動主義は，内観などの見えない要素を扱う心理学に反発する形で誕生しました。

🔴 **パブロフの犬たち** ｜行動主義が起こる以前に，その理論の基礎になった重要な概念が発見されています。それは，ロシアの生理学者I.パブロフによる条件づけの概念です。パブロフは，1904年に消化腺に関する研究に対してノーベル生理学・医学賞を受賞しており，心理学者ではありません。パブロフの研究室では，にせ給餌（きゅうじ）とよばれる手法を使って，イヌの消化のメカニズムを研究していました。にせ給餌とは，イヌの食道に穴をあけ，食べたものが胃に入る前に外へ出してしまう手法です。パブロフらは，にせ給餌の際の胃液の分泌量を計測していました[23]。このとき，パブロフらは，餌や餌を与える人間を見ただけでも，胃液の分泌が生じることに気がついたのです。この現象はイヌが餌を心待ちにしている心理状態を反映しているとパブロフは考え，**心的分泌**とよびました。

さらにパブロフの研究室では，唾液の分泌量や成分の変化についても研究していました。この研究から，唾液は口に入れる物体を上手に流しこんだり，危険なものを薄めたりするために反射的に作用していることが明らかになりました。当たり前ですが，私たちもイヌも，砂を見ても唾液は出ません。しかし驚くことに，イヌに砂を食べさせる経験を繰り返すことによって，そのイヌは砂を見るだけで唾液を分泌するようになったのです。これは胃液の心的分泌と似ているようですが，決定的に異なるのは，砂を口に入れる経験をする以前は，**イヌは砂を見て唾液を分泌することはなかった**点です。このような現象をパブロフらは**心的反射**と名づけ，さらに研究を進めた結果，似たものを見せただけでも唾液の分泌を生じさせる方法や，餌を目の前にしても唾液の分泌を起こさなくする方法も明らかにしました[24]。パブロフは，このような心的反射はいくつかの条件をクリアすることによって**生得的な反射と同じように機能する**と考え，後に**条件反射**と名前を変えました。

---

[23] 当時は胃液をある種の薬として売ることができました。パブロフはにせ給餌によって大量に集めた胃液を売ることで，かなりの研究資金を稼いでいたといわれています。

[24] 当時は，イヌに黒い酸（酢？）を食べさせるといった過激な実験もおこなっていました（このイヌは黒い水に対しても唾液を出すようになりました）。

行動主義心理学

　行動主義心理学は，1913年にJ.B.ワトソンが提唱した新たな心理学のアプローチであり，I.パブロフや心理学者のE.ソーンダイクの行動・学習理論にもとづいています。ワトソンは，それまでのヴントに代表される実験心理学を非科学的であると批判し，刺激と反応の結びつきのみでヒトの行動を説明しようと試みました。ワトソンの研究で有名なのは，アルバート坊やに関する実験です[25]。ワトソンの後には，E.トールマンが認知地図を，B.F.スキナーがオペラント学習を提唱するなど，行動の学習理論においても認知的・能動的な側面を強調したものが登場します。

▶ **行動主義の展開**　行動主義を大きく発展させたスキナーは，新たな臨床手法も提案しました。この手法は行動療法とよばれ，学習理論を神経症患者や発達障害児などの行動の修正に対して応用したものです。たとえば閉所恐怖症の患者に対する行動療法のアプローチを考えてみましょう。この症状では，何らかの原因によって，閉所（刺激）と恐怖（反応）が結びついてしまった状況だと考えます。本来はこれら2つには関係はないはずです。行動療法では，好ましくない反応を引き起こす刺激を，中立的（あるいは快い）反応と結びつけなおすことで，不適切な行動を徐々にとり除いていきます。ワトソンが提唱した行動主義そのものは批判されることも多い極端な主張ですが，その流れのもとに発展した学習理論は非常に強力であり，現代においても行動療法など，さまざまな場面で応用が続けられています。

　パブロフにはじまる学習理論研究の優れていた点は，私たちヒトの心的活動が，反射のような機械的な作用の連続で構成されうるととらえた点です。つまり，精神のような曖昧な要素を排除し，心理学において**唯物論的**な見方を推し進めた点で功績があります[26]。もちろん現在では，私たちのこころが条件反射の連続で成り立っていると考える人は少ないでしょう。しかし，神経細胞レベルで考えるとどうでしょうか？　私たちの心的活動が単純な反応の連続によって構成されていることを否定できるでしょうか？　この問題は，現在の科学や哲学においても非常に大きな問題とされています。

25　実験の詳細は，第2章学習心理学を参照してください。
26　神や精神の存在を仮定せず，物質の機械的働きの結果として私たちが経験している「こころ」が生まれるとする立場を唯物論とよびます。唯物論においては，心的活動自体は否定されませんが，その根源は精神（目に見えない霊的なモノ）ではなく，物質であると考えています。

ステップ3
行動の神経基盤

　私たちの行動と知覚は，**神経細胞の活動**によって支配されています。具体的には，**運動神経**が脳から出力された指令を筋肉に伝え，**感覚神経**が身体に関する情報を脳に送ります。パブロフによって認知過程にもとり入れられた**反射**とは，本来は感覚神経から受けた情報をもとに特定の運動神経が働くようなループを指します。この反射のループは脳を介さないため，不正確ではありますが，すばやい反応が可能です。ヒトの行動は反射よりも複雑な神経回路を必要とするものの，私たちが何かを学習する過程では，脳内においても，反射のような神経細胞レベルでの変化が起きなければなりません。

▶**神経回路における学習**｜そのような神経回路における学習原理を提唱したのが，カナダの心理学者の**D.O.ヘッブ**です。ヘッブは心理学を専攻した後，心理学者・神経科学者である**K.ラシュレー**[27]や神経外科医の**W.ペンフィールド**のもとで神経生理学を学びました[28]。ラシュレーはワトソンの弟子であるため，ヘッブはワトソンの孫弟子にあたります。したがって，ここからの話はパブロフの研究から40年後，ワトソンからは30年後の話となります。ヘッブは**神経生理学と心理学を対応づける**ため，**注意，知覚，学習**など，ヒトの行動にかかわりのあるすべての現象を1つの理論体系で説明することを目指しました。彼は，刺激と反応のみを観察するのではなく，脳がどのように働いているかを生理学との対応において明らかにすることこそが心理学の役目だと考えたのです。

▶**ヘッブ則**｜ヘッブは1949年に『**行動の機構**』という本を出版し，神経細胞の結合に関する理論を提唱しました。そのうちの1つの原理は，後に**ヘッブ則**とよばれることになります。簡単にいうと，**ある神経細胞が活動したときに，同時に活性した神経細胞があれば，それらの結合が強くなる**（Neurons that fire together wire together）という法則です（**図1-4**）。この法則は非常にシンプルですが，記憶や学習などの心的活動を神経細胞のレベ

27　ラシュレーの弟子にはヘッブのほかに，認知心理学の生みの親となったJ.ブルーナー，分離脳研究をしたR.スペリーなどがいます。

28　師であるラシュレーと同様に，ヘッブも優れた教育をおこないました。彼の弟子ではB.ミルナー，M.ミシュキン，J.オールズなどが有名です。ヘッブは1947年にマギル大学の心理学科教授になっています。大学院教育にも尽力し，プログラムの変更や研究資金の調達などを通して，心理学を科学として普及させるために活動しました。1960年には非アメリカ人として初のアメリカ心理学会の会長に就任しています。

図1-4　ヘッブ則

ルで説明することができます。1966年にはT.レモがウサギの海馬で短期記憶の研究をしている際に、このような神経細胞の変化が起こっていることを偶然発見しました[29]。その後もさまざまな神経回路において、ヘッブの法則の正しさは裏づけられています。

ヘッブの功績は、ゲシュタルト心理学と行動心理学という両極端な理論を折衷し、心的活動に対する新たなレベルの理論をもたらした点です。つまり、神経細胞レベルでは行動主義のような機械的な原理を仮定しつつも、ヒトの知覚においては、感覚統合が生じる心的なメカニズムをもっていることを認める枠組みを提供しました。ヘッブのアプローチは生理心理学を経て、認知神経科学という学問に発展しました[30]。また、このアプローチを心理学教育の分野でも推し進めたことにより、学術界全体の発展にも貢献しました。このように、ヘッブは、理論・教育の双方の観点において、ヴントにはじまる心理学を次の段階へと引き上げた人物であるといえます。

"処理"をひも解く

ステップ1

前節では、ヒトの行動変容に関する理論を概観しました。ここでは、行動

---

[29] この現象はLong-Lasting Potentiation（LLP）と名づけられましたが、略称を発音しづらいこともあり、後にLong-Term Potentiation（LTP）に統一されました。

[30] ヘッブ則にもとづいて、1957年にアメリカの心理学者F.ローゼンブラットは神経回路モデルに学習機能を追加したパーセプトロンという新たな計算アルゴリズムを開発しました。このアルゴリズムは後にニューラルネットワークという計算モデルに発展し、認知心理学にも多大な影響を与えました。また、1969年にはイギリスの神経科学者で心理学者のD.マーが、パーセプトロン構造が小脳に存在するという理論を提唱し、1982年に日本の生理学者の伊藤正男がこれを証明しました。

の裏に潜む心的メカニズムに関する研究の歴史を見ていきます。まずは，刺激と反応の間に介在する情報処理に関する研究，次に，そのような情報処理（認知処理）が対人関係場面においてどのように働くのか，最後に，発達による認知や行動の変化を紹介します。

ブラックボックスの中身

　J.B.ワトソンに代表される古典的な行動主義は，その後の新行動主義によって見直されました。新行動主義は，刺激（Stimulus）と反応（Response）の単純な関係の間に刺激を解釈し反応を生成する要素（Organism）を入れ，私たち生物の行動を，「S-O-R」の関係でとらえます[31]。「O」は生物のなかに含まれる要因のため，直接観察することができないブラックボックスです。しかし，そこでおこなわれる処理を仮定する"モデル"を立て，外的に観察できる指標を用いてそのモデルを検証しようという試みが徐々に広がりました。これが，認知心理学です。現在では心理学の多くの分野において，基本的には認知心理学的な考え方にもとづいた研究がなされています（図1-5）。

▶ **おぼえること，忘れること** ｜ 認知のブラックボックスに対する初期の研究としては，ドイツの心理学者H.エビングハウスの記憶の研究が有名です。彼は，ヴントが1874年に書いた『生理学的心理学の原理』に感銘を受け，自分自身を被験者にして心理学実験をおこないました。エビングハウスが題材にしたのは，当時は誰も扱っていなかった記憶です[32]。忘却曲線の研究では，2300の無意味つづり（VIF，YOQなど）をいくつかのリストに分けたうえで完璧におぼえ，20分後，1時間後，1日後など特定の時間が経った後にどれだけ再生できるか（思い出せるか）を調べ，記憶の忘却の仕方を明らかにしました。さらに，学習回数が記憶成績におよぼす影響や，系列位置効果，無意味・有意味単語の記憶成績の違いなど，記憶研究における基礎をほぼ網羅した本を1885年に発表しています。このようなエビングハウスの功績により，記憶のような高次脳機能も心理学実験によって検討可能であることが示されたのです。

▶ **認知心理学の成立** ｜ 認知心理学は，J.ブルーナーの先駆的な研究[33]などを

31　この理論は1943年にC.ハルが『行動の原理』という本で提唱しました。
32　記憶に関する哲学的検討は，たとえばI.カントやF.ベーコンによっておこなわれてきましたが，実験的な記憶研究は歴史上でエビングハウスが初めてでした。そのため，彼の研究は当時高く評価され，心理学における記憶研究は瞬く間に広がっていきました。

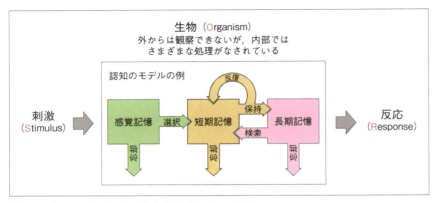

図1-5 「S-O-R」の関係でとらえる新行動主義

経て，認知革命とよばれる出来事を迎えます。認知革命とは広義には，1950年代後半から続く画期的な一連の研究発表を指し，A.ニューウェルとH.A.サイモンによる人工知能という言葉の創出[34]（1956），G.ミラーによるマジカルナンバー7±2の発見（1956），N.チョムスキーによる『文法の構造』の発表（1957），D.ブロードベントによる注意のフィルター理論の提唱（1958）などが含まれます[35]。ちなみに，チョムスキーは1959年に，B.F.スキナーが出版したオペラント学習による言語獲得の研究（1957）を痛烈に批判し，生得的な言語獲得機能の存在を主張しました。

認知に関する研究が隆盛した背景として，コンピュータにおける情報処理の概念の普及がしばしば挙げられます。これは，人間の心的活動も，情報のやりとりによって生じるという考え方です。しかしながら，たしかに情報処理概念の普及は認知心理学の発展に少なからず寄与したものの，それよりも実験機器の発達や，以前からの研究の積み重ねが同じタイミングで花開いたと考えるほうが自然です[36]。実際，認知心理学の確立者であるドイツの心理

---

[33] 個々人の環境（裕福かどうか）によって，知覚する硬貨の大きさが異なるということを，実験的に示した研究が有名です（1947）。ブルーナーは1956年に『思考の研究』という世界初の認知心理学の本を出版しています。

[34] 人工知能の概念自体はA.チューリングが1950年にすでに提唱していました。彼はアルゴリズムによる問題解決機械（チューリングマシン）の設計可能性や，"機械に知性が宿ったかどうか"を判断するテスト（チューリングテスト）も考案しています。

[35] 狭義には，ミラーが歴史的な日であると振り返る1956年9月11日とされます。この日には，マサチューセッツ工科大学において信号理論分科会シンポジウムの2日目が開かれ，ニューウェルとサイモンが論理マシン，N.ロチェスターらがヘッブのセルアセンブリ理論の検証結果，チョムスキーが変形生成文法，ミラー自身が短期記憶，J.スウェッツらが知覚に対する信号検出理論の応用について発表しました（Miller, *Trends Cog Sci*, 2003）。

学者U.ナイサーは，心的処理の過程を単純にコンピュータにたとえることを批判しており，ヒトの心的活動は，入力を受けるまで作動しないコンピュータとは違って，もっと能動的な処理であることを強調しています[37]。

▶**脳のモデル化**｜その後，認知心理学は**認知科学**や**認知神経科学**などへと発展していきます。また，実際に脳内の心的活動のシミュレーションを試みる**ニューラルネットワーク**という手法が流行した時期もありました。この試みは，視覚や言語などの特定の分野ではある程度うまくいきましたが，心理学全体に影響のおよぶ大きなブレイクスルーはいまだにありません。しかし最近ではコンピュータの処理能力が飛躍的に向上し，より大規模な計算手法（たとえばディープラーニングとよばれる手法など）が提供されているため，心的活動のシミュレーション研究が再び盛り上がりつつあります。

······ ステップ 2 ······

集団と個人の意思

他者との相互作用を扱う心理学が**社会心理学**です[38]。実験心理学の流れをくむ社会心理学は，ゲシュタルト心理学者の**K.レヴィン**にはじまるといわれています。レヴィンは，ゲシュタルト的な考え（場の理論）にもとづき，**他者および環境も含めた全体のなかでの，個人の行動の変化**を検討の対象としました。また彼は，グループ・ダイナミックス理論とアクションリサーチの創始，さらに優れた後進の育成など，社会心理学の理論・方法・教育のすべてにおいて重要な役割をはたしています。

▶**"善良な"人びと**｜社会心理学における初期の実験的研究は，ヒトの社会行動を研究対象にするため，しばしば過激な実験もおこなわれてきました。たとえば，1954年におこなわれた**M.シェリフ**の実験は，22歳の若者たちを2グループに分けて，集団内の団結心や集団間の軋轢などを検討しました。この実験では**相手集団に対する襲撃や盗みなどの問題行動**も観察されています。1961年におこなわれた**S.ミルグラム**の実験では，実際の被験者は教師という設定で，問題を間違えたサクラである生徒役の被験者に対し，問題を

---

36 認知運動能力の検査法や信号処理など，戦争に関連した進歩も大きな要因として考えられます。
37 ナイサーはそれまでの認知心理学的な研究を初めて体系的にまとめた『認知心理学』を1967年に出版しています。
38 社会心理学はその手法や分野の複合性から，いつを創始とするか，どの業績を紹介するべきかを決定するのは困難です。社会学的なアプローチもありますが，本書では，とくに実験統制的な社会心理学を重視して話を進めます。

間違えるごとに強い電気刺激を与えました。恐ろしいことに，サクラである生徒役の被験者が電気刺激の苦痛で実験中止を求めて壁を叩いたり失神したりしても，**60％の教師役の被験者**はルールどおりに**最大電圧まで電気刺激を上げた**のでした[39]。さらに，1971年にP. ジンバルドーは，ヒトがいかに社会的な要因に影響を受けるかを示すために実験をおこないました[40]。この実験では，ランダムに2集団に分けられた学生たちが，囚人役と看守役を演じました。詳細は割愛しますが，14日間を予定していた実験はたった6日で打ち切られることになりました。これらの研究はともに，**個人の特性に関係なく，経験する社会的条件**に応じて行動が生じることを示した点で，当時の人間観に大きな衝撃を与えました[41]。

▶ **圧力と自由意志** ｜ そのほかにも，1951年にS. アッシュは，完全に正しい判断だとわかっていても，集団の圧力のなかではその主張をすることが困難になる**同調現象**を，シンプルな実験で示しています。1957年にL. フェスティンガーは，ヒトはできるだけ統一的な信念をもっていたいという動機のもと，相反する認知や行動を変化させることを示し，これを**認知的不協和**と名づけました。このような初期の実験的社会心理学は，倫理的に問題を含むものもありましたが，それまで考えられてきたヒトの"**自由意志**"が社会的な力によって**簡単に覆る**ことを明らかにした点で意義がありました。

····· ステップ3 ·····

成熟による世界の変化

私たちの行動は，生まれたときから死ぬまでの間にさまざまに変化しま

---

39 実際は，電気刺激は流れておらず，サクラの被験者の演技です。また，被験者が実験をやめようという意思を見せた場合は，もう1人のサクラである実験実施者役が「続けてください」という旨の教示をしていました。4回にわたってこのやりとりが続いた場合には，実験は中止されました。この実験をまとめた論文は1963年に出版されています。

40 この実験の社会的影響は大きく，この実験内容に基づいた作品として，ドイツ映画「es」(2001)や，そのリメイク版のアメリカ映画「エクスペリメント」(2010) なども有名です。しかし近年，この研究の問題点が複数指摘されています。たとえば，看守役は"自然と"暴力的になったのではなく，実験者からの指示でそのように振舞っていたことが明らかになりました。このため現在では，本実験結果やそれに基づく主張をそのまま受け入れることはできません。【参考】①Stanford University. Libraries. Department of Special Collections and University Archives, SC0750_s5_b2_21 (https://purl.stanford.edu/wn708sg0050)　②Ben Blum, The lifespan of a lie (https://gen.medium.com/the-lifespan-of-a-lie-d869212b1f62)　③BBC, Response to new revelations about the Stanford Prison Experiment (http://www.bbcprisonstudy.org/index.php?p=12&NewsID=30)

41 このような実験の多くは，戦時において極端に残忍な行動が頻繁に生じたという事実を説明しようとして実施されました。

す。もし生得的な能力が備わっていたとしても，それが発揮されるためには，経験によるさまざまな変化とうまく折り合いをつける必要があります。このような経験に伴う認知や行動の変化を検討する心理学の分野を，発達心理学とよびます。心理学においては，発達という概念を，赤ちゃんが大人になると終わるわけではなく，死ぬまでずっと続くものであるととらえます。また，発達と学習は似た言葉ですが，**発達は順序だった段階を仮定する**点で学習と異なります[42]。

▶ **子どもの世界** | 20世紀初頭には行動主義が盛んであり，環境さえ整えば，子どもをどんな人間にでも教育可能であるという考えが流布していました。これに対し，スイスの心理学者J.ピアジェは認知的な枠組みの更新が発達において重要であると主張しました[43]。すなわち，子どもは生物学的に成熟することにより，それまでの認知の枠組み（ものの考え方：シェマ）を超えた経験をするようになります。このとき，**新しい経験を理解するために認知の枠組みを修正することで，新たな発達段階に進むことができます**。このような認知発達の理論は，生物学的な成熟の過程と子どもの知的能力の系統的な展開を結びつけた点で画期的であり，現在にいたるまで大きな影響力をもつことになりました。

ピアジェが生物学的な要因を重視したいっぽうで，ロシアの心理学者L.ヴィゴツキーは，社会・文化的な要因が発達に与える影響に注目しました。彼は著書『思考と言語』（1934）において，最近接発達の領域という概念を導入しました[44]。ピアジェの理論では，子どもは自発的に環境（物体）と交わることにより認知発達が進んでいくいっぽうで，ヴィゴツキーの理論では，**教育者の手助けによって，自力で到達できない範囲にまで発達の可能性が広がっていくと考えます**[45]。ヴィゴツキーが子どもの発達における教育者の重要性を理論的に示し，かつその指針も示したことで，その後の教育に関する考え方は大きく変わりました。

---

42 ヒトを子どもと大人で分けるようになったのは，西欧では比較的最近のことです。フランスの哲学者J.J.ルソーは『エミール』（1762）のなかで，子どもは「小さい大人」ではなく，「子ども」として扱われるべきであり，その二者には非連続的な段階があることを指摘しています。

43 ピアジェは早熟の天才で，10歳にして白スズメに関する論文が学術誌に掲載されました。その論文が博物館の館長に認められ，非常勤の助手として働きはじめました。彼は19歳で軟体動物に関する研究で博士号を取得し，その後は生物学と認識論を結びつける学問として心理学に研究の場を移しました。

44 ヴィゴツキーは1934年に37歳で結核によって亡くなっており，この本は没後に刊行されました。

45 最初は親や先生の手助けがあって遂行できた課題も，やがて自力でできるようになります。このような観点における教育者の役目は，子どもが自力でできない課題を手助けし，"潜在的に解決可能な範囲"を広げることにあります。

▶ **期間限定の学習** ｜ 発達は段階的に進むものですが，**特定の発達時期にしか生じない学習**も存在します。すなわち，発達過程において，認知システムあるいは神経系が，ある刺激に対して敏感な時期があります。代表的な例は，オーストリアの行動学者**K.Z.ローレンツ**が発見した鳥類の刷り込み（インプリンティング）です。これは，生まれたばかりの雛が，直後に見た"動くもの"についていくという習性です。通常その対象は親鳥であるはずですが，ローレンツは自分自身を見せたり，おもちゃのアヒルを見せたりすることにより，**鳥かどうか，生物かどうかに関係なく刷り込みが生じる**ことを発見しました。さらに刷り込みは一度生じると変更がきかないこと，また生まれて一定期間が過ぎると刷り込みが生じないことも示しました[46]。ローレンツの発見は，反射などの単純な反応にとどまらず，**行動全体にまで影響をおよぼす生得的なメカニズムがある**ことを示し，行動観察研究の有用性を再認識させた点で，心理学にも大きな影響を与えました。

5 こころを覗く

ステップ1

フェヒナーの夢

現在では，ヒトのこころの動きを反映する（と思われる）脳の活動を観察する技術が確立しています。**脳イメージング**とよばれるこの技術は，たとえば**fMRI**，**NIRS**などが有名です[47]。脳イメージングは，歴史上の研究者たちが夢みてきた技術であり，G.フェヒナーが目指した内的精神物理学の確立ともいえます[48]。つまり，この技術により，**ヒトの感覚体験と生理学的なこころの基盤である脳活動の2つを量的に関連づける**ことが可能になったので

---

[46] このような期限を臨界期とよびます。言語学習における臨界期の概念は，1959年に神経学者のW.ペンフィールドとL.ロバーツが提唱しました。視覚の臨界期に関しては，1963年に発表された神経生理学者のD.H.ヒューベルとT.ウィーゼルの研究が有名です。

[47] fMRIは脳血流の変化を観測してイメージ化する方法で，この原理は日本の物理学者である小川誠二が1992年に開発しました。

[48] 脳の活性状態を反映する脳波（EEG）を頭皮上から記録する方法は，1924年にドイツのH.ベルガーにより開発され，心理学においても長い間使用されています。

す。脳とこころの関係については，未解明の現象やメカニズムが山ほどありますが，そのいっぽうで，特定の感覚体験と脳活動を対応づける方法も次々に開発されています。この対応関係がわかれば，脳活動からその人が何を体験しているのかを知ることが可能です。この技術は**ブレイン・デコーディング**とよばれ，すでに夢の内容を判別できるプログラムも実現されています[49]。

さて，こころは結局どこにあるのでしょうか？ この問いに対する確実な答えはまだ得られていません。ただし，現在の科学的知見は，心臓でも松果体でもなく，**脳の大脳皮質が私たちのこころを司っている**という立場を支持しています。さらに，**こころと身体がさまざまな側面で相互作用する**ことについても，多くのことが明らかになっています。霊魂の存在について否定することはできませんが，今のところそのような証拠は発見されていません。このようなこころと脳の関係についての問題は心脳問題とよばれ，さらなる研究の進展が待たれています。

ステップ 2

意志と脳

1964年に，神経学者の**H. コルンフーバー**と**L. デーケ**は，ヒトが運動を開始する以前に，**運動準備電位**という脳波が生じることを発見しました。この発見が衝撃的だったのは，**運動を開始する1.2秒も前からゆるやかな電位変化が発生していた**ことでした（**図1-6**）[50]。電位変化が発生した時点は「動かそう」と思った瞬間であると考えられます。そのため，この電位の存在は，**実際に運動が生じる1.2秒前に運動の意図が発生している**ということを示しています。それまでの研究でも，刺激を与えた後や，動作をしている最中の脳波は調べられていましたが，動作をする前の脳波に関しては知られていませんでした[51]。この脳波成分の発見は，**意志と脳との関係**を考えるうえで，重要な転機となりました。

---

49 このような技術は，日本の研究機関が世界に先駆けて発表しています（たとえば，Kamitani & Tong, *Nat Neurosci*, 2005; Miyawaki et al., *Neuron*, 2008; Horikawa et al., *Science*, 2013）。そのほかにも，見ている風景をそのまま視覚的に再現する技術も発表されています（たとえば，Naselaris et al., *Neuron*, 2009; Nishimoto et al., *Curr Biol*, 2011）。

50 筋肉の活動を反映する筋電図とよばれる電気活動の指標を基準にして運動の開始を決定しています。

51 運動をしようとする意図が脳のある部位から発生し，運動野（筋肉への指令を送る部位）を経由して，最終的に筋肉に電気信号が運ばれるまでには時間がかかるため，意図は必ず運動に先行しなければいけません。

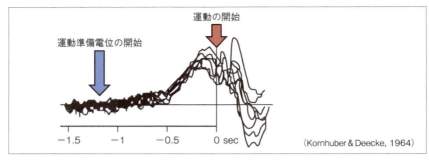

図1-6　実際に運動を開始する1.2秒前に生じるゆるやかな電位変化

▶ **Free won't** ｜ アメリカの生理学者・神経心理学者であるB.リベットは運動準備電位を利用し，1983年にヒトの意識について驚くべき報告をしました。彼は心理学実験によって，「ボタンを押したい」と思った時間よりも0.35秒前に**運動準備電位**が生じることを示したのです。実験課題は，完全に自由なタイミングで，被験者が指でボタンを押すというものです。被験者はボタンを押したいと思った時間も併せて報告しました。リベットの実験結果は，私たちの意志が脳の運動準備電位を引き起こしたのではなく，**脳の状態変化が先に生じ，それが私たちに運動したいと感じさせた**ことを示唆します。この実験結果にもとづいて，私たちには**運動を開始する自由意志はない**とリベットは結論づけました[52]。この研究は多くの科学者と哲学者に対して大きな衝撃を与え，いまだに議論の対象となっています。いずれにしろ，リベットの研究によって，脳とこころの関係についての研究は新たなステージへと発展しました。

----- ステップ3 -----

科学としての心理学

本章では心理学とその歴史について，駆け足で見てきました。こころに対するアプローチは心理学のなかでも多様ですが，共通することがあります。それは，少なくとも学術的な側面に関しては，**科学であり続けようとしてき**

---

[52] 同時にリベットは私たちには「運動を止める自由がある（Free won't）」と結論しています。すなわち，私たちはランダムあるいは定期的に「自発的に運動したくなる」のですが，その気持ちを自由意志によって抑制する拒否権をもつ，ということです。このような点で，リベットは人間の自由意志を否定する決定論者ではありません。ちなみに，もし脳の障害によりその拒否権が働かなくなったらどうなるでしょうか。脳損傷患者の呈する神経心理学的症状に，そのような疑問に対するヒントがあるかもしれません。

たことです[53]。科学とは，現象の法則を数式として記述することです。こころについての研究はそれまでは"科学ではなかった"ため，心理学は実験手法やアプローチを巧みに洗練・発展させてきました。しかしながら，このような**実験手法・ノウハウこそが，ほかの学問分野にはない，心理学の宝**となっているのも事実です。

科学誌と研究

「科学」といえば，サイエンス誌はネイチャー誌と並んで有名な学術誌です。この雑誌は，心理学者であるJ.キャッテルが商業的に確立させたことでも知られています[54]。キャッテルは，ヴントに師事し，その後メンタルテストとよばれる知能テストの基礎をつくった人物です。発刊から約15年後の1894年に，資金難に陥ったサイエンス誌をキャッテルが買収し，長い間編集長を務めて現在につながる一流誌に成長させました。

▶ **科学としての責任** ｜ 科学誌に掲載される研究は，論文という形で投稿されます。そして通常，投稿された論文が雑誌に掲載される前には，査読（peer-review）とよばれる，同じ領域の複数の研究者によるチェック機構が設けられています。この査読プロセスにおいて，当該論文が**論理的かつ学術的に重要**であると認められることにより，論文は晴れて雑誌に掲載されるのです。すなわち，**手法や主張が妥当でなかったり，知見の新規性や重要性が不十分である場合には掲載されません**。しかしながら，この査読プロセスは常に万全ではありません。最後に，心理学ではありませんが，科学史における不正行為に関するもっとも有名な事件を紹介します[55]。

アメリカのベル研究所に勤めていたH.シェーンは2000年に−221℃，2001年に−156℃という"高温"において有機化合物の超電導現象を観測したと報告し，それぞれの研究論文がサイエンス誌とネイチャー誌に掲載されました。さらに2001年，分子の大きさ程度のトランジスタ[56]を作製した

---

53 本章では，心理学の臨床的な側面に触れることができませんでした。臨床応用も，心理学の重要な役目であり，これまでにさまざまな技法が開発されてきました。

54 R.キャッテルという有名な心理学者もいるので，混同しないようにしましょう。R.キャッテルは，C.スピアマンが開発した因子分析という統計学の手法を初めて質問紙に応用した人物であり，16PF性格検査を作成しました。

55 近年，心理学領域においても研究不正問題が明らかになっています。p.22で紹介したP.ジンバルドーの研究の問題に加え，2020年には特性論や行動療法で有名なH.J.アイゼンクがおこなった，パーソナリティとガン・心疾患との関係についての研究の多くに不正があったことが発覚しました (O'Grady, *Science*, 2020)。

56 トランジスタとは，電気を増幅したりスイッチ動作をしたりする半導体素子です。

とネイチャー誌に発表しました。これらの発見は物理学の常識を覆し，社会応用性にも優れていたため，シェーンは数々の科学賞を受賞し，ノーベル賞も期待されていました。しかしながらほかの科学者たちの検証により，これらの**研究成果は捏造された**ことが明らかになります。このとき，大きく問題になったのが，学術雑誌における査読プロセスの問題と，共著者の責任の問題です。

査読プロセスは研究者が嘘をつかないという前提で成り立っており，査読者は投稿された論文からはそのデータの真偽を判断することはできません。ただし，公になった発見は必ず**ほかの研究者**によって**追試されます**。追試によって再現性がないことが明らかになった場合には，ほかの論文において再現性がない旨の指摘がなされ，そのような認識が広がることになります。社会的な影響までは排除できないものの，学術界ではこのような自浄作用が働きます。いっぽう，共著者の責任の問題は，シェーンの事件の際にはあやふやになってしまいました。**当時は共著者の責任について言及した規定がなかったのです。**そのため，シェーンの論文にかかわっていた多くの研究者は，責任を追及されませんでした。この事件以降，科学雑誌は共著者の責任の所在を明らかにするような規定を設けています。

世の中では「心理学」というたい文句を使用しているものほど心理学の概念の誤用が多く，実際は科学的な裏づけがなかったり，データが主張を支持していなかったりします。**心理学は人の心を読む方法でもなく，人を操る方法でもありません。**心のしくみを理解するための科学です。心理学は科学的手法を重視していますが，残念ながら日本においては，まだまだ一般的には科学としての心理学は普及していません。この本の読者のみなさんが正しい心理学の在り方を学び，さらに発展させてくれることを願います。

図版引用文献一覧

図1-3　Wikipedia「精神分析学」；https://ja.wikipedia.org/wiki/%E7%B2%BE%E7%A5%9E%E5%88%86%E6%9E%90%E5%AD%A6

図1-6　Wikipedia「Bereitschaftspotential」；https://en.wikipedia.org/wiki/Bereitschaftspotential

Kornhuber, H. H. & Deecke, L. (1964). Hirnpotentialänderungen beim Menschen vor und nach Willkürbewegungen, dargestellt mit Magnetbandspeicherung und Rückwärtsanalyse. *Pflügers Archiv European Journal of Physiology*, 281, 52.

第 2 章 学習心理学 ── 行動変化のダイナミズム

1 学習心理学とはなにか
2 行動の獲得における2つの条件づけ
　(1) 古典的条件づけ
3 行動の獲得における2つの条件づけ
　(2) オペラント条件づけ
4 技能学習
5 社会的学習

（岡林誠士）

1 学習心理学とはなにか

ステップ1

　人間はこの世界に生まれた瞬間から「手足を動かす」「周りの人を見る」「泣く」といった行動をすることでその生涯が始まり，一生にわたって多くのさまざまなタイプの行動をおこなっています。そして，やがて来る死の瞬間には，心臓や脳を含む身体のあらゆる行動を停止させ，その生涯を終えていきます。学習心理学とは，上記のような生涯のなかでのさまざまな行動が，どのように形成され，維持され，ときに変容し，現れなくなる，といった行動変化のダイナミズムを中心とし，人間の心理的側面を探る分野です。

生得的行動

　人間を含む多くの動物は，生まれた瞬間からじつにさまざまな行動をしていますが，ある種のなかではどの個体でも一様におこなうという行動もあります。こういったタイプの行動は，なんらかの形で生物的に，遺伝的に，生まれつき生体にそなわった行動であり，生得的行動とよばれています。いっぽう，個体の経験を通して形成され，維持され，ときに変化するような行動を習得的行動とよびます。

　ステップ1では，まず生得的行動のなかから走性・本能的行動・反射[1]という3つの種類の行動と，繰り返しの経験によってもたらされる馴化という現象について見ていきます。

▶ **走性（ヒトではみられない）**　「飛んで火に入る夏の虫」ということわざどおり，夏場の電灯に多くの虫が集まっているのを見かけたことがあるでしょう。走性とは，こういった特定の刺激に対して，自分自身を空間的に位置づける全身的な定位運動のことをいいます。

　さらに，走性は特定の刺激によって区別され，上記のような特定の刺激が光の場合には走光性，温度の場合には走温性，湿度の場合には走湿性，川の

---

[1] 生得的行動は，単純なものから複雑なものという「走性→反射→本能的行動」の順序で説明されることもあります。今回は，ヒトでもみられる行動か，経験による行動の変化につながりやすいか，という点から「走性・本能的行動・反射」の並びで説明をおこなっていきます。

流れのような場合には走流性など，さまざまな種類があります。そして，走性をもつ多くの生物は，特定の刺激に向かう行動である正の走性を示します。いっぽう，特定の刺激から遠ざかる負の走性を示す生物は少なく，身近な例ではゴキブリが該当します。ヒトに向かってくるイメージが強いですが，実際には光という特定の刺激から遠ざかる負の走光性をもった生物なのです。

では，ヒトの場合の，おいしそうなにおいがすればその方向に引き寄せられてしまうというような行動はどうでしょうか？　これは走性ではなく，おいしそうなにおいに関する経験によって獲得された習得的行動によるものといえるでしょう。ヒトの場合には走性は確認されていません。

▶ **本能的行動（ヒトでもごくわずかな部分でみられる）**[2]　｜ミツバチは8の字に歩き回る行動によって，巣から蜜や花粉までの方角や距離をきわめて正確に伝えます（図2-1）。リスは他個体を見る機会や固いものに触る機会がなく成長しても，木の実を与えられ続けてお腹がいっぱいになると，やがて穴埋め行動をおこないます。一見複雑にみえるこのような行動も，特定の刺激によって誘発されるように，生得的に規定されているのです。すなわち，経験によるものではなく，内外の環境刺激によって自動的に誘発される一連の複雑な行動であり，これらはとくに本能的行動とよばれています[3]。

ヒトにおけるこのような生得的行動として，全人類に共通の挨拶の仕草[4]や伝染性のあくびが該当すると考えられています。伝染性のあくびとは，誰かがあくびをしているのを見ると自分もあくびが出てしまうという種類のあくびです。このような伝染性のあくびについてR.R.プロヴァイン[5,6]は，あくびをしている人の顔を思い出すだけでも，あくびの話題をするだけでもひき起こされると述べています。この段落内でも何度もあくびという語（刺激）が出てきていますが，みなさんの行動に変化はあったでしょうか。また，種を超えた事例も近年確認されています[7]。

---

[2] 本能および本能的行動については，心理学，動物行動学，神経生理学等の諸学問的立場で異なる解釈がなされ，またそれが本能的行動であるかどうかを示すことも困難です。本書では，環境刺激によって自動的に誘発される生得的行動かつ反射とは異なり一定の複雑な行動パターンをもつ行動として扱っています。

[3] 本能的行動は，遺伝的情報を基盤とし，種に共通にみられる行動ではありますが，その完成には学習・経験の影響も否定できないところがあり，母性行動，巣づくり，求愛行動などはその代表的行動とされます。

[4] 宮地, 動物社会, 1969

[5] Provine, *Ethology*, 1986

[6] Provine, *Curious behavior : Yawning, laughing, hiccupping, and beyond*, 2012（赤松 訳, あくびはどうして伝染するのか：人間のおかしな行動を科学する, 2013）

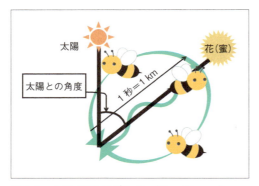

図 2-1　ミツバチのダンス（Bee Dance）
太陽に対する角度が方向を示し，尻をゆする時間が距離を示す。

▶ **反射（ヒトでもみられる）**｜生まれてから間もないころにみられる人間の行動の多くは，環境からの刺激によって自動的に誘発される反射という生得的行動です。とくに，新生児期・乳児期早期にみられる反射は原始反射とよばれ，掌に何かが触れると握ろうとする把握反射（ダーウィン反射）や，足裏の外縁をさすると指が開くバビンスキー反射などがあります。これらの原始反射の多くは生後5〜6カ月ぐらいで現れなくなりますが，成人でも多くの反射があります。たとえば，明るさの変化によって瞳孔の大きさが変化する瞳孔反射，眼球に強い風や空気を吹きつけられると瞼を閉じる（勝手に閉じてしまう）瞬目反射（眼瞼反射）や，口の中に食べ物や酸っぱいものが入ると唾液を分泌する唾液反射などがあります。これらの行動は自身で意識的に開始しているものではありません。

▶ 発達心理学

▶ **馴化と鋭敏化**｜反射は，環境からの刺激によって自動的に誘発されますが，同じ刺激を繰り返し与えられたらどうなるでしょうか。たとえば，打ち上げ花火の音が聞こえたら，最初は注意を向けるでしょう。しかし，何度もその音を聞いていると，徐々にその音に慣れ，やがては気にもしなくなるはずです。このように，同じ刺激を繰り返し経験することにより，その刺激に対する生得的な反応の強度が減少することを馴化といいます。そしてこれはもっとも単純なタイプの学習であるといえます。しかし，今度は救急車の音が聞こえてきたら…，やはり注意を向けるという行動は起こるはずです。これは，馴化は学習された特定の刺激にのみ起こるという刺激の特定性をもつためです。では，その後，再び花火の音が聞こえたら…，再度注意が向くでしょう。これは，別の刺激を与えられたことによって馴化していた刺激に対する反応が再び起こる，すなわち馴化から脱することになる脱馴化という

7　あくびの伝染はサルやチンパンジーの間でも，また種を超えた事例（ヒトから犬など）でも確認されています（Romero, Konno, & Hasegawa, *PLoS One*, 2013）。

現象です。最後に，翌年にまた同じようなことが起こったらどのような反応をみせると思いますか？　やはり，再び打ち上げ花火の音に注意を向けることになるでしょう。このように，馴化後にしばらく時間が経ってから同じ刺激を呈示すると，馴化前の反応を再び示すようになるのです（自発的回復）。

いっぽう，同じ刺激を経験することにより，その刺激に対する生得的な反応の強度が増大することを鋭敏化[8]といいます。たとえば，部屋のなかにいて，いきなりきわめて大きな音が近くで聞こえた場合，注意を向けるだけではなく驚愕もしくは不安すら感じることでしょう。このように，その生体にとってきわめて大きな刺激の場合，まずは鋭敏化が起こります。ではさらに，その直後に誰かがドアをいきなり開けたらどうでしょうか。注意を向けるだけではなく"同様の"驚愕や不安を感じるでしょう。鋭敏化では刺激の特定性をもたないため，同様の反応が他の刺激においても起こります。

ステップ2

初期学習と臨界期

生育初期に与えられた経験（初期経験）によって，その後の知覚や学習，情緒などの発達に不可逆性の影響をおよぼす経験効果のことを初期学習といいます。その代表例として挙げられるのが，オーストリアの動物行動学者K.Z.ローレンツによって研究されたインプリンティングです（刷り込み，刻印条件づけともよばれます）[9]。

インプリンティング（imprinting）とは，孵化後すぐに移動行動のできる早成（離巣）性の鳥類（ガン・カモ類やニワトリ）において，孵化直後に見た適度な大きさの動く物体に対して愛着（母鳥との結びつき）が形成されるという現象です。通常，ヒナの卵は親鳥によって孵化されていることから，孵化直後にヒナが見るのは親鳥であり，親鳥がインプリンティングされ，親鳥を慕う行動（母鳥へのよびかけや，カルガモの引っ越しなどでも知られるような親鳥に対しての後追い行動など）をとるようになります。では，孵化直後に人間が目の前にいる場合には，どうなるでしょうか。その場合は，人間がインプリンティングされ，人間に対して愛着的行動を示すようになりま

---

[8] 馴化は脱感作（だつかんさ），鋭敏化は感作ともよばれます。
[9] イギリスの博物学者D.スポルディングがこの現象を指摘し，後にドイツのO.ハインロスらによって再発見され，ハインロスの弟子であるローレンツが研究を続け，インプリンティングという用語を用いて説明し，広く知られることとなりました。

す。ローレンツは，自身が1羽のヒナの親鳥代わりになったきっかけとその後について，著書『ソロモンの指環』でじつに詳細に述べています。

インプリンティングはいつまでも起こるわけではなく，期間が限定されることが確認されています。この時期のことを**臨界期**（critical period）といい，また，その学習がもっとも容易におこなわれる時期を**敏感期**（sensitive period）といいます。マガモのヒナにおいては，後追い行動のインプリンティングが可能な臨界期は孵化後32時間前後，敏感期は16時間前後であることが実験的に示されています[10]。

上記のヒナにみられる後追い行動は本能的行動ですが，「何」の後追い行動をするか（親鳥についていくのか，人間についていくのか）は，初期経験によって決められます。すなわち，初期学習で獲得される行動は，その基盤には生得性をもっているいっぽうで，経験によって変更可能な部分もあることも示されているのです[11]。

ステップ3

哺乳類およびヒトにおける臨界期

臨界期が哺乳類にもあるということは，スウェーデンの**T.N.ウィーセル**とカナダの**D.H.ヒューベル**が1960年代におこなったネコを用いた実験により最初に明らかになりました。この実験は，生後間もないある期間に子ネコの片眼を遮蔽して見えないようにし，その後，視覚野の神経細胞が光刺激にどのように反応するかを調べるというものでした[12]。結果，遮蔽した眼の視覚野の神経細胞は光刺激に反応しなくなり，遮蔽された眼は見えなくなってしまっていました。いっぽう，生後15週以降であれば，遮蔽によって眼が見えなくなるということは起こりませんでした。この結果は，眼が正常に機能するためには，**ある期間に視覚刺激を受けなければならない**ということを示しています。また，このような臨界期はヒトにおいても観察されていて，3歳ごろまでは一時的であれ片眼を遮蔽すると眼が悪くなりやすく（生後20カ月ごろがピーク），その危険性は8歳前後まで続くことが知られています。

---

[10] Hess, *Sci Am*, 1958
[11] 生得性と学習の関係についての議論は動物行動学の分野からはじまり，学習心理学の知見にも多くの影響を与えました。
[12] 大脳皮質視覚野における情報処理に関する研究で，ウィーセルとヒューベルは1981年ノーベル生理学・医学賞を受賞しています。

▶ **絶対音感** ｜ 絶対音感とは，外的基準音との比較なしに任意の音の音高を特定できる，あるいは指定された音高を生成することができる音楽的能力のことをいい[13]，臨界期があるといわれています。その理由の1つに，早期に音楽的な経験をした場合には，絶対音感の保有率が高まるという調査結果が挙げられます。その結果からは，およそ6歳までが絶対音感の獲得の臨界期であると結論づけられています。また，成人後に絶対音感を獲得することができたという報告が存在しないことも間接的な証拠として考えられています。いっぽう，実践的な研究では，音楽的な訓練の開始年齢によって絶対音感の獲得過程に影響があることが示唆されている研究[14]もあります。

このように初期学習は，学習の内容によって，また，動物種によっても異なり，臨界期の時期や期間も異なっています。ヒトの場合には，知覚だけでなく情緒や社会性の発達においても，初期学習が重要であることが示されています。

2 行動の獲得における2つの条件づけ (1)古典的条件づけ

ステップ1

日常場面では「学習＝勉強する」ととらえられることが一般的ですが，心理学では学習をより広くとらえます。すなわち，学習とは，**経験を通して，個体が獲得する比較的永続的な行動変容の過程**と定義されるもので，本節と次節で確認する2つの条件づけがもっとも基本的な学習の型となります。

古典的条件づけ

「梅干しの写真を見ただけで口の中が湿ってしまう」とか「注射器を見た途端にすくんでしまう」「ある曲を聞くと切なくなってしまう」といった体験をしたことはないでしょうか。これらは本節でとり扱う古典的条件づけ（レスポンデント条件づけ，パブロフ型条件づけともよぶ）によるものなの

13　その保有者は一般人で0.1％，音楽家で10〜15％程度しか存在しないとされています。
14　榊原，教育心理学研究，2004

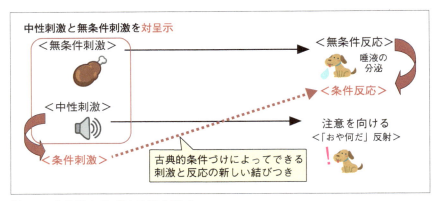

図 2-2　古典的条件づけの基本図式
中性刺激と無条件刺激の対呈示によって，無条件反応と同じような条件反応を条件刺激が誘発する。

です。"パブロフの犬"という言葉は聞いたことがあるかもしれませんが，そのパブロフです。本節では，彼がおこなった実験について，古典的条件づけにおいて重要となる用語とともに確認をしていきます。　心理学の歴史

▶ **刺激と反応**　図2-2に，古典的条件づけの基本図式を示します。イヌは（私たち人間も）食べ物を口にすると無条件に唾液を分泌します。このような反射的反応のことを**無条件反応**といいます。そして，一定の無条件反応をいつでもひき起こすような刺激を**無条件刺激**といいます。それに対して，音[15]は，最初は注意を向けるという反応（パブロフは「おや何だ」反射とよびました）をひき起こすだけの刺激（**中性刺激**[16]）です。ここで，その音を必ず聞かせながら食べ物を与えるという手続き（**対呈示**[17]）を何度かおこないます。すると，音を聞かせただけで唾液を分泌するという反応が誘発されるようになります。このようにして誘発されるようになった反応のことを**条件反応**[18,19]といい，条件反応をひき起こすようになった中性刺激のことを**条件刺激**といいます。

　たとえば，「梅干しの写真」が条件刺激であれば，「口の中が湿る（唾液分

15　パブロフの実験では，メトロノーム，音叉，ベル，ブザーなどの音が用いられました。
16　音のような中性刺激は食べ物のような無条件刺激とは異なり，たとえば，その音だけを繰り返し聞かせた場合，やがて注意を向ける反応は起こらなくなります（馴化）。
17　対呈示には，直前におこなう・同時におこなう・直後におこなうなどがあり，その時間的関係によっても行動の獲得過程は異なります。
18　第1章で掲載されているようにパブロフは，生得的行動である無条件反射（餌による唾液分泌）に対し，学習された行動である音による唾液分泌を条件反射とよんでいました。
19　条件反応は厳密には無条件反応とはまったく同じではない場合もあります。唾液分泌という反応は同じでも，無条件刺激による場合と条件刺激による場合ではその分泌量には差があります。

泌）」が条件反応です。そして，この反応を引き起こす無条件刺激は「梅干し（の味覚）」です。

　古典的条件づけでは，どのくらいの回数の中性刺激と無条件刺激の対呈示が必要なのでしょうか。対呈示の回数については，多数回を必要とする瞬目（眼瞼）条件づけ，少数回で成立する皮膚電動反応や恐怖反応，さらには，一度の対呈示でも学習が成立することがある味覚嫌悪（p.40，ステップ3で紹介）など，その回数には大きなばらつきがあります。これは，古典的条件づけが無条件反応と無条件刺激という生得的な関係（反射的反応）を基礎とすることから，そこで誘発される反応の種類や刺激の強度により，差が生じると考えられています。

ステップ2

古典的条件づけにおける消去

　古典的条件づけによって獲得された行動は，ずっと続くものなのでしょうか。無条件刺激と条件刺激が対呈示されている間は，条件反応は維持されます。しかし，**条件刺激だけを呈示され，無条件刺激が呈示されない場合**にはどうでしょう。パブロフの実験例で考えると，「音だけを聞かされ，食べ物は呈示されない」という状況です。こういった手続きを続けると，条件刺激を与えても徐々に条件反応は生じなくなっていきます。この手続きを消去といいます。

▶ **上書きによる消去** ｜ ただし，刺激の強度や誘発される反応によって，消去の手続きが異なることがあります。その一例が，行動主義心理学の父といわれるJ.B.ワトソンのおこなったアルバート坊やへの恐怖の条件づけ後の消去手続きです。ワトソンは，まず恐怖の条件づけにおいて，金槌で金属を叩いて発生させた音を無条件刺激，白ネズミを条件刺激として用いました。その結果，アルバート坊やは白ネズミを見ただけで泣き出すようになりました。ここで，消去手続きをおこなうことを考えてみると，白ネズミ（条件刺激）だけを呈示すればよいことになります。しかし実際には，この方法では恐怖をとり除くことはできず，条件刺激となっているものに別の条件づけを上書きするという，異なる消去手続きが必要でした。すなわち，恐怖（負の情動）を誘発するようになった条件刺激と，快の情動を誘発する新たな刺激

（たとえば，おやつやご褒美）を繰り返し対呈示することによって，徐々に恐怖の条件づけの消去がなされました。こういった手続きは，後に**行動療法**において不安や恐怖の消去に応用されていきます。 臨床心理学

古典的条件づけにおける般化と弁別

条件刺激に類似したほかの刺激でも，ある程度の条件反応はひき起こされます。これは般化とよばれる現象で，類似した刺激のひとつひとつに対して一から条件づけを経験する必要がないことから，多くの情報の処理を省くことができ，環境への適応という側面で大きな意味をもっています。パブロフは，イヌに大腿の皮膚への機械的刺激を条件刺激として条件づけた後（ここでの無条件刺激は食べ物で，機械的刺激と対呈示されました），ほかのさまざまな身体部位にも機械的刺激を与えました。その結果，それまで一度も対呈示されていなかったほかの部位への機械的刺激によっても条件反応が誘発されました。しかし，その唾液分泌量は大腿への刺激のときよりも少なく，大腿から離れるにつれ減少していました。すなわち**般化の程度は，条件刺激として用いたもとの刺激と新しい刺激の類似度に依存した**のです[20]。

このように類似した刺激では般化が起こりますが（**図2-3a**），厳密には異なっている刺激に対して，いつも同様の反応をするだけが適応において有利に働くとは限りません。すなわち，類似しているが厳密には異なる刺激の場合には，異なる反応をしたほうがいい場合もあります。そのためには，類似した複数の刺激に対して，それぞれ異なる反応が条件づけられる必要があり，それを弁別とよびます（**図2-3b**）。

高次条件づけ

無条件刺激を伴わずに条件刺激だけが呈示され続ける場合，条件刺激はやがて条件反応を誘発する効力を失っていく（消去）ということを上記で確認しました。しかし，**条件刺激と条件反応の条件づけが十分に成立している場合には，それらを無条件刺激と無条件反応のように扱うことによって，さらに新しい条件づけをおこなうことが可能**です。パブロフらは，食べ物と音の対呈示による古典的条件づけ（音によって唾液分泌が誘発される）をまず十分におこない，その後，音と黒い正方形の対呈示による訓練をしました。す

---

20 アルバート坊やへの恐怖の条件づけにおいても般化は確認されており，白ネズミと同様に白色であるウサギ，毛皮，サンタクロースのお面，綿に対しても，恐怖反応が示されています。

2 行動の獲得における2つの条件づけ (1)古典的条件づけ

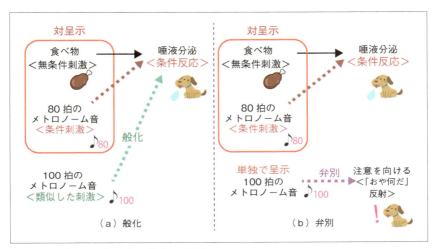

図2-3 古典的条件づけの般化と弁別

ると，やがて黒い正方形によっても唾液分泌が誘発されるようになったのです。このとき，生得的行動をもとに形成された最初の古典的条件づけを**1次条件づけ**といい，1次条件づけをもとに形成された2つ目の条件づけを**2次条件づけ**といいます（図2-4）。さらに，2次条件づけをもとに新たな条件づけをおこなうと**3次条件づけ**[21]とよばれます。このような高次条件づけの1つに評価的条件づけとよばれるものがあります。たとえば，好ましい人を表現するときに，私たちは親切な人であるとか，誠実な人であるといった言葉[22]を用います。このような形容詞を，1次性の条件刺激として，2種類の顔写真（2次性の刺激）と対呈示します。つまり，ある写真を見せるときには「誠実な」といったポジティブな形容詞を一緒に見せ，もういっぽうの写真を見せるときには「残酷な」といったネガティブな形容詞を一緒に見せるのです。その結果，ポジティブな形容詞と対呈示された顔は好ましい人と評価され，ネガティブな形容詞と対呈示された顔は好ましくない人と評価されたのです。このような条件づけは，形容詞との対呈示をおぼえていない状況

---

21 理論上は，より高次の条件づけが可能ですが，実生活のなかでは3次以上の条件づけはかなり限定されます。たとえば，危険や苦痛に対する防御反応である無条件反応については，3次条件づけまで成立するとされています。

22 これらの言葉は無条件刺激ではなく，1次性の条件刺激です。なぜなら，親切や誠実という日本語を知らない人にとっては中性刺激でしかないからです（自分の知らない言語であれば，どんなにひどいことであっても笑顔で言われていたら，その意味を理解できないですよね）。いっぽう，これらの日本語を知っている人にとっては，過去の経験や知識にもとづき，それらが好ましい人を表す言葉であるとわかるのです。

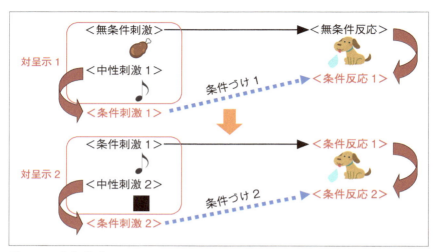

図2-4　2次条件づけ

でも起こり，広告などでも利用されています。

----- ステップ3 -----

味覚嫌悪学習（味覚嫌悪条件づけ）

　味覚嫌悪学習（味覚嫌悪条件づけ，ガルシア効果）とは，味覚と内臓の不快感の対呈示によって生じる学習であり，1966年にJ.ガルシアらによって提唱されました。この学習では，条件刺激は味のある溶液であり，無条件刺激は胃腸障害や嘔吐をひき起こす薬物です。そして，これらを対呈示することで，条件刺激で用いた溶液の摂取量は減少します。

　この味覚嫌悪学習の特徴として，①わずか1回の対呈示でも成立することがある，②無条件刺激がかなり遅れて無条件反応を誘発する場合にも容易に成立することがある，③消去をすることが困難な場合がある，さらに，④条件刺激と無条件刺激の種類によって条件づけが容易な場合と困難な場合があるなどが挙げられます[23]。

▶ **学習と偏食** ｜ こういった味覚嫌悪学習は，ヒトの場合には食べ物の好き嫌いや偏食をひき起こす1つの原因になると考えられます。たとえば，ある食べ物を食べた後，腹痛や嘔吐といった内臓の不快感が起こった場合，その食

べ物の味と不快感が学習されます[24]。すなわち、その食べ物の味覚が条件刺激となり、条件反応である不快感を誘発（腹痛や嘔吐はないにしても）するようになるのです。「なぜだかわからないけど、その食べ物が苦手だ」といった場合には、もしかしたら、このような味覚嫌悪学習が生じていたのかもしれません。

3 行動の獲得における2つの条件づけ (2)オペラント条件づけ

ステップ1

オペラント条件づけとは

　唐突ですが、みなさんの今現在の行動に注目してみてください。たとえば、今みなさんはこの本を読んでいて、鉛筆を持っているかもしれません。ここに、無条件刺激や条件刺激はあるでしょうか。その本や鉛筆はなんらかの無条件反応や条件反応をひき起こしているでしょうか。日常の多くの行動、つまり、歩く、話す、食べる、勉強する、遊ぶなどの環境に働きかける行動は、特定の刺激によって自動的に誘発される反応ではありません。このような行動は、ある状況（先行条件）または手がかり（弁別刺激）のもとで、行動することも・しないことも選択できる自発的な行動（反応）であり、オペラント行動[25]とよばれます。

23　ガルシアらは、甘い溶液と光と音を伴うふつうの水を両方与え、X線群では内臓の不快感をひき起こすX線の照射を、電撃群では電撃を床から0.5秒間与えました。その結果、X線群では甘い溶液を、電撃群では光と音を伴う水を飲まなくなりました。つまり、条件刺激と無条件刺激の種類によって条件づけが容易な組み合わせと困難な組み合わせがある（X線群では甘い溶液は避けるようになったが、光と音を伴う水を避けることはなかった）ことを発見したのです（Garcia & Koelling, *Psychon Sci*, 1966）。なお、X線の効果である中毒症状は約1時間後に生じるにもかかわらず、その味覚と結びつくことも発見しています。

24　食べ物の特徴には、見ため、味、におい、手触りなどが挙げられますが、ヒトの場合、食べ物に対するもっとも大きな感覚的特徴が味覚となります。大学生への調査では、嫌いな食べ物の感覚的特徴として、味（味覚）がもっとも多く、次いで、におい、口あたりであり、その食べ物の見ためが嫌いと答えたのは26％にすぎなかったという報告があります（Logue, Ophir, & Strauss, *Behav Res Ther*, 1981）。この傾向は、ラットであれば味覚的特徴、ウズラであれば視覚的特徴といったように、種によって異なることが知られています（連合の準備性）。

25　オペラント行動（operant behaviour）のオペラントという用語は、操作（operation）に由来する用語です。

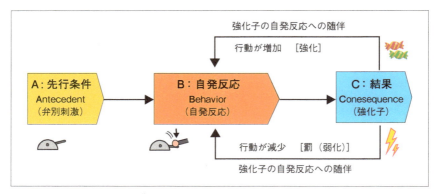

図2-5 オペラント条件づけの基本図式

▶ **三項随伴性** また，オペラント行動は環境に働きかける行動であり，環境にはなんらかの変化がもたらされます。その結果（環境事象の変化）が，後のオペラント行動の生起頻度を変化させる（増加もしくは減少する）場合，その環境事象は強化子とよばれます。

このとき，先行条件（弁別刺激）のもとで自発する行動（反応）の結果を操作することによって，オペラント行動の生起頻度を変化させる手続きをオペラント条件づけといい（図2-5），B.F.スキナーによって提唱されました[26]。また，①先行条件（弁別刺激）と②オペラント行動（自発反応）と③結果（強化子）の3つの要素からなる関係を三項随伴性といいます[27]。

▶ **強化子の種類と操作** ある強化子の呈示によって，その直前のオペラント行動の生起頻度が増加する場合，その強化子を正の強化子（もしくは報酬刺激）といいます。逆に，ある強化子の呈示によって，その直前のオペラント行動の生起頻度が減少する場合，その強化子を負の強化子（もしくは嫌悪刺激）といいます。たとえば，スキナー箱を用いたラットの実験では，レバーを押して餌（正の強化子）が呈示されれば，その後もレバーを押す頻度は増加しますが，電撃（負の強化子）が呈示されれば，その後にレバーを押す頻度は減少します。強化子がその直前のオペラント行動の生起頻度を高めることを強化といい，正の強化子を呈示することによる強化を正の強化，負の強

---

[26] スキナー以前においては，古典的条件づけと道具的条件づけという分類がなされていましたが，スキナーによってレスポンデント条件づけとオペラント条件づけとして分類，再定式化され，行動分析学が体系化されました。
[27] 随伴性とは，ひき続いてともに起こるということを意味します。つまり，三項随伴性は，①のもとで②が起こり，続いて③が起こり，③によって②の頻度に影響を与えるという，ともに連続して起こることを指します。

表2-1 オペラント条件づけの強化子の種類と操作

強化子の種類	強化子の操作	
	呈示（＝正の）	除去（＝負の）
正の強化子 （報酬刺激）	正の強化 （生起頻度の増加）↑	負の罰（弱化） （生起頻度の減少）↓
負の強化子 （嫌悪刺激）	正の罰（弱化） （生起頻度の減少）↓	負の強化 （生起頻度の増加）↑

化子の除去による強化を負の強化といいます。いっぽう，強化子がその直前のオペラント行動の生起頻度を低下させることを罰（弱化）[28]といい，正の強化子を除去することによる罰を負の罰（弱化），負の強化子を呈示することによる罰を正の罰（弱化）といいます（表2-1）。

▶ **報酬訓練** ｜ 報酬訓練とは，上記の正の強化に該当するもので，あらかじめ選んだ反応を報酬（正の強化子）により強化するという訓練です。こういった訓練の研究は，オペラント条件づけの源流であるE.L.ソーンダイクによる問題箱を用いた試行錯誤学習にはじまります。この実験では，ネコは偶発的にさまざまな反応をして，やがて問題箱から脱出できるようになります。そして，その経験を繰り返すと脱出までの時間が減少することを明らかにしました。つまり，問題を解決する（脱出できる）という効果によって，それ以外の反応が減少し問題を解決する（脱出する）ための反応が増加したのです（効果の法則）。

逃避・回避訓練と学習性無力感

嫌悪刺激を経験している状況から逃れることを逃避といい，ある嫌悪刺激を呈示することによって逃避のための行動を増加させる訓練を逃避訓練といいます。また，やがて経験するであろう嫌悪刺激を事前に避けることを回避といい，ある嫌悪刺激を呈示することによって回避のための行動を増加させる訓練を回避訓練といいます。

▶ **学習性無力感** ｜ M.E.セリグマンとS.F.マイヤーは逃避も回避もできない

---

[28] 学習心理学で用いる罰という用語は，体罰などを意味するのではなく，オペラント行動の生起頻度を低下させる機能を意味します。近年では，弱化という用語でのみ説明されることもあります。

状況を繰り返し経験すると，その後の訓練に大きな影響があるということを実験的に示しました。実験では，まずイヌはハーネスで固定され，数十回の逃避不可能な電撃を受けます。翌日，今度は電撃の回避が可能な環境に入れ，暗くなってから10秒後に電撃を受けるという逃避・回避訓練の課題をおこないました。この課題は通常のイヌであれば数試行で学習できるものです。しかし，事前に逃避不可能な電撃を受けたイヌでは，まったく学習がなされず，横になって鳴くのみでした。つまり，**逃避不可能な経験**によって，**自分の行動が環境に対して無力であることを学習し**，この無力感が，新しい環境においてもひき継がれたのだと考えられます。逃避不可能な経験の後のこのような効果のことを学習性無力感[29]といいます。このような効果は動物やヒトにおいて，自分の行動が環境にほとんど影響を与えないという「予期」[30]を発達させ，この「予期」は広範囲な事態に般化するとセリグマンらは述べています。ヒトの場合には，この現象はうつ状態に類似する点が多いことから，盛んに研究がおこなわれました。

> ステップ 2

強化スケジュール

　繰り返しておこなわれる自発行動の「どれに」「いつ」強化を与えるのかというプログラムのことを強化スケジュールといいます。そして，ある反応が起こるたびに毎回必ず強化子を呈示することを連続強化，反応に対して部分的に（時々）強化子を呈示することを部分強化といいます。

オペラント条件づけにおける消去

　オペラント条件づけによって獲得された行動を消去する場合には，行動が自発されても強化子を呈示しないことによっておこないます。たとえば，ラットにレバー押し行動を学習（レバーを押すと餌が呈示）させた後に，レバーを押しても餌を呈示しないといったことによりおこないます。そうすることによって，徐々にその行動をしなくなり，やがてオペラント条件づけを

---

[29] 学習性無力感はイヌやヒトに限らず，多くの動物種で確認されています。驚くべきことに，原始的なゴキブリにおいても同様です（Brown, Hughes, & Jones, *Psychol Rep*, 1988）。
[30] 学習性無力感では，動機づけ，認知，情動の3つの面において障害につながるとされます。動機づけの面では自分が環境に対して働きかけるという動機を失うことに，認知の面では経験から学習する能力の低下を招き，情動の面では種によって異なりますが食欲の低下や血圧の一時的な上昇，病気の発症などにつながるとされます。

おこなう前のその行動の水準（**オペラント水準**）に戻ります。この消去手続きにおいては，どのような強化スケジュールで行動が獲得されたかによって，消去のしやすさ・しにくさ（**消去抵抗**[31]）が異なります。一般的に，連続強化で獲得された行動は消去抵抗が低く（消去しやすく），部分強化で獲得された行動は消去抵抗が高く（消去しにくく）なります[32]。

　身近な行動で考えてみましょう。たとえば，自販機ではお金を入れたら常に飲み物が手に入ります。しかし，お金を入れても飲み物が出てこなかったらどうでしょう。もう一度，同じ自販機にお金を入れようとは思いません。いっぽう，ギャンブルにおいては報酬が得られるのはたまにであり，常に報酬が得られるわけではありません。そのため，報酬が得られないという経験をしても，もう一回やってみようと思ってしまうのです。つまり，**部分強化されることで消去抵抗が高く，損が続いてもなかなかやめられない**ということが起こるのです。

オペラント条件づけにおける般化と弁別

　オペラント条件づけにおける**般化**[33]は，弁別刺激によってなされるものであり，ある1つの刺激においておこなわれている反応が，類似したそのほかの刺激においても同様におこなわれることを指します（**図2-6a**）。たとえば，自分の車のなかのハンドルやペダル（弁別刺激）で獲得された一連の各運転操作（自発的行動）が，親の車やレンタカーでも有効に役立ち操作できるといった場合です。もし，般化がなされない場合には，親の車でもレンタカーでもまた一から操作を学ばなければなりません。そもそも，教習所に自分の車をもち込む必要が出てきてしまいます。実験的には，ハトにおいて，基準となる光を弁別刺激，自発的行動をキーつつき，報酬を餌として訓練がなされました。その結果[34]，訓練で用いた基準となる波長に類似度が高いほど多くの反応をすることが示されました。これを横軸に刺激の種類，縦軸に反応数としてグラフで表示すると山形の勾配をもつ形状となることから，**般化勾配**とよんでいます。

---

[31] 消去抵抗とは消去のしにくさのことで，消去されるまでにかかる回数や時間で示されます。
[32] この効果は部分強化効果・ハンフレイズ効果・強化矛盾とよばれています。
[33] オペラント条件づけによる般化は刺激によって生じることから，刺激般化ともよばれます。
[34] テストでは，さまざまな波長の光を呈示してその反応を確認しました。すると，当然，基準の波長（たとえば，550 nmの光）でもっとも多い反応をし，基準に近い波長の光（540 nmや560 nm）でも多くの反応をしました。いっぽう，基準と離れた波長（510 nmや590 nm）では反応が少なくなりました。つまり般化勾配を確認するテストの場合には，強化子を呈示しない消去手続きによってなされることが一般的です。

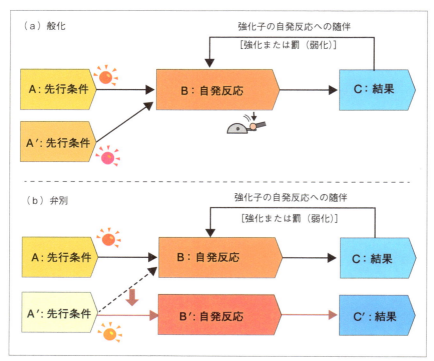

図2-6 オペラント条件づけの般化と弁別

　オペラント条件づけの弁別は，類似した弁別刺激のそれぞれに対して異なる結果を呈示するという弁別訓練によって獲得されます。たとえば，自分の車が国産車であり，親の車が外車である場合，それらをまったく同じように操作することはできません。それぞれの車によって，微妙に操作を変える必要があります。この場合には，弁別刺激が明らかでわかりやすいですが，先に挙げたハトを用いた波長の実験の場合にはどうでしょうか。基準の波長の光では強化子を呈示し，基準とは異なる波長の光では強化子を呈示しないようにすることで基準の波長の光では反応をし，異なる波長の光では反応をしないという異なった反応（弁別反応）を獲得できるようになります（図2-6b）。このとき，反応をするかしないかの手がかりである弁別刺激によって後の反応を制御することを刺激性制御といいます。

3 行動の獲得における2つの条件づけ (2)オペラント条件づけ

...... ステップ3 ......

段階的な行動の獲得

　ステップ1と2で確認したラットのレバー押し行動は，ヒトから見ればとても単純な行動であり，動物にとっても簡単だろうと思われるかもしれません。しかし，通常の飼育環境下にはレバーはないですし，ラットにとってレバーを押すという行動は生得的にはもっていない反応です。そのため，ラットがレバーを押した際に餌を与えたとしても，その行動で餌が得られることをこれまでに経験していないので，すぐに餌に向かうとは限りません（餌が出た音に驚愕し，餌場から離れることもあります）[35]。そのため，餌を得るまでの間にさまざまな行動が起こります。ここで，強化の効果をもつのは，その直前の行動に対してであったことも思い出してください。つまり，餌を獲得するまでの時間で最後におこなった行動（壁をよじ登っていたとか，餌皿に近づいてきたなど）が強化されてしまいます。さらに動物に，ある行動を学習させるには，重大な問題があります。それは，レバーを押すという行動がそもそも起こらないという場合です[36]。

▶ **シェイピング** ｜これらの問題を解決するために，心理学実験では一般的に，音や光を利用します。すなわち，たとえば音が鳴ったら餌が出るということをまず学習させ，音を条件性強化子として用いるのです[37]。そして，彼らが偶然にレバーの方向を見た際に条件性強化子を与え，次は，レバーに少し近づいたら与え，その次はレバーに前足を置いたら与え，最後にレバーを押したら与え，というように徐々にレバーを押すという行動を形成していくのです。このような段階を経てある行動を獲得させていくことをシェイピング（反応形成）とよんでいます[38]。 臨床心理学

35　給餌器の回転音や振動，餌皿に餌が落ちる音など，餌が出るまでのきわめてわずかな間に発生したさまざまな事象が刺激として機能してしまうこともあります。

36　齧歯類は四足動物であり，彼らにとって押すことが困難な位置にレバーがある場合，偶然にそれを押す確率はかなり低くなります。そのため，レバーは適した位置（ちょうど，ラットやマウスの前足がレバーの上に乗るぐらい）に設置されています。

37　条件性強化子とは，もとは中性刺激であった音と本来の強化子である餌（一次性強化子といいます）を対呈示することによって，反応を強めることができる強化子として機能するようになった中性刺激をいいます。さらに，より広い意味での条件性強化子は般性強化子とよばれます。ヒトの場合では「お金」が該当します。お金は，それ自体を食べることはできませんし，住むことも，遊ぶこともできません。しかし，お金とひき換えに本来の強化子である食べ物や家や遊びといったあらゆる強化子を得られることを学習しているからこそ，働いてお金を稼ぐという行動がなされるのです。

38　この方法はヒトにおいても新しい行動を形成するときに利用されていて，逐次接近法とよばれています。この技法は，行動療法において活用されています。

2つの条件づけの同異

第2節と第3節で確認してきた範囲[39]で2つの条件づけの同異についてまとめると，以下のようになります。

①古典的条件づけとオペラント条件づけで獲得された行動はともに，刺激との結びつきによるものである。
②古典的条件づけで獲得された行動は，**生得的な行動**（反射的反応）を土台とし，その行動の**前**にある刺激によって，**誘発されるようになった行動**である。
③オペラント条件づけで獲得された行動は，先行条件（弁別刺激）のもとで**自発する行動**（環境に働きかける行動）であり，その行動の**後**にある刺激（強化子）によって，**生起頻度が変化した行動**である。

4 技能学習

ステップ1

運動技能の学習

人間は，環境からの刺激を感覚器で受容し（感覚系），それにかみあった動きをする（運動系）ことで，日常を過ごしています。お箸の扱いやスマートフォンなどの自動的な操作，スポーツにおいての効果的な手足の動作，機器や自動車の運転といった操作などさまざまです。これらは，感覚系と運動系の協応によって適切な1つの行動となります。つまり，技能学習[40]とは感覚系と運動系の協応の学習のことを指します。そのため，技能学習はほかの

---

[39] 本章第2節・3節で確認した条件づけについてより詳しく学びたいという場合には，近年の良書として「小野浩一（2016）．行動の基礎―豊かな人間理解のために　改訂版．培風館」を，第2章で扱っている行動変容についてより広範に学びたいという場合には，「ジェームズ・E・メイザー（2008）．メイザーの学習と行動　日本語版 第3版（磯 博行，坂上貴之，川合伸幸 訳）．二瓶社」を読むことをおすすめします。
[40] 知覚運動学習，運動技能学習ともよばれています。

すべてのタイプの学習に関与します。たとえば，感覚系の異常によって唾液分泌が起こらないならば古典的条件づけは成立せず，レバーを押す手足がうまく動かせなかったらオペラント条件づけは成立せず，モデルに比べ自身の運動能力が低ければ模倣は成立しません。

▶ **技能の定量化** │ 技能について科学的に検討するため，技能学習における課題成績を定量化してとらえる方法が試みられてきました。定量化することで技能の上達をグラフで示すことができ，右上がり（成功数の場合，試行数が増えるほど上昇）や右下がり（失敗数の場合，試行数が増えるほど下降）の曲線として示されます（学習曲線）。

技能の上達においては，繰り返しの練習（反復）がもっとも重要だと思われるかもしれません。では，フリーハンドで5cmの線分を書くという課題を例に考えてみましょう。最初に書いた線分が5cmより短かったとわかれば，次は少し長めに書くでしょう（逆に，最初に書いた線分が5cmより長かったとわかれば，次は少し短めに書くでしょう）。しかし，最初に書いた線分の長さがわからなかったら，次に書く線分はどのように書けばいいでしょうか。最初に書いた線分の長さがわからないと，反復をおこなっても自分の主観に従って線分を書くほかありません。すなわち，この課題で重要なのは書いた線分の長さの結果という情報です。そして学習者によるこの結果についての情報の確認を，結果の知識（knowledge of results：KR）といいます。

▶ **結果の知識とタイミング** │ 結果の知識は，その内容や与えるタイミングが重要な意味をもっています。たとえば，先ほどの線分の例では，結果の知識の内容が誤差の長さ（量）であった場合（量的KR）にもっとも学習の成績がよいこと，正誤のみの場合（質的KR）は学習は可能だが成績はあまりよくないこと，結果の知識がまったくなかった場合（KRなし）には学習ができないこと，無関係な結果の知識を与えられた場合（無関係KR）にはもっとも成績が悪くなることが示されています[41, 42]。

結果の知識を与えるタイミングについては，行動の直後に与える場合（即時性KR）と，行動後しばらくしてから与える場合（遅延性KR）で，成績が

41　Trowbridge & Cason, *J Gen Psychol*, 1932
42　結果の知識はいつも与えられるほうがよいと思われるかもしれませんが，実際にはそう単純ではなく，いつも結果の知識が与えられるようになると，学習者はそれに依存しすぎてしまい，結果の知識が与えられなくなると学習した技能をうまく実行できないことが実験で示されています（Winstein & Schmidt, *J Exp Psychol -Learn Mem Cogn*, 1990）。

どのように変化するかの研究が多くなされてきました。その結果，自身の行動について振り返る機会があることで，後の成績の向上につながることから，遅延性KR[43]のほうが成績がよいということが示されています[44]。

したがって，もしみなさんが技能学習を教える立場になった場合には，「正確な情報を」「少し時間をおいて」「時々」結果の知識として呈示するとよいでしょう。そうすれば，学習者は結果の知識を受けなかったときに自分の行動における誤りを自身で発見し，訂正することを学び，コーチがいない場合にも，獲得した技能をうまく実行することを維持できるようになるのです。

▶ **反復練習における学習効率** | 技能は反復練習によってだんだんと上達します。では，その練習にはどのような要素があるでしょうか。これまでの研究では，反復練習における時間配分，内容の分割，練習自体の仕方という3つの要素が学習効率に与える影響を明らかにしてきました。

練習における時間配分には，一定量の練習を休みなく繰り返す集中練習と，練習のあいだに休みを入れて繰り返す分散練習があります。練習中では，分散練習のほうが成績は向上しますが，その効果は一時的で，十分な休憩の後には（長期的にみると）成績の差はみられなくなることが示されています[45, 46]。

次に，練習内容の分割には，最初から全体としてひとまとまりで練習をする全習と，ひとつひとつの部分に分けて練習を積み上げていく分習があります。全習と分習のどちらがよいか断定はされていませんが，まとめてできる練習であれば，分割しないほうがよいという実験結果が示されています[47]。

最後に，練習自体の仕方についてです。技能学習の場合には，自身で試行錯誤をするだけが練習ではありません。先輩や先生などが上手におこなっている動作を見て練習をすることもできます。このように観察をして模倣することをモデリングといいます。いっぽう，上手な人から言葉で教えてもらうことはガイダンスといいます。ガイダンスの効果は，車の運転や電子機器の操作といった複雑な技能の学習の場合にはもちろんのこと，回転盤追跡といった単純な技能学習の場合にも効果があることが示されています[48]。

---

43 遅延性KRは数秒後であり，数時間や数日といったものではありません。
44 Swinnen, Schmidt, Nicholson, & Shapiro, *J Exp Psychol -Learn Mem Cogn*, 1990
45 Adams & Reynolds, *J Exp Psychol*, 1954
46 Schmidt & Wrisberg, *Motor learning and performance*, 2004
47 Briggs & Brogden, *J Exp Psychol*, 1954

ステップ2
鏡映描写実験

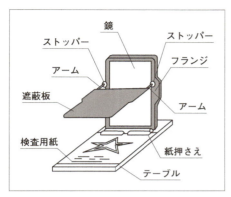

図2-7 鏡映描写装置

技能学習の確認で用いられる古典的な実験に、鏡に映った映像を見ながら鉛筆を使うという課題を用いた鏡映描写実験（図2-7）があります。この実験では、鏡に映った星型の図形を見ながら鉛筆を使ってなぞります。鏡のなかの映像は、ふだん見る世界とは左右が反転しているため、多くの人にとって初めての体験です。そのため、最初は鉛筆をうまく使えませんが、しだいに、鏡映像内で自分の持つ鉛筆の先がどのように動くのか（感覚系）、また、どのように動かせばいいのか（運動系）を学習し、課題にかかる時間の短縮や誤りの減少が生じます。 認知心理学

この課題では転移という現象についても確認をすることができます。転移とは、過去におこなった学習が、類似した現在の学習になんらかの影響をもつことをいいます。とくに、過去におこなったある技能学習が現在の技能学習を促進する効果をもつ場合には正の転移といい、妨害する効果をもつ場合には負の転移といいます。

心理学の実験演習では、鏡映描写実験を用いて両側性転移という現象を検討することが多くあります[49]。これは、左右いっぽうの手足を使って学習したことが、もういっぽうの左右の手足の課題遂行に影響を与えるという現象です。鏡映描写実験では、利き手でおこなった学習が非利き手でおこなう学習にどのように影響するかを調べることで、転移および両側性転移について体験することができます。ただし、正の転移についてはその証拠が示されている例が少なく、正の転移の効果は2つの課題の類似性に依存することが示

---

48 回転盤追跡とは、回転する円盤の上の小さなくぼみに、手に持った金属棒を触れさせておく課題（松田・近藤, 体育学研究, 1969）。

49 鏡映描写装置がなくても、パソコンを利用して簡単に似た体験をすることができます。パソコンの設定で、画面を上下左右反転して、自分の思う方向にマウスカーソルを動かしてみてください。最初は、思う方向に動かすことはできないと思いますが、やがて動かしたい方向と動かせばよい方向が一致してきて、徐々に思いどおりに動かすことができるようになるはずです（試した後はすぐにもとの画面に戻しましょう！）。

されています[50]。また，負の転移についても実験例は少なく，負の転移の効果は短い（1～2試行）ことも示されています[51]。

ステップ3

パフォーマンスの知識　～スポーツにおける技能学習の利用

　現在，技能学習について多く研究・利用されている分野の1つとしてスポーツが挙げられます。スポーツの場合，単純な1つの動作に対する技能というよりは，複雑な一連の動作に対する技能としての分析がおこなわれます。このように複雑な構成要素の系列をもつ情報の確認はパフォーマンスの知識（knowledge of performance：KP）といいます。

　このような知識が一連の動作を含む技能学習にいかに有効であるかをKRの後にKPを用いることで示した研究があります[52]。この研究では，実験対象者にできるだけ速く目の前の標的を蹴る（この一連の動作のなかには，四肢の動き，足の踏み切り方，位置のとらえ方などが含まれている）という課題を与えました。そして，最初から120試行の間は量的なKRのみを与えました。その結果，約1100ミリ秒から開始した成績は800ミリ秒前後まで向上し，そこで停滞しました。次に，120試行の後，実験対象者は自分の足の動きと最良の足の動きの映像を見せられ，比較させられました（KP）。その結果，停滞していた成績はさらなる向上をみせ，500ミリ秒前後まで減少しました。

5 社会的学習

ステップ1

　最後に，自分自身の経験によって生じるタイプの学習ではなく，代理経験によって行動を獲得していく社会的学習について見ていきます。つまり，社

50　Baker, Wylie, & Gagne, *J Exp Psychol*, 1950
51　Blais, Kerr, & Hughes, *Human Performance*, 1993
52　Hatze, In *Biomechanics V-B*, 1976

会的学習とは，他人の経験や体験を見たり・聞いたりすることによって自分の行動を獲得していくタイプの学習です。

社会的学習とは

　ある種のキノコや魚には毒があるから注意するという行動は，自身の食べた経験によるものではなく，それを食べた先人の経験が情報として伝達されることによって生じるものです。このように社会的学習では，直接経験をしなくても新たな自分の行動が獲得されます。ここでいう「社会的」とは「他者を介して」という意味であり，その見本となるものを**モデル**といいます。このモデルは，実際の人物に限らず，本や映画を通して観察することもできます。また，モデルの行動を観察し，観察者の行動に変化が生じることを**モデリング**といいます。　<社会心理学>

▶ **2つの社会的学習**｜このような社会的学習は，①モデルの行動を観察する段階と，②観察した行動を実行・修正する段階の2つに分けて考えることができます。学習者がモデルの行動を観察することのみによって行動を獲得する場合を**観察学習**といいます。いっぽう，観察した行動を学習者が自ら実行し，行動を獲得する場合（①と②の段階を通して行動を獲得する場合）を**模倣学習**といいます。

▶ **観察学習**｜観察学習で学習される内容を，古典的条件づけによる行動とオペラント条件づけによる行動から考えてみましょう。たとえば，見たこともない食べ物であっても，それを食べておいしいという人を見れば，その食べ物はおいしいのだろうと学習できます。この例では，モデルの**刺激に対する情動反応を観察**し，**同じ刺激に対して同じ情動反応を学習**しています。こういった古典的条件づけによる行動の観察学習のことを，とくに**代理的古典条件づけ**といいます。いっぽう，オペラント条件づけによる行動の観察学習の場合，その強化は学習者である自分になされるものではなく，モデルに対してなされるもので，このような強化のことを**代理強化**といいます。

▶ **模倣学習**｜模倣学習には，①モデルの行動を模倣することによって強化を受けるという**一致依存的模倣学習**，②モデルの行動を模倣するなかでモデルが手がかりにしている刺激を学習するという**模倣による学習**，③モデルのいくつかの行動を模倣するうちにモデルと同じであること自体が強化の性質をもち，モデルが強化を受けていない行動についても模倣が生じるという**般化**

模倣など，さまざまな種類があります。

　たとえば，一致依存的模倣学習は，誰かが成功した行動を見て，自分自身も真似をして，問題を解決するというタイプの学習です。次に，たとえば，先輩と一緒に馴染みの店に行く場合，先輩の行動（たとえば，歩く）だけでなく，先輩が手がかりにしている刺激（たとえば，交差点や信号）を学習していた場合は，模倣による学習にあてはまります。最後に，般化模倣では次のような例が該当します。先に例に挙げた先輩がある行動をしてほめられている場面を観察し，自分もその行動を模倣したところ，同じようにほめられたという経験をしたとします。そういった経験がいくつかの場面で起こると，まだほめられていることを観察していない先輩の行動（すなわち，それが周囲からほめられるかどうかわからない行動）に対しても，先に模倣が生じるといったような場合です。

　このような模倣学習はヒトだけではなく，動物でも実証されています[53]。

ステップ 2

攻撃行動の観察学習

　1963年，攻撃（乱暴）行動の観察学習について，3〜5歳の子どもを対象とした実験的な研究がA.バンデューラらによってなされました[54]。この実験では，まず，子どもにモデルの攻撃行動（風船の人形への乱暴）を観察させ，次に，子どもをモデルと同じ状況におき，その行動を計測しました。その結果，実物，映像，マンガのいずれのモデルを観察した場合にも，モデルを観察しなかった場合と比べて，攻撃行動をする頻度が高くなることが示されました。

▶ **モデルへの代理強化・代理罰** ｜ バンデューラらはモデルが強化を受けている場合についても同様の実験をおこなっています。この実験では，先の実験と同じような攻撃行動をモデルがした後に，別の大人が登場し，モデルに報酬を与える条件（代理賞），モデルが叱られている条件（代理罰），モデルの攻撃行動の観察のみで別の大人が登場しない条件（代理強化なし）が設定されました。そして，そのいずれかを子どもに観察させ，その後の子どもの攻撃行動を測定しています。その結果，モデルが罰を受けている（代理罰）の

53　Miller & Dollard, *Social learning and imitation*, 1941
54　Bandura, et al., *J Abnorm Soc Psychol*, 1963

を観察した子どもの攻撃行動は，ほかの条件よりも少ないことが示されました。しかし，積極的に再現を促した（模倣を促した）場合には，どの条件でも攻撃行動を再現しました。すなわち，代理罰を観察した子どもも，モデルの行動を学習していたのです。このことから，代理強化は，その遂行に影響することがわかります。

以上2つの実験では，子どもの行動に対しての強化（もしくは罰）はまったくおこなわれておらず，子どもの行動の変化は観察のみによっておこなわれた学習の結果ということになります。観察による学習の実証によって生まれた社会的学習理論は，当時主流であった**自身の経験を前提とした行動主義**とは異なるものであり，その後の心理学や教育学・社会学といった他領域の研究にも大きな影響を与えました。 社会心理学

模倣の生じやすいモデルとは

保育園や幼稚園に行く年齢の子どもは，両親以外にも，同年齢の子ども，先生，テレビのなかのキャラクターなど多くのモデルと接することになります。しかし，そのすべてに対して模倣が生じるわけではありません。では，模倣が生じる相手とそうでない相手にはどのような違いがあるのでしょうか。ここでは，影響があるとされるいくつかの要因について，模倣行動がどのように強化されたのか見ていきましょう。

▶ **報酬の要因** ｜ まず，モデルがもたらす報酬度，つまり自分に報酬を与えてくれる度合いです。子どもにとって，この報酬度がもっとも高いのは，自分を育ててくれている養育者です。A.バンデューラとA.ヒューストンの実験は，非養育的な方法で接するモデルよりも，養育的な方法で接するモデルの行動をより多く模倣することを示しています[55, 56]。また，この結果は，自分にとって今後なんらかの報酬を与えてくれると期待できる相手の行動を模倣し，模倣行動が強化されることを示唆します。

▶ **優位性の要因** ｜ 次に，同世代の人物に対する模倣は，優位性という観点から説明することができます。R.アブラモヴィッチらによると，子どもに対して先生がつけた評価と，その子どもがモデルとして模倣される回数の間には相関があることが示されています[57]。つまり，先生によって評価されてい

---

[55] Bandura & Huston, *J Abnorm Soc Psychol*, 1961
[56] W.ミシェルとJ.グリュセックは，同様の実験を新しい先生として紹介したモデルと別の町の先生として紹介したモデルでおこない，前者の行動をより多く模倣することを示しています（Mischel & Grusec, *J Pers Soc Psychol*, 1966）。

る（優位な）子どもの行動ほど，モデルとして模倣されます。そして，この傾向はわずか1歳児でもみられることが示されています[58]。このように優位性の高いモデル（それは大人というさらに優位性が高い人が決めた）を模倣することは，さらに優位性が高い者からの強化を受けられることにつながるため，模倣行動が強化されると考えられます。

また，ほかの要因として類似性[59]，誠実であるかどうか[60]も模倣に影響を与えることが報告されています。

ステップ3

観察学習によるさまざまな学習

観察学習は直接経験を必要としないことから，じつに多くのことを学習する機会を提供します。ステップ3では，恐怖，嗜癖，道徳に対する観察学習を見てみましょう。

▶ **恐怖の観察学習**｜「ある動物がこわい」「歯医者に行くのがこわい」といった恐怖をもつ場合，家族も同じ恐怖をもっていることが多いのではないでしょうか。これらは多くの研究で示されています。また，恐怖は，特定のものに対して，通常の恐怖ではなく異常な恐怖を感じるようになると恐怖症とよばれます。第二次世界大戦中の研究[61]では，仲間の恐怖を観察した戦闘機のパイロットは，その後に恐怖症を発症するという事例が報告されています。また，恐怖症に苦しむ人にそのきっかけをたずねた研究（クモへの恐怖）では，対象との直接的な経験や情報よりも，それを恐怖する他人を見たことによるものがもっとも多かったという報告もあります[62]。

いっぽうで恐怖をとり除くということも観察学習によって効果的になされることがあります。バンデューラらはイヌを恐れる子どもの治療において，イヌと楽しそうに遊んだり，接しているモデルを観察させることによって，その恐怖を効果的にとり除いています[63]。さらに，大人においても，恐怖をひき起こす対象に対するモデルの行動を観察してもらい，さらにモデルと同

57　Abramovitch & Grusec, *Child Development*, 1978
58　Russon & Waite, *Ethol Sociobiol*, 1991
59　Burnstein, Stotland, & Zander, *J Abnorm Soc Psychol*, 1961
60　Klass, *J Exp Child Psychol*, 1979
61　Grinker & Spiegel, *Men under stress*, 1945
62　Merckelbach, Arntz, & de Jong, *Behav Res Ther*, 1991
63　Bandura, et al., *J Pers Soc Psychol*, 1967

じ行動を段階的におこなう模倣行動をしてもらうことによって，恐怖をとり除くことができることを示した研究もあります。◀臨床心理学

▶ **嗜癖の観察学習** ｜ アルコール，タバコ，薬物などをたしなむ行動は嗜癖行動とよばれ，強化によって，その行動の維持過程を説明することができます。たとえば，お酒は「飲むと気分がよくなる」，タバコは「一服すると休憩できる」などの報酬が与えられ，それらの行動が強化されるわけです。しかし，たとえば，ビールを飲みはじめたばかりのころには「苦い」「おいしくない」と感じるし，タバコを吸いはじめたころはけむたいだけかもしれません。すなわち，これらは嫌悪的な刺激です（薬物の場合には報酬刺激となる場合もあります）。

　ではなぜ，2回目，3回目の行動が発現するのでしょうか。その疑問に対する1つの答えとして，観察学習による説明があります。アルコールを飲む際やタバコを手にとる際には，すでにそれらをたしなむ人と一緒であるということが多いのではないでしょうか。そして，その人たちはおいしそうにお酒を飲んだり，タバコを吸ったりしていて，気分がよさそうに見えたかもしれません。このような観察によって，はじめに感じる嫌悪的な刺激の効果が抑制され，2回目，3回目の行動が発現すると考えられます。

▶ **道徳的行動の観察学習** ｜ ある行動が望ましい行動か，望ましくない行動かという主観的な判断は，どのように獲得されるのでしょうか。たとえば，お金を節約する行動は，ある集団では望ましい行動として節約家といわれるいっぽうで，別の集団では望ましくない行動としてケチだといわれるかもしれません。バンデューラらは，この望ましい行動と望ましくない行動という「判断」の多くも観察によって獲得されていると述べています。

　このような観察学習に関連したものとして，ウェルテル効果[64]とよばれる現象があります。これは，マスメディアの自殺報道によって自殺が増える事象を実証した社会学者のD.P.フィリップスにより1974年に命名されました。彼の調査によると，自殺率は報道後に上がること，報道が大きいほど自殺率が上がること，自殺の記事が手に入りやすい地域ほど自殺率が上がることなどが示され，報道が自殺率へ影響を与えることを示唆しました。つまり，報道を通した自殺という行動の観察によって，ごく一部の観察者に対してですが，非常に大きな影響があったと考えることができるのです。

---

[64] ゲーテによる『若きウェルテルの悩み』は，主人公が叶わぬ恋に絶望して自殺を図る話です。出版当時ベストセラーとなり，失恋した若者の自殺が急増しました。ウェルテル効果という名称は，この社会現象に由来しています。

第3章 生理心理学 ── こころとからだをつなぐもの

1 生理心理学とはなにか
2 末梢神経系の活動
3 中枢神経系の活動
4 感情

（藤村友美）

1 生理心理学とはなにか

ステップ1

生理心理学とは

　生理心理学とは広義には，心と脳の関係を探究する学問領域を指します。神経心理学では，おもに脳に障害をもつ患者の研究が中心であるのに対し，生理心理学では，行動・心理状態，脳活動を実験的に操作して，心と脳の関係を解き明かそうとします。さらに，**狭義の生理心理学**では，**独立変数を脳活動，従属変数を行動・心理状態**とした研究を指します。いっぽう，独立変数を行動・心理状態，従属変数を脳活動とした場合は，**精神生理学**になります。たとえば，動物実験で脳に電気刺激を与えたり，ある部位を破壊して行動の変容を観察したりする研究は生理心理学，認知課題遂行中や，ある環境条件下での脳活動や生理反応を計測する場合は，精神生理学です。また，"生理"は脳活動の操作や計測だけにとどまらず，遺伝子工学や薬理学的手法の活用，心拍や発汗といった末梢神経系反応の計測も含めます。本節では，おもにヒトを対象とした広義の生理心理学を理解するうえで必要な，脳と身体のしくみと機能について概説します。

神経細胞の構造と機能

　脳では，数千億にものぼる神経細胞（ニューロン）（図3-1）が情報をやりとりすることによって，私たちの精神活動や身体の運動が生み出されます。神経細胞では，DNAが入った核をもつ細胞体[1]から複数の突起が出ており，これを樹状突起といいます。また細胞体から出ている1本の明瞭で細長い突起は軸索[2]です。細胞体を脳の情報ネットワークの中継点とたとえるのならば，樹状突起はほかの神経細胞から情報を受けとるアンテナ，軸索は情報を伝達する電線といえます。　神経心理学

　神経細胞内で伝達される情報は電気信号で，活動電位といいます。活動電

1　細胞体は，数μmから100μmほどの大きさで，一般的なシャープペンシルの芯の太さ（0.5 mm）の1/5程度の大きさです。
2　軸索は，数μmのものもあれば，坐骨神経などのものは1 m以上にものぼります。

1 生理心理学とはなにか

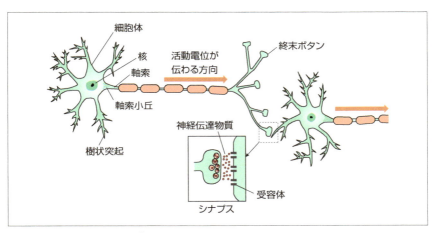

図 3-1 神経細胞とシナプス

位の発生についてごく簡単に説明します。神経細胞の外側と内側は**細胞膜**で隔てられており，外側の電圧をゼロとしたときの内側の電圧を**膜電位**といいます。神経細胞が活動していないときの膜電位は約 −60 mV で，これを**静止膜電位**といいます。細胞膜内外には，ナトリウムイオン（Na^+）とカリウムイオン（K^+）が存在し，どちらもプラスの電荷を帯びています。細胞膜は二重の脂質層からなっており，イオンを透過させないため，電気を通しにくい絶縁体でもあります。ただし，細胞膜にはイオンを通過させるゲートである**イオンチャネル**が埋め込まれています。イオンチャネルは特定のイオンのみを通します。細胞膜に刺激があると，Na^+チャネルが開きます。Na^+は内側よりも外側に多く存在しているため，濃度勾配によって外側から内側へ流入します。プラスの電荷を帯びたNa^+が内側に移行すると，**内側の膜電位はプラスに変化し，おおよそ 40 mV まで達します**。これが活動電位です。Na^+チャネルが閉じるころ，K^+チャネルが開きます。K^+はNa^+と逆で外側よりも内側に多く存在するため，内側から外側へ流入し，内側の膜電位はマイナスに転じます。こうしてこの活動電位から静止膜電位へと戻ります。活動電位は，1/1000 秒と非常に短い一過性の電位変化で，活動電位が生じた状態を神経細胞の**興奮**や**発火**とよびます[3]。活動電位は細胞体と軸索の接合部の軸索小丘で発生し，**軸索で次々と連鎖的に活動電位が生じることで**末端へと伝導していきます。その速さは毎秒 100 m にものぼります。

---

3 軸索の一部で局所的に発生する活動電位もあります。

軸索の終末（終末ボタン）は，別の神経細胞の樹状突起や細胞体と接触しています。この接合部分をシナプス[4]とよびます（図3-1）。2つの細胞は完全に接触しているわけではなくわずかに隙間があり，この部分をシナプス間隙といいます。ある神経細胞が興奮すると，終末ボタンから神経伝達物質とよばれる化学物質が放出されます。これが別の神経細胞の受容体に結合すると，この神経細胞の膜電位も変化します。神経伝達物質の種類によって膜電位がプラスに変化するものとマイナスに変化するものがあり，それぞれ興奮性シナプス，抑制性シナプスといいます。1つのシナプスによる膜電位の変化は非常に弱いため，ほぼ同時に複数のシナプスから刺激を受けとることによって刺激強度が加算され活動電位が生じます。そしてまた次の神経細胞へと情報が伝達されていくのです。神経細胞内の活動電位の伝導と神経細胞間での神経伝達物質による化学的作用によって，私たちの脳は膨大な情報をやりとりするネットワークを形成しているのです。

ゴルジとカハールの業績

　電子顕微鏡がなかった19世紀，神経細胞どうしがどのような結合をもっているのかについて論争が繰り広げられました。イタリアの内科医のC.ゴルジは，無色透明な細胞組織をなんとか観察しようと，細胞組織を染め出すゴルジ染色法を考案しました。そして，脳では神経細胞が網目状に連結していることを観察し，このネットワーク回路に電気が流れることによって脳が機能していると考えました（**網状説**）。当時，すでに名を馳せていたゴルジの説に異論を唱えたのが，スペインの神経解剖学者のS.R.カハールです。カハールは，神経回路での電気の流れ方には，何かしらの規則性があるはずだと考えました。ゴルジ染色法を使って染色した脳の神経組織をつぶさに観察した結果，神経細胞どうしには間隙が存在し，ここで電気信号の制御がおこなわれることで，情報のやりとりが秩序だっていると考えたのです（**ニューロン説**）。つまり，**脳の神経回路全体を基本単位と考えたゴルジに対し，カハールは神経細胞が基本単位であると主張**しました。しかし，ゴルジはカハールの説をまったく受け入れず，2人は1906年，ノーベル生理学・医学賞を同時受賞したものの授賞式でもまったく言葉を交わさなかったといわれています。その後，1950年代に高精度の電子顕微鏡が開発され，神経細胞ど

---

[4] シナプスは，1932年にノーベル生理学・医学賞を受けたC.シェリントンが，"接合部"の意味をもつ"シノプシス"というギリシャ語から命名したものです。

うしには隙間がある（シナプス間隙）ことが確認され，すなわちカハールの説が正しかったことが最終的に証明されました。

ステップ2

神経系の構造と機能

　哺乳類の神経系は大別して，中枢神経系と末梢神経系があり，これらのシステムは神経細胞による情報伝達で機能しています（図3-2）。中枢神経系は，脳を中心とした情報処理の中枢で，感覚情報を統合し，運動の指令を出します。また，記憶や学習，動機づけなどの精神活動を担っています。いっぽう，末梢神経系は，感覚情報を中枢神経系に伝達し，中枢神経系からの指令を筋肉や内臓諸器官に伝えています。

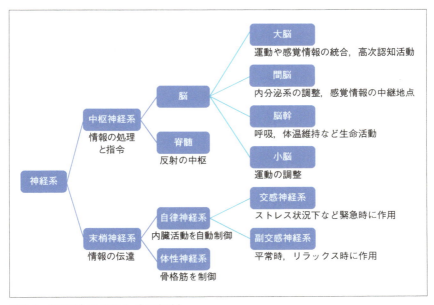

図3-2　神経系の分類とその役割

中枢神経系

　中枢神経系は，脳と脊髄で構成されています。脊髄は，頸や腰など体の部位と対応した神経の集まりです。脊髄には，末梢（身体）からの情報を脳に伝える求心性神経と脳からの情報を筋肉や内臓諸器官に伝える遠心性神経があります。脊髄は末梢神経系と連絡し，脳と身体をつなぐ道路のような役割をはたしているのです。熱いものを触ったときに思わず手をひっこめるような運動は脊髄反射といい，脳を経由せずに脊髄が中枢となって運動が生じています。脳は，大脳，間脳，脳幹[5]（中脳，橋，延髄），小脳（図3-3）に分類できます。それぞれの構造と機能を順に見ていきましょう。

▶ **大脳**｜大脳は，ヒトでもっとも大きく発達している部分です。「脳」と聞いて多くの人が想像する部分ではないでしょうか。表面の大脳皮質（灰白質）は，視覚，聴覚，味覚などの感覚情報の処理や運動の実行から，高次な認知活動も司っています。大脳皮質の各領域とこれらの役割には対応があり，これを機能局在といいます。機能局在を示す研究例を紹介しましょう。カナダの脳外科医のW.ペンフィールドは，てんかん治療の手術で，患者の脳に電気刺激を与えていたところ，脳の特定の領域と手足の感覚・運動に対応関係がありそうだと気づきます。そして，身体の体性感覚や運動機能とそれを担う脳の各領域を対応づける脳地図を作成しました（図3-4）。体性感覚とは，痛覚や温覚などの皮膚感覚と深部感覚を指します。地図を見ると，

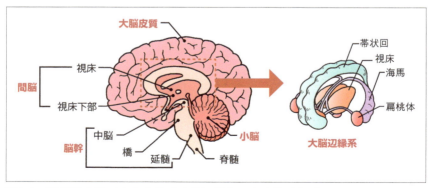

図3-3　脳の正中線（左右を分ける線）断面図と大脳辺縁系

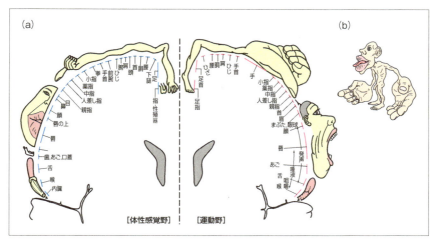

図3-4 (a) 体性感覚と運動の脳地図, (b) 脳領域の大きさの比率を人体に再現したホムンクルス（脳の中の小人）

手や足など身体でのまとまりが脳でも再現されていること，鋭敏な感覚をもつ指先や舌は，脳で大きな領域を占めていることがわかります。多数の神経細胞が鋭敏な感覚を生み出し，繊細な動きを可能にしているのです。

▶知覚心理学　◀神経心理学

　大脳皮質の深部には，細胞体がたくさん集まった**大脳基底核**があり，大脳皮質と視床，脳幹の連絡路の中継点となり，おもに運動をコントロールしています。大脳基底核の外側には，人の本能的行動にかかわる神経回路として**大脳辺縁系**（図3-3）[6]があります。ここには，記憶を司る**海馬**や情動にかかわる**扁桃体**（p.85参照）や**帯状回**が含まれます。

▶**間脳**｜おもな構成要素は**視床**[7]と**視床下部**です。視床は，おもに感覚情報を大脳皮質のどこに送るかを決めています。たとえば視床の一部の**外側膝状体**は，網膜から視覚情報を受けとり，大脳皮質の視覚野へ情報を送っています。**視床下部**は体温調整やホルモン調整など生命活動にかかわる役割を担っています。

5　脳幹に，間脳も含める場合や，延髄と橋だけを含むとする場合もあります。
6　大脳辺縁系に含まれる脳領域はさまざまな考え方があります。
7　視床は，英語で，"thalamus（サラモス）"といい，ギリシャ語の「寝室，小部屋」を意味する単語を由来とします。古代ギリシャの解剖学者ガレノスは，精神の座は脳室にあると考え，ここをサラモスとよびました。後に脳室の側方に位置する視床が"thalamus（サラモス）"と命名されるようになったのです。

- **脳幹** | 呼吸や循環機能を司り，生命維持にとても重要です。脳幹が機能しなくなると脳死と判定されます。
- **小脳** | 大きさは大脳の半分で（それでも中脳よりも大きいです），しわを伸ばしてみると面積も大脳の半分ほどあります。小脳は，**実際の運動が，意図した運動とあっているかをモニターし，調整する**役割を担っています。

末梢神経系

　末梢神経系は，中枢神経系以外の神経構造全体を指し，自律神経系と体性神経系で構成されています。自律神経系は，生命維持に必要な内臓諸器官の活動を，ある程度"自律的に"調整しています。いっぽう，体性神経系は，意識的にコントロールできる手足などの骨格筋の活動を調整しています。

　自律神経系は，交感神経系と副交感神経系に分類できます。この2つの神経系は，脳幹によって支配され，視床下部による調整を受けています。交感神経系と副交感神経系は，脊髄のさまざまな場所から神経線維が出て，内臓器官を支配していますが，その作用は相補的です。運動しているとき，勉強しているとき，ゲームをしているときなど**生体が活発に活動しているときは交感神経系が優位**になり，**リラックスして身体を休めているときは副交感神経系が優位**になります。この2つの神経系はちょうどシーソーのように身体の内部状態のバランスを保っています。このバランスが崩れる原因の1つとして，ストレスがあります[8]。過労や環境の変化で強烈なストレッサーにさらされていると，常に緊張状態であるため交感神経系が活発に働きます。しかし，このストレスが過ぎ去ると，今度は反作用的に副交感神経系が働きます。これは，シーソーの片方が高いところから急に落下することで，もういっぽうが勢いよく跳び上がるような状態を想像するとわかりやすいでしょう。ストレスが過ぎ去ったころ，胃潰瘍ができることがあります。これは，副交感神経系の働きによって胃の消化液が過剰に分泌されるためだともいわれています。

　体性神経系は，身体全体の骨格筋を支配しています。ペンフィールドの脳地図で紹介したように，身体の体性感覚・運動と大脳皮質との対応は，体性神経系の情報伝達によるものです。「笑顔をつくれば気分も明るくなる」ということを聞いたことはないでしょうか。これは，**フェイシャル・フィード**

---

[8] 心理学では，心身に課せられる要求をストレッサー，その要求に対処するように生じる身体の防御反応をストレスもしくはストレス反応とよびます。

バックという心理学的仮説ですが、この生理的基盤にせまる興味深い研究があります。実験では、意図的に眉をしかめる表情をつくってもらい、そのときの脳活動をfMRI（p.74参照）で計測しました[9]。参加者の半数は、眉間に、整形外科のしわとりで使用されるボツリヌス菌注射をされ、眉の筋肉が一時的に動きにくくなった状態でした。実験の結果は、眉しかめの活動量と情動の座といわれる扁桃体の活動量が正の相関関係にあることがわかりました。つまり、これは、眉しかめによる**表情筋の活動が脳にフィードバックされ、感情の生起に寄与している**可能性を示しています。

ステップ3

内分泌系が行動に与える影響

　内分泌系も自律神経系とともに、体温調整など生命維持機能に重要な役割をはたしています。内分泌系では、視床下部からの命令によって**ホルモン**が分泌され、連鎖的にさまざまなホルモンが分泌されます。**ホルモンは血液によって体内を循環するため、ゆっくりした心理的・行動的変化をもたらします。**

　ホルモンには、ストレス状況下で分泌されるものや性行動と深いかかわりがあるものがあります。ステップ3では、神経内分泌ホルモンである**オキシトシン**[10]についてとりあげましょう。オキシトシンは、子宮を収縮させ分娩を促したり、母乳分泌を促進したりするホルモンですが、男性にも存在します。近年、オキシトシンは生殖行動を調整するだけでなく、男女の関係性にも影響することがわかってきました[11]。ハタネズミは平原にすむものと山岳にすむものの2種類おり、平原ハタネズミは一夫一妻制、山岳ハタネズミは一夫多妻制をとります。この違いはオキシトシンによるものです。平原ハタネズミの雄はオキシトシンの受容体が多く、山岳ハタネズミでもオキシトシンを与えると、一夫一妻制をとるようになるのです。ホルモンといった内分泌系は生命維持に必要不可欠なものだけでなく、社会性などの高次な人間活動にも寄与していることがわかります。　**社会心理学**

9　Hennenlotter et al., *Cerebral Cortex*, 2009
10　視床下部の神経細胞で合成され、下垂体まで伸びた軸索の終末ボタンから血中に分泌されたものは子宮や乳腺に作用します。いっぽう、細胞体や樹状突起から脳内に分泌されたものが社会性に影響します。
11　Insel & Fernald, *Annu Rev Neurosci*, 2004

2 中枢神経系の活動

······ ステップ 1 ······

脳活動の計測

　生理心理学の研究において，脳活動を定量化するプロセスは欠かせません。神経細胞の活動を直接記録することがもっとも確実ですが，神経組織を傷つける危険があるため，ヒトを対象とした研究では容易ではありません。本節では，生体組織を破壊しない非侵襲的な[12]脳活動の計測法について紹介します（図3-5）。それぞれ長所と短所がありますが，評価基準として時間分解能と空間分解能があります。時間分解能は，脳の同じ部位が2回活動したときにそれらを分離できる最短時間，空間分解能は，脳の異なる部位が同時に活動したときにそれらが独立した部位と同定できる最短距離のことをいいます。つまり，それぞれ時間的および空間的精度と言い換えることができます。これらの特性をふまえ，各脳活動の発生機序とその応用例を見ながら，人の行動・心理状態の生理的基盤についても理解します。

脳波の発生機序と応用

　脳波（electroencephalogram：EEG）は，生体が発する電気信号のなかでももっとも微弱なものです（$100\mu V$前後）。脳波は，頭皮上に装着された電極によって導出されますが，微弱な電気信号のため，増幅（100万倍から200万倍）してから記録されます。電極1個でも脳波は記録できますが，近年の研究では，複数の電極を頭皮上全体に配置して，脳全体の活動を同時に記録することが増えてきています。

　脳波の正体は，大脳皮質の神経細胞のシナプス後電位が加重したものだといわれています。シナプス後電位とは，シナプスで生じ，活動電位よりも比較的長く持続する膜電位の変化のことです（p.61参照）。つまり，脳の行動に伴う電気信号の変化が脳波であるということができます。シナプス後電位は小さな電位なので，頭皮上で確認できる脳波として現れるには，ある領域

12　身体にメスをいれたり電極を刺したりなどの器具の挿入を伴わない方法。

[2] 中枢神経系の活動

(a) 脳波計測の様子

[産業技術総合研究所
自動車ヒューマンファクター研究センター 提供]

(b) 陽電子放射断層法（PET）の機器

[量子科学技術研究開発機構 HP より引用]

(c) 近赤外線分光法（fNIRS）の機器

[産業技術総合研究所 人間情報研究部門 提供]

図3-5　脳活動の計測法の一例

の神経細胞の集団が一斉に活動する必要があります。

　脳波は，1929年，ドイツの精神科医のH.ベルガー[13]によって初めて報告されました。ベルガーは，精神外科手術の最中に，電位変化が頭蓋表面から記録できることに気づき，これを"脳の波"であると考えました。当初は，前額と後頭部に，食塩水につけた布をはさんで電極を置き，脳波を計測していました。そして，人がリラックスしているときは1秒間に10サイクルの規則的な波が出現することを発見し，アルファ波[14]と命名します。さらに，覚醒状態が上がってくると，波が細かく小さくなり，これをベータ波と名づけました。1秒間における波の周期の数は周波数（単位はヘルツ［Hz］）といい，脳波の周波数は，人の覚醒レベルとよく対応します。閉眼安静時にはアルファ波（8～13 Hz）が増強し，開眼活動時にはアルファ波が減衰し，ベータ波（13 Hz以上）が増強することがわかっています。

13　初めてヒトの脳波を記録したのは1924年で，1929年の最初の論文発表まで5年ほどかかったことになります。ベルガーは，電気的知識に乏しかったため，脳波は心電図のような脳の全般的活動状態を示すものとしか考えておらず，その発生機序やメカニズムまでには言及していません。

14　当時は，脳波について世間は懐疑的でした。1935年，イギリスの生理学会で電気生理学者のE.エイドリアンが，自身を被験者にしてアルファ波の記録を実演し，脳波の存在が広く認められるようになりました。

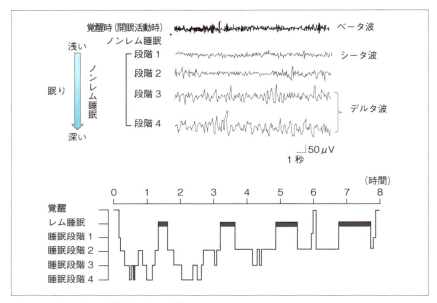

図3-6 睡眠時の脳波と睡眠経過

▶ **睡眠時の脳波** | 睡眠時には，アルファ波よりもさらに周波数が低い脳波が出現します。眠りが深くなっていく過程を追って見てみましょう（**図3-6**）。まず，段階1では，アルファ波がところどころになり，シータ波（4〜7 Hz）が出現します。この間，瞼の下の眼球は，振り子のようにゆっくり動いており半眠状態で，入眠期に当たります。眠っていた人は，「うとうとしていた」や「眠っていない」と後で答えることが多いです。段階2では，12〜14 Hzの脳波が出現し，外的・内的刺激に反応した特徴的な脳波が出現することもあります。眼球運動は停止し，規則正しい寝息となります。段階3・4では，デルタ波（0.5〜3.5 Hz）が出現します。徐波[15]睡眠といい，もっとも深い眠りで呼びかけてもなかなか目覚めません。眠ってから1時間半から2時間たつと，シータ波が再び出現します。また，瞼の下の眼球は，水平方向に急激な運動を繰り返す急速眼球運動（rapid eye movement：REM）をしていることから，レム睡眠（REM sleep）といいます。レム睡眠は，哺乳類や鳥類にみられ，筋肉を弛緩し休息する役割があります。このため，ヒトでも筋肉の緊張が低下してほとんど動きません。外見は寝ている

---

15 遅い波，周波数の低い波。

のに，脳は起きている状態といわれます。レム睡眠は90分ごとに出現する周期性をもっており，夜間の睡眠では明け方になるにつれて継続時間が長くなっていきます。レム睡眠時に起床するとすっきり目覚めることができます。以上のように，脳波のパターンは人の覚醒レベルと非常に深いかかわりがあるのです。

ステップ2

事象関連電位（ERP）とは

　脳波は覚醒レベルを反映する持続的な電気活動です。いっぽう，なんらかの事象に応じて一過性に変化する小さな電位変化があります。これを**事象関連電位**（event related potential：ERP）といいます。事象は，外部からの物理的刺激（視覚刺激や聴覚刺激）の入力だけでなく，刺激の予期，知覚，認知，評価，運動出力といった人の一連の認知活動を含みます。これらの**脳の情報処理過程を時間的に細かく観察することができる**点がERPの利点です。ERPは，**時間分解能に優れているいっぽう，空間分解能は劣ります**。これは，ERPが頭皮上に伝播してくる神経細胞の電気活動であり，頭蓋骨の厚さや神経細胞の向きなどの影響を受け広範囲の皮質領域の電気活動が加重しているためです。したがって，電極を置いた位置の真下の大脳皮質の活動を記録しているとはいい切れません。近年では，電位の発生源を特定することに優れた**脳磁図**（magnetoencephalography：MEG）も併用されています。MEGは，神経活動に伴う電流によって生じる磁場のゆがみを検出しています。

　さらに，ERPは微弱な電位変化（$0.1\mu V \sim 10\mu V$）のため，律動性をもった脳波に埋もれていてはっきり観察することができません。このため，観察したい事象に対する脳波を加算平均すると，律動脳波が相殺されてERPを観察することができます。

▶ **ERPの種類**｜加算平均した結果，はっきりと頂点をもった波が特定できるとERPの成分として命名されます。たとえば，外部からの感覚刺激（光，音，皮膚への刺激）入力によって生じるERPをとくに**誘発電位**（evoked potential：EP）といいます。刺激呈示後100 ms以内に生じる初期成分です。入力される刺激モダリティによって**視覚EP**，**聴覚EP**，**体性感覚EP**とよび

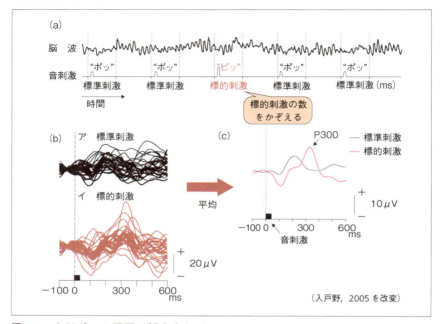

図3-7 オドボール課題で観察されるP300
(a) 実験参加者は時系列で呈示される音刺激のうち、低頻度音("ピッ")の数をカウントする。このとき、低頻度音を標的刺激、高頻度音("ポッ")を標準刺激という。(b) 標的刺激と標準刺激の呈示前100 msから後600 msまでの脳波データをそれぞれ25試行分重ねて描いたもの。(c) 刺激呈示後600 msの脳波を標的刺激と標準刺激ごとに加算平均したもの。P300のピークが観察できる。

ます。それぞれ、光、音、皮膚への刺激によって生じます。EPは大脳皮質の機能局在（p.64参照）と対応しており、視覚EPは後頭部、聴覚EPは側頭部の頭皮上において顕著に観察されます。 知覚心理学

　刺激呈示後100〜200 ms以降の後期成分は、認知活動や注意によって変化します。代表的なものは、刺激呈示後300 ms前後で生じる陽性成分のP300[16]です（図3-7）。P300は、オドボール課題において頑健に観察されます。オドボール課題では、2種類の異なった刺激がそれぞれ低頻度と高頻度で継時的に呈示され、被験者は低頻度の刺激、つまりオドボール（"変わり者"の意味）を検出します。高頻度刺激を標準刺激、低頻度刺激を標的刺激といい、標的刺激に対して観察されるのがP300です。P300の機能的役割や発生機序については諸説ありますが、刺激に対する注意量をよく反映するこ

---

16 "P" は "positive" を意味します。ERPの成分は、陰性（negative）と陽性（positive）のNかPを頭文字として、潜時（刺激呈示から頂点までの時間）の数字をあとに付すことが多いです。P300を略してP3と表記することもあります。

図3-8　P300スペラーのアルファベット文字行列

とはわかっています。

　ERPには，ほかにも随意運動の直前に生じる運動準備電位，文章の意味の逸脱に対して生じるN400，課題遂行中の自分の間違いを検出したときに生じるエラー関連陰性電位（error-related negativity：ERN）などがあります。高次な認知活動における脳の情報処理もERPに反映されているのです。

▶**P300を用いた意思解読**｜脳波が発見された当初は「脳波から心が読める」と考えられ，研究者たちは，意識，思考，人格などの心的過程や特性と対応づけることを試みてきましたが，あまりうまくいきませんでした。しかし，近年では，脳波の計測技術と情報処理技術の進展により，脳情報から人の意図を解読するブレイン・コンピュータ・インターフェイス（brain computer interface：BCI）の技術開発が盛んにおこなわれています。たとえば，話したり書いたりすることができない重度の運動機能障害患者のコミュニケーション支援技術としても注目されています。

　先駆的なものが，P300の特性を活かしたP300スペラー[17]です。アルファベットの文字行列（図3-8）を呈示し，実験参加者は自分が伝えたい1つの文字に注目します。文字行列の行（または列）がランダムに光るので，参加者は自分が注目している文字が含まれている行（または列）が光った数をカウントします。注目している文字が光るとP300が生じるので，P300の波形から，参加者がどの行（または列）に注目していたかを推測するのです。行と列についてこの作業をおこなえば，伝えたい文字を推定することができま

---

[17] Farwell & Donchin, *Electroencephalogr Clini Neurophysiol*, 1988

す。P300スペラーの手法については，解読精度の向上と解読時間の短縮を目指して，さまざまな改善が加えられています。脳波から思考を直接読み解くことは現在はできませんが，ERPと課題の工夫によって意思伝達が可能になっているのです。

ステップ 3

脳機能イメージング法

　脳波や事象関連電位は，神経細胞の活動を間接的に記録するものです。いっぽう，脳の血流量や代謝の変化を画像化し，脳の活動部位を特定する手法として，脳機能イメージング法があります。脳機能イメージング法は，時間分解能は脳波や事象関連電位に比べると落ちますが，空間分解能は優れています。　神経心理学

▶ **陽電子放射断層法（positron emission tomography：PET）**｜脳の活動量が高いところでは，酸素やグルコース（ブドウ糖）を多く消費します。この代謝量から脳の活動量を推定するのが陽電子放射断層法（PET）です（図3-5b）。たとえば，グルコースの代謝で脳活動を調べる場合，放射性同位体でラベルづけしたグルコースを体内に投与します。この放射性物質は，放射線を出しながら身体に吸収されたり蓄積されるので，外部装置でこの放射線を検出することで，どの部位でグルコースが消費されているのか，すなわち，脳のどの部位が活動しているのかを推定することができるのです。放射性物質というと危険なイメージがありますが，半減期（放射性同位体が半分になる期間）が非常に短く，人体にはほとんど影響をおよぼさないものを使用しています。

▶ **機能的核磁気共鳴画像法（functional magnetic resonance imaging：fMRI）**｜fMRIの基礎となるイメージング法である核磁気共鳴画像法（MRI）は，脳の構造や様子を調べる非侵襲的な手法として，おもに医療現場で活用されています。私たちの体の大部分は水分や脂肪で構成されており，水素原子が存在します。脳も含め，水素原子の原子核（プロトン）はさまざまな方向を向いてスピンしています。MRIでは，非常に強い磁場[18]をかけ，プロトンのスピンの方向を一定にした後，電磁波をあたえます。電磁波を切ると，プロトンがエネルギーを放出します[19]。これを核磁気共鳴（MR）信号とい

---

[18] 医学研究用に用いられるMRI装置の磁場は，3～7T（テスラ）です。1Tは，1000G（ガウス）です。

います。MR信号は脳の組織ごとに異なるため，この信号を手がかりに脳の構造に関する画像を作成するのです。

　機能的核磁気共鳴画像法（fMRI）は，脳が活動するときに多くの酸素を消費するという性質を利用して，MR信号をもとに神経活動の時間的変化を推定します。これは，BOLD（blood oxygenation level dependent）法とよばれ，ベル研究所の物理学者，小川誠司博士によって発見されました。fMRIの基本原理の発見という功績から，ノーベル生理学・医学賞候補として注目されています。

▶ **近赤外線分光法（near infra-red spectroscopy：NIRS）** | 近赤外線分光法（NIRS）では，血中の酸化ヘモグロビンの濃度変化を近赤外線によって推定し，脳の血流量の変化を計測します（図3-5c）。近赤外線の波長は700〜900 nmで，水に完全に吸収されないため，生体内をまっすぐ進むことができます。通常，ヘモグロビンは光を散乱させますが，酸化ヘモグロビンが増加すると光の吸収率が変化します。したがって，頭部を透過させた近赤外線がどの程度吸収されたかを信号化することで，血流量の変化を推定するのです。NIRSは，プローブを頭皮に装着するだけで簡便に計測できるという利点があります。ただし，歩行や頭部の傾きによっても脳の血流量は変化してしまうため，fMRIと組み合わせることで，ターゲットとする脳活動のみを分離する手法の開発もおこなわれています。

3 末梢神経系の活動

ステップ1

生理心理学における末梢神経系の活動

　大勢の前でスピーチをするとき，心臓がどきどきし，額に汗をかき，手足が緊張するという経験をしたことがあるかもしれません。これらの反応は末梢神経系の働きによるものです。末梢神経系は，環境の変化や心理状態の影

19　MRI装置に入ると，「ガンガンガン」と大きな音が鳴ります。これは，電磁波を発生させる超電導コイルに電流を流したり止めたりするときに，コイルが振動する音です。この音の大きさは，100 dB程度で電車の高架下にいるときほどの騒音です。

表3-1 自律神経系の働き

器官	交感神経系のはたらき	副交感神経系のはたらき
眼	ひとみの拡大	ひとみの収縮
口	唾液分泌の抑制	唾液分泌を促す
肺	気道の弛緩	気道の収縮
心臓	心拍の増加	心拍の減少
汗腺	発汗の増加	作用なし
腸	作用なし	血管の拡大
胃	消化の抑制	消化を促す
肝臓	グルコースの放出を促す	作用なし
副腎腺	アドレナリンの放出を促す	作用なし
皮膚	血管の収縮	血管の拡大
膀胱	膀胱の弛緩	膀胱の収縮
陰茎	射精を促す	勃起を促す

(ケヴィン・シルバー, 2005をもとに作成)

響を大きく受けるため, 生理心理学における客観的指標として扱われてきました。

自律神経系

　自律神経系は, 心拍数, 血圧, 体温, 呼吸数, 胃酸の分泌など私たちの身体活動全般を調整しています。これらの活動は, **交感神経系と副交感神経系の活動バランスによって成り立っています**。内臓諸器官は, 両方の神経系によって支配されているものが多いですが, どちらかいっぽうのみによって支配されているものもあります (**表3-1**)。たとえば, 心筋は両方の神経系が支配しているので, 心拍数が増加したときには, 交感神経系の活動増加と副交感神経系の活動減少の両方の可能性を考えなければいけません。いっぽう, 汗腺は, 交感神経系のみの支配であるため, 発汗量の増加は, 交感神経系の活動によるものだと理解することができます。このように, 自律神経系は, 脳の神経活動と比べると, 神経支配や発現機序がわかっている点が多く, 心理状態や行動と対応づけることで, その背景にある生理的メカニズムを特定することができます。

3 末梢神経系の活動

▶ **心臓血管系** ｜ 私たちの身体は，活動に必要なエネルギーを代謝によってつくり出しています。ストレスなどの刺激入力があると，その環境の変化に対応すべく，身体の各部に代謝が必要となります。この代謝欲求を満たすため，人体に血液を運搬しているのが，心臓血管系です。心臓は1分間に約60〜70回拍動し，その拍出量は1分間で5リットルです。1日で換算すると，約7トンもの血液を全身に送り届けています。心臓が1分間に拍動する数を心拍数（heart rate：HR），1分間に送り出す血液量を心拍出量（cardiac output：CO）といいます。

心拍数の計測の仕方は大別して2種類あります。1つは，心臓をはさんだ体表面においた電極から，心臓の電気的活動を記録する心電図法（electrocardiography：ECG）です。心臓は，心筋を支配している神経系からの電気信号によって収縮と伸張を繰り返し，拍動しています。心電図には特徴的な波形のピークがみられるので，このピークの間隔を手がかりに心拍数を算出します。もう1つの方法は，脈波です。手首や頸部に手を当てると脈を感じることができます。脈波は心臓から送り出された血液による波です。この血液量の変化を，光学的手法を用いて計測し，心拍数を算出することもできます。

血圧も心臓血管系の活動を知るうえで重要な指標です。血圧とは，血管が内側から外側へと押し広げられるときの圧力を指します。血圧は心臓が血液を送り出すために収縮するときに最高値に達し（最高血圧），拡張しているときに最低値に達します（最低血圧）。もっとも簡便な計測方法は，健康診断等でも使用されるリバロッチ法[20]ですが，1分間に1回程度しか測定できないため，より詳細に血圧の変化を調べるときは，光学的手法によって血管の圧力の変化を連続的に推定する方法が用いられます。

▶ **ストレス時の血行力学的反応パターン** ｜「ストレスを感じると血圧が上がる」ことは一般的に知られていますが，じつは，ストレスへの対処方略によって，血圧が上昇するメカニズムが異なります。このときの心臓血管系の反応を血行力学的反応パターンといいます。

1つは，対処可能なストレス刺激によって生じる能動的対処です。たとえば，暗算課題や反応時間課題によるストレス状況下では，自分の努力によってストレスを回避・低減することができるので，能動的対処が生じます。血

---

20 血圧の単位は，"mmHg（ミリハーゲン）"です。これは，リバロッチ法で圧力を水銀（Hg）の高さ（mm）で測ることに由来します。

行力学的反応パターンとしては，心拍数とCOが増加することで，血圧が上昇し，これをパターンⅠとよびます。能動的対処では，挑戦や競争を伴うので，心拍数とCOの増加で**血液を身体に十分めぐらせること**で，状況に対処するためのエネルギーをつくり出しているのです。

もう1つは，対処不可能なストレス刺激によって生じる受動的対処です。たとえば，実験状況におけるネガティブな映像視聴においては，自分の努力ではストレス事態から逃れることはできないため，受動的対処が生じます。血行力学的反応パターンとしては，骨格筋にある血管が収縮し，血管の抵抗（全末梢抵抗）を上げることで血圧を上昇させます（パターンⅡ）[21]。受動的対処では，筋活動を抑制することで，**エネルギーの消費を抑え，ストレス刺激が過ぎ去るのをじっと待っている状態**と考えられます。このように，状況に見合った適応的な身体活動が自動的におこなわれているのです。

ステップ2

体性神経系

体性神経系は，意識的にコントロールできる筋肉を制御し，身ぶり手ぶりや表情，視線，瞬きといった身体の動きを可能にします。これらの身体の動きも，体性神経系が脳からの指令を受けて骨格筋が収縮することによるものであり，電気信号として筋肉の活動量を定量化することが可能です。ステップ2では，体性神経系の解剖学的構造もふまえながら，顔面筋活動と眼球運動をとりあげます。

▶ **顔面筋** | 骨格筋は通常，骨と骨をつないでいますが，顔面筋の場合は，骨と皮膚をつないでいるため，顔面筋の活動によって表情がつくり出されます。19世紀初頭，フランスの解剖学者のB.デュシェンヌは，顔面筋に電気刺激を与えて，さまざまな表情をつくり出しました[22]。大脳皮質から運動の指令があると，脳幹の橋にある運動ニューロンが興奮します。顔面筋を制御する神経系を顔面神経といいます。1つの運動神経細胞が支配している筋繊維を神経筋単位（neuromuscular unit：NMU）といい，顔面筋では，NMUが小さいため，繊細な表情の変化をつくり出すことができます。顔面筋の活

---

[21] 血圧と心拍出量と全末梢抵抗の関係性は，それぞれ電圧，電流，抵抗と考えると，オームの法則（電圧＝電流×抵抗）で理解できます。
[22] デュシェンヌは，本物の笑顔は口角が上がり，目の周りの筋肉も活動していることを指摘しました。この真実の笑顔は，デュシェンヌ・スマイルとよばれています。

動量の計測には，この電位の変化を記録します。針電極を筋繊維に直接刺す方法もありますが，非侵襲的な方法として表面筋電図を用いることが一般的です。筋繊維に沿って皮膚表面に2つの電極を置き，その電位差を記録します。

　表情は，意図的に動かすこともできますが，うれしいときや，むっとしたときは表情が自然に生じます。このような不随意な表情表出がどのように生じるのかはまだよくわかっていません。運動前野や情動を司る扁桃体からの顔面神経への投射によるものだともいわれています。

▶ **顔面筋の交差性支配と両側性支配**　私たちの末梢器官は，基本的に交差性支配を受けています。交差性支配とは，**運動などの指令を出す大脳半球と制御される末梢器官が反対になっていること**を指します。つまり，左の運動野の指令を受けて，右手が動きます。いっぽう，**右半球と左半球がそれぞれ，末梢器官の両側を制御する場合**もあり，これを両側性支配といいます。顔面筋では，顔の上部と下部で交差性支配と両側性支配の分布が異なっています（図3-9）。口元は左右を自由自在に動かせるのに，眉の片側だけもち上げるのは難しかったり，ウィンクが苦手な人がいたりするでしょう。これは，**顔の下部は交差性支配であるのに対し，顔の上部は両側性支配である**ためです。つまり，「右目だけつぶろう」と思っても，左目もつられて一緒につぶってしまうのです。 神経心理学

　交差性支配と両側性支配は，顔面麻痺の原因の推測にも役立ちます。脳卒中などによって中枢神経系に病巣がある場合，運動指令が顔面神経に伝えられず，顔面麻痺が起きることがあります。たとえば，右半球の運動野が損傷を受けると，顔の下部は交差性支配であるため，左側が麻痺します。いっぽう，顔の上部は両側性支配であるため，左半球の運動野によって，左右の顔面筋活動が保持されます。口元の左右のバランスが崩れているのに，両側ともに額を動かせたり，瞬きが可能である場合は，中枢神経系に問題がある可能性が高いです。いっぽう，**ベル麻痺**[23]とよばれる顔面麻痺は，末梢側すなわち顔面神経の機能不全が原因であるものが多数です。顔面の片側のみに麻痺がみられる場合，麻痺している側の顔面神経が機能不全に陥っていると考えられます。このように，神経系の解剖学的構造を理解することによって，顔面の麻痺している部位から，神経系の病巣を予測することができるのです。

23　この症状を初めて報告した，スコットランドの解剖学者のC.ベルから命名されました。

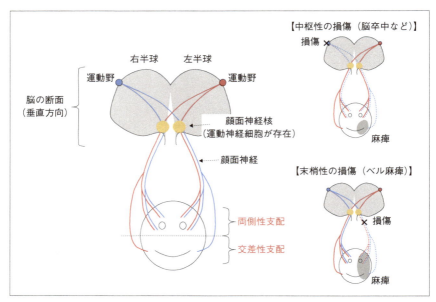

図3-9 顔面神経支配と顔面麻痺の原因

▶**眼球運動** | 眼球運動も電位変化として記録することができ，これを眼電図といいます。眼球の角膜側がプラスに，網膜側がマイナスに帯電しているため，左右のこめかみ辺りに電極を置くと，眼球運動とともに電位が変化するのです。図3-10は眼電図からえられた波形です。ゆっくり運動している対象を目で追う場合は追従眼球運動が生じ，眼電図は滑らかな波を描きます。いっぽう，ある対象から別の対象へと眼球を動かすときには，非常に速くて短い運動であるサッケードが断続的に生じます[24]。サッケードと停留を繰り返しながら視線を移すので，眼電図は階段状になっています。ある対象から別の対象へ視線を移動するときは，ゆるやかに眼球を動かそうとしても追従眼球運動のようにはなりません。 知覚心理学

　眼球運動を測定する方法として，光を角膜に当て，その反射光から視線の動きを追従する光学的手法もあります。光学的手法では，刺激を呈示する画面や眼鏡型の装置から光が照射されるため，実験参加者への負担が少ないという利点があります。消費者行動の研究として，参加者が陳列棚のどこを見

---

[24] 自分の意思とは関係なく運動する不随意運動には，レム睡眠時の急速眼球運動（p.70参照）などが挙げられます。

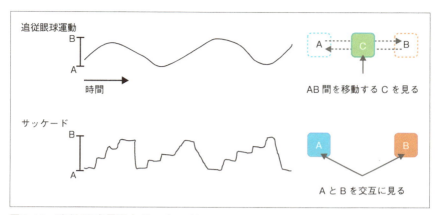

図3-10 追従眼球運動とサッケード

て買い物しているかの調査などにも活用されています。

---- ステップ3 ----

末梢神経系指標による虚偽検出

　末梢神経系指標は，計測が簡便で，装置も比較的安価であることから，さまざまな場面で応用されています。その一例として<u>虚偽検出</u>を紹介しましょう。テレビ番組などで，「ウソ発見器」を見たことはないでしょうか。出演者に電極が装着され，末梢神経系活動を示す針が刻一刻と波形を描き出します。気まずい質問に対してウソをつくと針が大きく振れ，波形が乱れるので，この反応からウソを見抜こうというわけです。ただし，ここに大きな問題があります。ウソ発見器での波形の乱れは，発汗や心拍数の増加によるものが多いですが，これらの反応はウソをついて動揺しているときだけに生じるものではありません。ステップ1で学んだように，交感神経系が活動すると，発汗や心拍数の増加をもたらします。つまり，緊張していたり，興味がひかれる質問内容だと，ウソをついたときと似たような反応が生じる可能性があるので，本当にウソをついているのか判断できかねるのです。

　しかし，現在の日本の警察機関では，犯罪捜査活動の一環として，<u>ポリグラフ</u>[25]<u>検査</u>による虚偽検出が導入されています。冤罪は絶対に許されない状

---

[25] ポリグラフとは，呼吸，脈拍，発汗などの複数の生理指標を計測・記録できる装置です。ウソ発見器は存在しません。

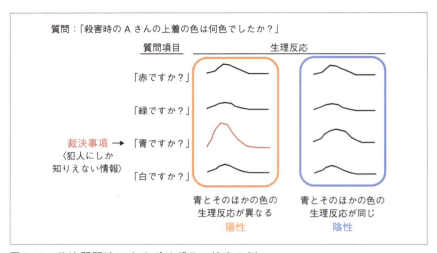

図3-11　裁決質問法によるポリグラフ検査の例
犯人のみが事実を知っているので，どんな返答をしようとポリグラフに反応が現れる。

況でどのような工夫がなされているのでしょうか。その鍵は，質問の仕方にあります。返答の真偽ではなく，事件の詳細内容の認識の有無について調べる裁決質問法が採用されています。つまり，被検者が，犯人しか知りえない詳細な情報（裁決事項）を知っているかどうかを判定するのです。裁決事項は，凶器の特徴，侵入経路，被害品の保管場所など，マスコミ等で報道公開されておらず，捜査関係者以外は認識していない項目が，慎重に選ばれます。たとえば，被害者Aさんが殺害されたときの洋服の色が青だった場合，Aさんが殺害されたときの洋服の色は「赤」だったか，「緑」だったか，「青」だったか，「白」だったか，と質問します（**図3-11**）。事件に関与していない人は知る由もない事実なので，どの色に対しても同様の生理反応を示します。いっぽう，この事実を知っている犯人は，「青」に対して特異的な反応を見せるので，裁決事項を認識している「陽性」と判定できるのです。

ポリグラフ検査では，すべての問いに対して，被検者は「いいえ」と答えるように要請されますが，「はい」と答えても，返答しなくても，判定の精度は変わらないことが知られています。**ポリグラフ検査において「ウソをついたか」は重要ではない**のです。末梢神経系活動をはじめ，脳や身体の反応は，私たちの心の様相を如実に伝えてくれます。ただし，その情報を正確に

読みとり活用するためには，実験課題の工夫や結果に対する洞察が欠かせません。

感情

---- ステップ1 ----

感情と情動

　私たちは，日常的にさまざまな感情を経験します。急に飛び出してきた自動車にひかれそうになって血の気が引き，恐怖を感じたりします。さらに，自動車が走り去って冷静になり，「なんて乱暴な運転だ！」と改めて考えると顔が熱くなり，ドライバーに憤りを感じることもあるでしょう。いっぽう，思いがけず街で自分の好きな芸能人をみかけて興奮し，胸の高鳴りを感じることもあります。このように，恐怖，怒り，喜びのような感情は，身体的・生理的反応と深く結びついています。

　"感情"と似た言葉に，"情動"というものがあります。情動と感情の定義は，研究者によって異なりますが，一般的に，**身体的・生理的反応から見た現象**は"情動"，**言語化された主観的経験に基づく現象**は"感情"とよびます[26]。上記の自動車にひかれそうになった状況では，血の気が引く反応は"情動"，恐怖という経験は"感情"ということができます。本節でも，基本的に情動と感情はこの定義にもとづいて使い分けます。

感情の末梢神経反応

　私たちが，感情を経験するとき，末梢神経系の亢進による情動反応が生じます。おおまかには，怒りや恐れのような緊急を要する感情経験時には，交感神経系が亢進し，生体が状況に対応できるように準備状態をつくり出します。いっぽう，平静時やリラックスしているときは，エネルギーを蓄えようと副交感神経系が働きます。

26　情動は"emotion"，感情は"feeling"または"affection"と訳されることが多いです。情動は秒から分単位の一過性の現象，感情は分から時間単位の現象という見方もあります。

▶ **生理的変化の適応的意義** | こうした生理的変化の適応的意義を動物の情動反応から考えてみましょう。動物が天敵などの脅威となる刺激に直面したときには，交感神経系が優位になる緊急反応と，副交感神経系が優位になる固着反応が起きます。緊急反応は，闘争・逃走反応（fight-or-flight-response）ともよばれ[27]，まさに，脅威刺激となる天敵と闘うか，それとも天敵から逃げるか，の行動の選択です。緊急反応時には，交感神経系が優位になることで，心拍が上昇し，血液が骨格筋へと配分されたり，足や腕などの末梢血管が収縮し，血圧が上昇したりします。この生理的変化には，身体が傷ついた場合，出血を最小限に抑えるとともに，**闘争・逃走時に必要な筋力にエネルギーを配分する**という機能的意味があります。さらに，交感神経系の亢進は発汗も促します。手足に汗をかくことで，適度な水分が滑り止めの役割をはたし，すばやい動きを可能にし，闘争・逃走時にも役立ちます。闘争反応は，天敵に攻撃をしかけるという脅威刺激への接近行動を伴うため，怒り感情と対応した情動反応と考えることができます。いっぽう，逃走反応は，脅威刺激からの回避行動を伴い，恐怖感情と対応した情動反応であると考えることができます。

固着反応はフリージングともよばれ，行動が抑制されます。ラットに電気ショックによる恐怖条件づけが成立すると，フリージングがよく観察されます。フリージングは，生体が対応できない脅威状況に陥った場合に生じます。私たちも強烈な恐怖を感じると，身動きがとれなくなります。これは，**次なる状況に対処するために**，**エネルギーをできるだけ蓄える**ように，副交感神経系が優位になっているためです。 ▶学習心理学

ヒトを対象にした実験でも，怒り，恐れを含め，悲しみ，驚き，嫌悪，喜びの感情を経験しているときの心拍や指先の温度変化を調べると，怒り，恐怖，悲しみ感情を経験しているときに心拍が上昇していました[28-30]。私たちが，怒りや恐怖を感じているときの身体的・生理的反応も，緊急反応や固着反応から考えると**合理的で適応的意義をもっている**と理解できるでしょう。

---

27 Cannon, *Found Exp Psychol*, 1929
28 Ekman et al., *Science*, 1983
29 Levenson et al., *Psychophysiology*, 1990
30 個別の感情に対応した生理反応パターンがあるという考え方は，基本感情説という感情の心理学モデルで提唱されていますが一貫した結果は得られていません。現在は，複数の生理指標のふるまいから，主観的な感情状態を解読するパターン識別などの技術開発が盛んになっています。

情動の座"扁桃体"

　私たちの感情は、脳のどこから生まれてくるのでしょうか。近年では、怒りや喜び、恐怖の情動を司る脳部位が局在しているというよりも、さまざまな脳部位がネットワークとして作動し、情動が生成されていると考えられています。なかでも、情動の座とよばれる扁桃体（図3-12）は、情動反応に深くかかわっています。扁桃体は、側頭葉内側部に一対存在する神経核の集合体で、アーモンドのような形をしています。アメリカの精神科医のH. クリューバーとP. ビューシーは、扁桃体を含む側頭葉を切除したサルが、異常な性欲を示したり、天敵であるヘビに平気で近づいたりする行動を示すことに気づきました。これは、クリューバー・ビューシー症候群とよばれ、情動反応の中核をなすと考えられる扁桃体が失われたことにより生じた行動変化だと考えられました。 神経心理学

　ヒトの場合でも、他者の恐怖表情に対しては、「見えた」と意識できないくらいごく短い時間の呈示でも扁桃体が活動することが知られています。扁桃体は、脅威となる刺激に対して反応するという報告が多いものの、まれに快刺激に対しても反応することから、現在では、生体にとって有意味な情報を検知する警報機のような役割をしていると考えられています。

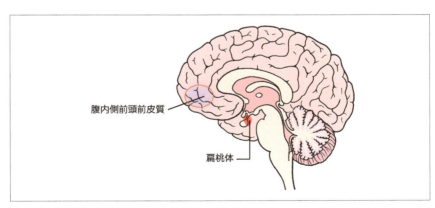

図3-12　扁桃体と腹内側前頭前皮質

ステップ 2

末梢起源説と中枢起源説

　ステップ1では，情動反応の生理的基盤について説明しました。では，私たちがふだん，「うれしい」や「悲しい」と感じている感情は，これらの情動反応にもとづいて湧いてくるのでしょうか。それとも主観的な感情から情動反応が生じるのでしょうか。この感情の起源にまつわる2つの説を紹介します。

▶ **末梢起源説（ジェームズ・ランゲ説）**｜一般的に，「悲しいから泣く」「怖いから心臓がどきどきする」というように，感情に伴って身体的変化が生じると考える人が多いのではないでしょうか。しかし，19世紀，アメリカの心理学の祖[31]といわれるW.ジェームズは，「悲しいから泣くのではない，泣くから悲しいのだ」という有名な言葉を残しています。これは，**環境の変化によって生じる身体的・生理的反応を脳が知覚することによって，主観的な感情が生じる**ということを意味します。たとえば，私たちが山道を歩いていてヘビに遭遇すると，瞬時に筋肉が緊張し，心臓の鼓動や呼吸が速くなります。この身体的変化を経験することが「怖い」という感情そのものなのです。末梢神経系反応に感情の起源があるとすることから，末梢起源説（図3-13）とよばれています。ジェームズが，なぜこのような一般論とは異なる説を唱えたのかは明らかになっていません。哲学者でもあったジェームズ

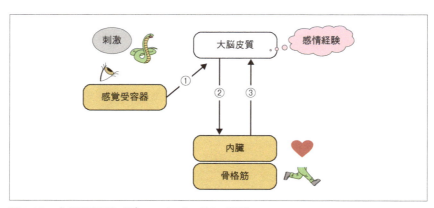

図3-13　末梢起源説（ジェームズ・ランゲ説）

は，理論や理念の有用性を重んじる実用主義派としても知られており，感情という観念的な現象の起源を，観察可能な身体的・生理的反応に求めたとも考えられます。同時期にデンマークの生理学者である C.ランゲも類似した内容の説を提唱しており，別名ジェームズ・ランゲ説ともよばれています。ジェームズは，身体反応として，内臓や骨格筋に注目したのに対して，ランゲは血管反応に着目した点が異なります。感情の源泉を身体的・生理的反応においた末梢起源説は，実証的知見に乏しく，多種多様な感情に固有の身体的・生理的反応が存在しないといった批判もありました。

▶ **中枢起源説（キャノン・バード説）** アメリカの生理学者である W.B.キャノン[32]は，ハーバード大学で学び，消化器官の研究をおこなっていました。そこで，身体的変化は，空腹感だけでなく，恐怖や怒りなどの感情と深いかかわりがあることに気づきます。キャノンは，動物を使った電気刺激実験や破壊実験をおこない，内臓諸器官の反応と情動行動の関係について調べました。実験の結果，手術で交感神経系をとり除いたネコでも，イヌに対して唸ったり，歯を見せたりする威嚇の様子がみられたのです。つまり，**生理的変化がなくても情動行動が生じる**ことを明らかにしました。また，アドレナリンの注射などによって内臓反応を人為的に起こしても情動行動が生じないことや，内臓活動の変化は，感情経験に先立つものとしては遅すぎることを理由として，末梢起源説を批判しました。

キャノンは弟子の P.バードとともに，**感情の源泉を脳活動とする中枢起源説（キャノン・バード説）（図3-14）**を提唱しました。注目したのは，皮質下にある視床（現在の視床下部）という部位です。中枢起源説では，外界の変化を知覚すると視床を経由して大脳皮質に情報が送られます。その情報が生体にとって有意味であれば，視床が興奮し，大脳皮質で知覚された結果，主観的な感情経験が生じます。これと同時に視床の興奮は，末梢神経系にも伝わり，身体的・生理的変化が起きます。つまり，ヘビに遭遇したら，「怖い」と感じるのと同時に，心臓が高鳴り，その場から逃げ出すのです。現在では，中枢起源説は否定されているものの，精神と身体をつなぐ視床下部に感情の源泉を見出した点は，現代の科学的知見に通ずるものがあるでしょう。

末梢起源説と中枢起源説は，一見，対立する説のようですが，身体的・生

31　1875年にアメリカで初めて心理学の講義を開始し，心理学実験室を設立しました。
32　第一次世界大戦におけるショック状態の研究から，生体が恒常的な状態を保とうとするホメオスタシスの理論を発展させたことでも有名です。

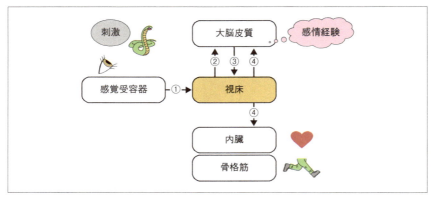

図3-14 中枢起源説（キャノン・バード説）

理的反応が無意識的に生じると考える点は一致しています。また、ジェームズが主観的な感情経験の実体を身体的・生理的反応に求めたのに対し、キャノンは動物の情動表出や情動行動を感情とみなし理論を構築しました。2つの説がとり扱っていた感情の側面が異なっていたとも考えられます。感情の起源が脳か身体かという問いにははっきりとした答えは出ていません。しかし、どちらの説も現代の感情理論の礎を築いたといえるでしょう。

ステップ3

現代の末梢起源説：ソマティック・マーカー仮説

これまで見てきたとおり、感情経験における身体的・生理的反応の重要性は、100年以上も前から議論されてきました。20世紀に入り、感情の神経基盤に関する実証研究が盛んになり、**意思決定においても、感情や情動が重要な役割をはたしている**ことがわかってきました。

アメリカのA.ダマシオをはじめとする研究グループは、腹内側前頭前皮質（図3-12）を損傷した患者が、知的能力には障害がないにもかかわらず、日常生活において適切な意思決定ができないことに着目し、ギャンブル課題を使った実験をおこないました。健常者は、リスクが高い選択をするときは、交感神経系の亢進を示す皮膚伝導反応が生じるのに対して、患者は、皮膚伝導反応が生じず、一貫してリスクが高い選択を続ける傾向があることが

わかりました。一連の研究から，ダマシオらは，不確実な状況での高いリスクにさらされることで，**活性した交感神経系の活動が脳にフィードバックされることによって適切な意思決定がおこなわれる**と考えました。ダマシオは，この身体の信号をソマティック・マーカーとよび，感情の源泉と考えることから，現代の末梢起源説ともいわれています。 ▶神経心理学

また腹内側前頭前野の活動は，記憶や文脈にもとづく情動反応を喚起し，扁桃体の活動を修飾します。このため，損傷患者は，**リスクが高い状況下でも情動反応が生じず，適切な意思決定ができなかった**と考えられます。意思決定における情動の役割は，人間は合理的な選択をおこなうと仮定していた経済理論にもとり入れられ，行動経済学や神経経済学などの新しい分野を活性化させています。 ▶社会心理学

図版引用文献一覧

図3-7　入戸野 宏（2005）．心理学のための事象関連電位ガイドブック．北大路書房，p.7，図1-3.
図3-8　Farwell, L. A. & Donchin, E. (1988). Talking off the top of your head: toward a mental prosthesis utilizing event-related brain potentials. *Electroencephalography and Clinical Neurophysiology*, 70, 510–523, Fig.1.
表3-1　ケヴィン・シルバー（2005）．心の神経生理学入門―神経伝達物質とホルモン（苧阪直行・苧阪満里子 訳）．新曜社，p.49，表4-1.

第 4 章 知覚心理学 ── 世界が意識にのぼるまで

1. 知覚心理学とはなにか
2. 視覚1：明るさと色の知覚
3. 視覚2：かたちと空間の知覚
4. 聴覚
5. 触覚

（近藤あき／板口典弘）

1 知覚心理学とはなにか

ステップ1

知覚とは

　私たちは日常生活のなかで，外の景色を見たり，音楽を聴いたり，物に触れたり，花の香りを嗅いだり，食べ物を味わったりしています。このような環境からの情報によって得られる感覚は，それぞれ視覚，聴覚，触覚，嗅覚，味覚とよばれ，私たちはこれらの感覚をもとにさまざまなことを判断しています。私たちは通常なんの苦もなくそのような感覚を得ているため，現実をそのまま感じていると思うかもしれません。しかし実際は，私たちが感じ，体験している世界は現実の世界そのものではなく，私たちが"つくりあげた"世界です。このように，目や耳から入る物理的な情報だけではなく，過去の経験や知識までも反映させ，外界の対象を内的につくりあげる過程のことを知覚といいます。

▶ **感覚モダリティ**｜外界からの情報が生体に入力される最初の接点は，眼や耳，皮膚，鼻，舌といった感覚器官であり，個々の感覚器官からはそれぞれ固有の感覚経験が生じます。このように，異なった感覚器官を通して生じる固有の感覚経験は感覚モダリティとよばれます。感覚モダリティは視覚，聴覚，皮膚感覚（触覚，温度感覚，痛覚などを含む），嗅覚，味覚，自己受容感覚（深部感覚，内臓感覚，平衡感覚を含む）に分類されます。

▶ **知覚心理学の実験手法**｜知覚の機能について明らかにしようとする場合に問題になるのは，知覚の中身は直接的に測定できないということです。このため知覚心理学では，外界からの情報（刺激）とそれに対する応答の関係を定量的に記述することによって知覚プロセスを明らかにしようと試みます。たとえば，私たちが光を検出できる最小の強度（閾値）を調べる場合には，はっきり見える明るさの光から，完全に見えない明るさまでの光を段階的に呈示して，観察者が光を検出できた割合（検出率）を計算します。このような手法によって，物理的な刺激と，私たちの知覚の対応関係を明らかにする

ことができます。 心理学の歴史

ステップ2

知覚にかかわる神経回路

　知覚は，物理刺激が感覚器官を興奮させ，その情報が脳によって処理されることによって生じます[1]。ステップ2では，それぞれの感覚が脳のどのような部位によって処理されるのかを紹介します。 生理心理学

▶ **視覚** ｜ 視覚とは，光エネルギーを網膜で受容することによって生じる感覚です。視覚によって，外界にある物体の明るさや色，形，運動，奥行きや空間位置などの情報を得ることができます。網膜から出力された信号はいくつかの経路を通って，後頭葉の一次視覚野という場所に伝えられます（**図4-1**）。このとき，視野（一点を注視した状態で見ることができる視空間の範囲）の右側（右視野）の情報と左側（左視野）の情報は別々に分けられ，それぞれ反対側の脳半球へ到達します（図4-1）。このルールは両眼に共通であるため，たとえば左半球の一次視覚野は，両眼の右視野の情報のみを受けとり，左視野の情報は入ってきません。一次視覚野より後の視覚プロセスは段階的に複雑な処理へと進んでいきます。すなわち，輪郭の方向などの単純な情報が最初に処理され，色や形，動き，空間位置などの情報はその後に処理されます。

▶ **聴覚** ｜ 聴覚とは，空気振動である音波が耳の鼓膜を震わせることによって生じる感覚です。聴覚情報は，音の強さや高さだけでなく，音源の方向などの情報ももたらします。音波が耳の奥にある蝸牛で神経信号に変換された後，その信号は，側頭葉にある一次聴覚野に届けられます。初期聴覚野では，低い周波数（低い音）によく応答するものから高い周波数（高い音）によく応答するものまで神経細胞が規則的に配列されています[2]。

▶ **触覚** ｜ 触覚は，皮膚感覚（触覚，温度感覚，痛覚などを含む）の1つであ

1　感覚という用語は感覚器官から末梢神経を介して脳に伝えられる情報を指し，知覚という用語は感覚情報を脳が解釈することを指します。厳密に2つを区別することは難しいですが，前者が受動的，後者が能動的な処理として対比されることが多いです。

2　視覚，聴覚，体性感覚（触覚を含む）などの各感覚モダリティにおいて，感覚受容器の空間的位置（順序）に応じた大脳皮質における神経細胞の配列のされ方を，トポグラフィックマップとよびます。視覚ではレチノトピー，聴覚ではトノトピー，体性感覚ではソマトトピーとよばれます。嗅覚と味覚は上記3つの感覚と異なり化学物質を用いた感覚であるため複雑なのですが，嗅覚ではリノトピーとよばれるマップが確認されています。味覚に関しても研究が進んでいますが，いまだ味覚のトポグラフィックマップは確認されていません。

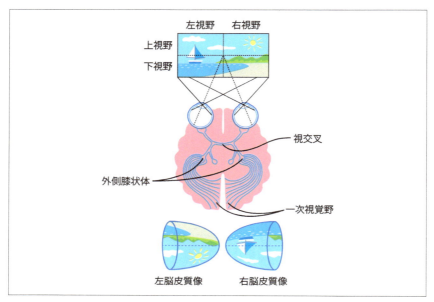

図4-1　視覚情報処理

り，皮膚にある機械受容器が体表への機械的接触（触刺激）を受けたときに生じる感覚です。触覚情報は，頭頂葉の中心後回にある一次体性感覚野で処理されます。この領野では，体の領域に対応して皮質領域が区分されており，この対応図は「脳の中の小人」という意味でホムンクルスとよばれています（p.65，図3-4参照）。

● **嗅覚**｜嗅覚とは，鼻の奥の上部にある嗅上皮の嗅受容細胞が揮発性物質によって化学的に刺激されることで生じる感覚です。嗅細胞への入力は前頭葉の下部にある嗅球に直接投射され，複数の経路を経て前頭葉の嗅覚野にいたることで，"におい"として認識されます。

● **味覚**｜味覚とは，舌にある味蕾に溶解性の物質が受容されることによって生じる，甘味，酸味，塩味，苦味，うま味の感覚です。味蕾で検知された味覚情報は複数の経路を経て，大脳皮質味覚野へ伝送され，さらに眼窩前頭皮質にある高次味覚野に伝えられて，食物の見た目や香りの情報と統合されます。

······ ステップ3 ······

共感覚

　通常，ある1つの刺激は，それに対応したある1つの感覚しか生じさせません。しかしながら，ある1つの刺激が，本来は結びつかないはずの別の知覚を生じさせることがあります。この現象を，**共感覚**とよびます。たとえば，文字を見たときに，それが黒のインクで書かれていても赤や緑などの色を感じたり，ある音を聞くと常に特定の色が見えたり，あるいは味に形を感じたりするという現象です。このような体験をする人を**共感覚者**といいます。共感覚者の割合は，研究によって大きく異なりますが，200～25000人に1人くらいといわれています。

▶**色字共感覚**｜共感覚者全体のなかでは，文字を見るとそれに対応した色を知覚する**色字共感覚者**のケースがもっとも多く報告されています。また色字共感覚者にも，色の感じ方によって「プロジェクター」と「アソシエーター」という2つの分類があります。プロジェクターは実際に文字に色がついて見える人々で，共感覚者のなかでも非常にまれなタイプです。アソシエーターは色が目に見えるのではなく，色を頭のなかで感じる人々です。いずれの場合も，共感覚で得られる感覚は非常に特定的で，個人のなかで一貫していることが知られています。

　また共感覚の存在は，実験的にも明らかになっています。V.S.ラマチャンドランらは，**図4-2a**のように，複数の数字が書かれた画面を呈示して，同一の数字が構成する形を答える課題をおこないました。すると，非共感覚者

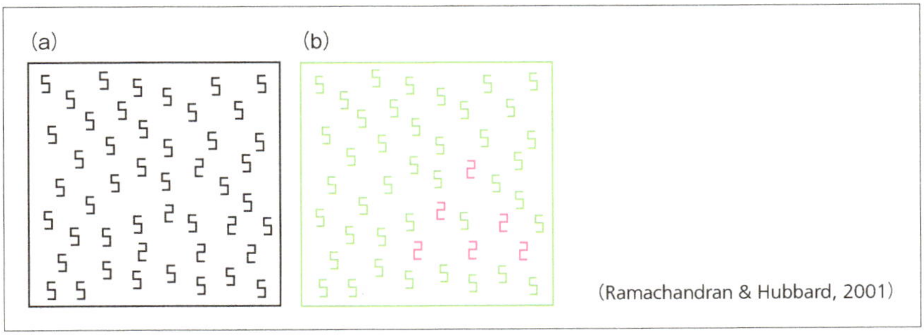

(Ramachandran & Hubbard, 2001)

図4-2　色字共感覚者の知覚

では回答にとても時間がかかるのに対し，色字共感覚者はすぐに形をみつけることができました。この結果は，色字共感覚者が形を探す際に，**図 4-2b** のように，数字につく「色」を手がかりにしているからだと考えられ，それまで科学的には信じられてこなかった共感覚の存在を実験的に示した点で画期的でした[3]。

▶ **共感覚的な表現** ｜ 非共感覚者であっても，2つの感覚の結びつきを体験します。たとえば「黄色い声」や「やわらかな色」など，異なるモダリティから得られる感覚を組み合わせた表現を使うことがあるでしょう。このような異なる感覚間の結びつきについて調べたのが**図 4-3**の実験です。図の2つの図形を見て，「どちらが"ブーバ"でどちらが"キキ"ですか？」と聞かれたら，図形と名前をどのように対応させるでしょうか。このような場合，ほとんどの人が右の丸みをおびた形状を「ブーバ」，左の尖った形状を「キキ」と名づけることが知られています。この現象は，言語の発音と形のイメージになんらかの関連性があることを示していると考えられています。この実験結果は，答えた人の母語や性別にはほとんど関係がなく，また大人と幼児でもほぼ変わらないとされています。しかし，大脳皮質の角回という部位に損傷を受けた人や，自閉症の人ではこのようなはっきりした結果は得られないことが報告されています。 神経心理学

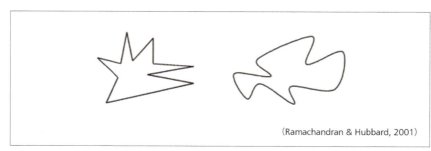

(Ramachandran & Hubbard, 2001)

図4-3 ブーバ・キキ効果

3　ラマチャンドランらは，この現象を数字の認識，および注意を必要としない"ポップアウト現象"（p.130参照）として報告していました。しかしながらその後の研究で，色字共感覚は数字の認識や注意の処理を経た後に生じることや，確かに数字を探す効率は色字共感覚者の方が若干優れているものの，探索中に必ず色感覚を引き起こすわけではないことが示唆されています（e.g., Rich and Karstoft, *Cogn Neuropsychol*, 2013; Rothen, et al., *Vis Res*, 2018; Ward, et al., *Proc R Soc B: Biol Sci*, 2010）。

2 視覚1：明るさと色の知覚

ステップ1

明るさ・色の視覚情報処理

　私たちは，眼の網膜で約380〜750 nmの波長範囲の<u>可視光</u>をとらえることにより，明るさや色を知覚しています（**図4-4**）。可視光は，波長の短い順から紫，青，緑，黄，橙，赤に知覚されます。私たちは日常生活でさまざまな色や明るさの物体を目にしていますが，私たちが視覚によって知覚しているのは，物体そのものの色ではなく，物体から反射された可視光です。

　たとえばりんごが赤く見えるのは，りんごが短・中波長側の光を吸収し，長波長側の光を反射する性質をもっているためです。つまり，りんごは長波長側の光をより多く反射し，それが私たちの目に届くため，りんごが赤く見えるのです。私たちが区別できる色は，数百万色以上といわれていますが，色の情報は最初の段階ではたった3種類の細胞で処理されます。

▶ **錐体における光受容過程**　色の情報処理は，網膜にある3種類の<u>錐体</u>からはじまります[4]。3種類の錐体は，それぞれ短波長，中波長，長波長に高い

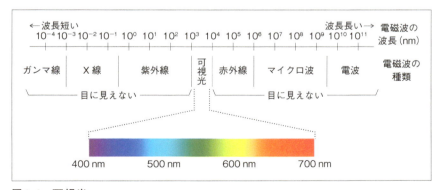

図4-4　可視光

4　網膜には，色にはほとんど感度がなく，暗いときにおもに働く桿体（かんたい）細胞という細胞も存在します。この細胞のおかげで，私たちは暗い場所でも物の形を知覚することができます。

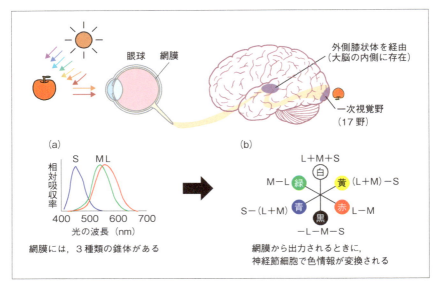

図4-5 視覚情報処理の流れと網膜における色情報の変換

感度を示します（**図4-5a**；S錐体，M錐体，L錐体[5]）。3つの錐体が応答する波長の範囲は広く，互いに重なっているものの，特定の波長に対する応答の強さがそれぞれ異なります。そのため，これら3つの錐体の応答の比率によって色の情報を再構築することができるのです。

🔴 **網膜からの出力** ｜ 3種類の錐体によって処理された色情報は，網膜からの出力をする<u>神経節細胞</u>において，赤─緑，青─黄，白─黒（明─暗）の互いに拮抗する反対色の情報に変換されます（**図4-5b**）。この反対色型の応答は，赤い色を見つづけた後に白い画面を見ると，その場所に緑色が見える**残像**の生理学的な理由となっています。

----- ステップ 2 -----

色覚のモデル

　ステップ1で解説した色情報の処理過程は，サルの神経細胞に電極を刺し

5　それぞれ，Short, Middle, Longの頭文字をとっています（Short-wavelength sensitive cones, Middle-wavelength sensitive cones, Long-wavelength sensitive cones）。

てその応答を調べる神経生理学的研究によって明らかにされました。しかし驚くべきことに，そのような手法がまだ使えなかった19世紀の段階ですでに，色の情報処理を説明するモデルが提唱されていました。そのモデルが，ヤング・ヘルムホルツの三色説と，ヘリングの反対色説です。この2つの仮説は当初，対立するモデルとして考えられていました。しかし，実際には"どちらも正しい"ことがその後の研究によって示されたのです。すなわち，錐体の段階では三色説が正しく，その次の神経段階では反対色説が正しいことがわかっています。

▶ **ヤング・ヘルムホルツの三色説** ｜ 1802年にT.ヤングは，網膜に3種の光の波長（赤・緑・青）に対してそれぞれ応答する感覚受容器があれば，私たちの感じるすべての色が再現できると考えました。たとえば，赤に応答する受容器と緑に応答する受容器が同時に興奮すると，黄色が知覚されることになります。3種類の受容器すべてが興奮すれば，白が知覚されます。この説は，3種類の原色を混ぜ合わせることで，あらゆる色をつくり出せるという加法混色[6]の実験にもとづいています。その後，1868年にH.ヘルムホルツはヤングの説を発展させ，3種の光の波長それぞれに"もっとも敏感に応答する"3種の感覚受容器を仮定しました。ヤングの説との違いは，感覚受容器が応答する光の波長に，ある程度の幅をもたせた点です（**図4-6**）。このように仮定することによって，中途半端な光の波長に対する，それぞれの受容器の具体的な興奮度合いを予測することができるようになりました。

▶ **ヘリングの反対色説** ｜ 1892年にE.ヘリングは，反対色説を提唱しました。彼は色を注意深く観察し，「赤と緑は同時に知覚できず，"赤っぽい緑"は存在しない。さらに，三色説では赤と緑から黄色が生じるのに，黄色を見

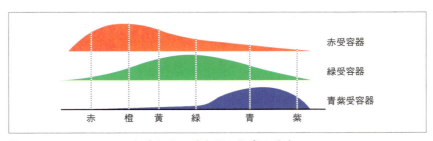

図4-6　ヘルムホルツの仮定した3受容器の興奮の分布

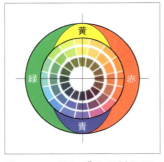

図4-7 ヘリングの反対色説

ても赤と緑は知覚できない」ということに気づきました。このことから，彼は「赤―緑」「黄―青」という同時に知覚できない反対色のペアを考えました。それら4色に加えて，明るさのレベルを表す「白―黒」のペアを仮定し，3つの物質（受容器）の応答のバランスで，すべての色を表現することができるという説にたどりつきました（**図4-7**）。反対色説は，物理的な法則（光の混色）ではなく，実際の知覚のされ方をもとに考え出されたという点で，非常に心理学的なモデルであり，実際の色知覚現象との整合性も高くなっています。

------- ステップ3 -------

明るさ・色の恒常性と順応

　明るさや色を知覚することは日常生活における視覚系の基本的な働きですが，その過程では多くの複雑なメカニズムが関与しています。たとえば物体の色の知覚は，網膜で受容される光の波長だけから決定されるわけではありません。明るさや色の知覚は，見ている物体の周囲にどんな明るさや色があるかという空間的な状況や，事前に（または事後に）どんな明るさや色を知覚したかという時間的な状況の影響を受けます。これらの影響は，人間が環境が異なっても安定して視覚世界を知覚するために必要な機能だと考えられます。

▶ **明るさ・色の恒常性** ｜ 私たちは物体を見るときに，それが晴天の屋外でも，蛍光灯のついた室内でも同じ色であると知覚することができます。ところが，物体から反射される光を色彩輝度計で測定してみると，両者の照明環境では明るさも色も異なっていることがわかります。たとえば，**図4-8**は，同一の色票をそれぞれ太陽光と電球のもとにおいた場合に，眼に届く光情報

6　加法混色とは，赤（R），緑（G），青（B）を組み合わせて色を表現する方法で，色を重ねるごとに明るくなり，すべてを混ぜると白になります。カラーテレビやパソコンのディスプレイから発せられる色は，加法混色で表現されています。反対に，減法混色は，シアン（C），マゼンタ（M），イエロー（Y）を組み合わせて色を表現する方法で，色を重ねるごとに暗くなり，すべてを混ぜると黒になります。印刷物の色は，減法混色で表現されています。

2 視覚1：明るさと色の知覚

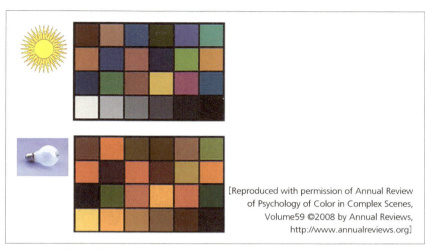

図4-8　太陽光と電球のもとでの色票表面の色

がそのまま知覚された場合をシミュレーションしたものです。しかし，通常私たちは，同一の物体についた色は，照明が変わっても同一の色として認識しています[7]。このように，私たちの視覚処理システムは，周囲の色情報を考慮したうえで，見ている色そのものではなく，本当の色を推測して知覚します。そのような特性がよく現れている錯視図が図4-9です。(a)と(b)の服の本当の色は違いますが（それぞれの服の左側），異なる照明のもとでは，まったく同じ色となります（それぞれの服の右側）。ただし，写真などでは，どのような照明によって照らされているかが判断しにくい状況もあります。このような状況では，私たちは自分自身の経験から照明の性質を仮定して，物体の色を判断します。このような推測機能があるために，(c)の服の色は青／黒，白／金のどちらにも知覚される場合があるのです。

▶**明るさ・色の順応**　私たちの明るさや色の知覚は環境に適応するために，状況に応じて時間的に変化します。J.ナイツらは，色に長い時間順応することによって，知覚する色が長期的に変化していく様子を実験的に示しました[8]。実験参加者は，赤色フィルターのついたゴーグルまたはコンタクトレンズを1日のうち4～12時間だけ装着するという色順応を10～24日間繰り返しました。さらに色順応の前に毎回，純粋な黄色（赤味も緑味も感じられ

7　Shevell, et al., *Annu Rev Psychol*, 2008
8　Neitz, et al., *Neuron*, 2002

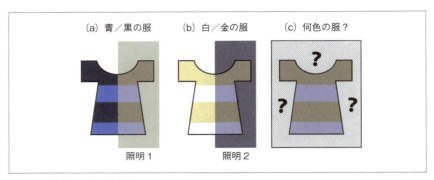

図4-9 物体の色の判断

ない黄色)に知覚される色を測定しました。すると，実験前には578 nm付近の波長の光を純粋な黄色として知覚していたのに，赤色に順応した後では，純粋な黄色に知覚されていた波長の光は緑っぽい黄色に知覚されるようになりました。これは，赤い光に順応すると，その赤を基準にするために赤を差し引く機能が働き，これに応じて黄色が反対色の緑にシフトして知覚されたことを示しています。またこの色知覚の変化は順応時間や日数が長いほど大きくなり，レンズを外した後でも1〜2週間続くことが示されました。この実験は，色の知覚は視覚環境の変化に応じて長期にわたって柔軟に変化することを示しています。このように私たちの視覚機能は，ゴーグルやレンズによる一時的な変化だけではなく，朝と夜などの一日の変化や，雨期と乾期などの季節の変化，国による照明環境の違いなどに応じて，明るさや色の知覚を柔軟に変化させていると考えられます。すなわち，私たちの視覚系は入力された情報に対して，それが「いつ」「どんな状況で」知覚されたかを考慮することにより，安定した視覚世界を実現しているのです。

3 視覚2：かたちと空間の知覚

ステップ1

かたちの知覚

▶ **図と地** ｜ 図4-10 は ルビンの壺 とよばれている図形です。中央の白い部分に注目すると壺が見え，周辺の黒い部分に注目すると向かい合った人の横顔が見えます。壺と顔のどちらの形が見えるかは交互に反転しますが，両者を同時に知覚することはできません。このとき，形として知覚される領域を 図，形をもたずに背景として広がって見える領域を 地 といいます。私たちが物体を知覚する際には，その輪郭や形を検出し，それを背景と分離する処理（図地分離）が必要になります。

▶ **主観的輪郭** ｜ 輪郭に沿った輝度や色の変化がないにもかかわらず，輪郭線が知覚される現象を 主観的輪郭 といいます。図4-11 のように，切り込みの入った黒い円（パックマンとよばれる）が3つ配置されると，切り込みの並び方によって，黒い円の上に白い三角形の輪郭が知覚される カニッツァ図形 が知られています。この三角形が知覚されるとき，図形の内部と周囲の明るさは同一であるにもかかわらず，三角形が手前にあるという手がかりによっ

(Rubin, 1921)

図4-10　ルビンの壺

(Kanizsa, 1955)

図4-11　主観的輪郭

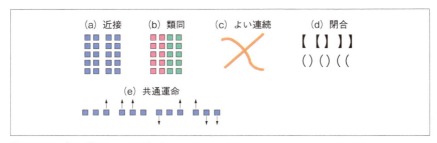

図4-12 プレグナンツの法則

て，周囲よりも明るく見えることが知られています。

■ **まとまりの知覚** ｜私たちは個々の対象をまとめてとらえる傾向があり，この性質は**知覚的体制化**とよばれます。とくに，複雑な図は簡潔でよい形にまとまりをつくるという傾向は，プレグナンツの法則として知られています。たとえば**図4-12**の(a)，(b)の複数の要素で構成された図は，左の2列と右の2列でそれぞれがまとまって知覚されます。このとき，(a)は近くに配置されたものがまとまりやすいという**近接**の要因，(b)は色や形が同じものがまとまりやすいという**類同**の要因が影響していると考えられます。ほかにも，(c)のように滑らかにつながるものがまとまるという**よい連続**の要因や，(d)たがいに閉じあう形がまとまるという**閉合**の要因，(e)同じ方向や速度で動くものがまとまるという**共通運命**の要因などがあります。これらの要因によって，私たちは見ているもののなかから，すばやくまとまった情報を得ることができると考えられています。先ほど紹介したカニッツァ図形のような主観的輪郭も，このプレグナンツの法則で説明できます。つまり，私たちは常に"まとまり"を見つけようとしてしまうため，本当は刺激がないにもかかわらず，三角形が見えてしまうのです。この錯視には，近接，類同，よい連続，閉合の要因など，さまざまなプレグナンツの法則が関係しています（**図4-13**）。

空間の知覚

■ **奥行き知覚の手がかり** ｜外界の世界は3次元空間にもかかわらず，その情報が入力される網膜像は奥行きのない2次元です。つまり，私たちは2次元の情報から3次元空間を再構成して知覚しているのです。このような再構成

図4-13　プレグナンツの法則による錯視図形

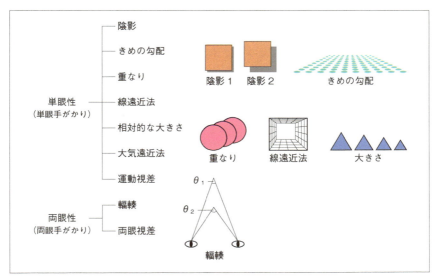

図4-14　奥行き手がかり

をおこなうため、視覚系は2次元的な情報に加えて、さまざまな手がかりを利用しています。それらの手がかりは**図4-14**に示すように、片方の眼（単眼）でも利用できる<u>単眼手がかり</u>と、左右の眼から得られる情報を利用する<u>両眼手がかり</u>に大きく分類されます。

▶ **単眼手がかり**｜単眼手がかりには、**陰影**、**きめの勾配**、**重なり**、**線遠近法**、**相対的な大きさ**、**大気遠近法**、**運動視差**などがあります。たとえば陰影とは、図形に影がつくことによって図形が浮き出るような奥行きを知覚するというものです。図4-14の陰影の図のように、影の位置が違うと、図形が浮き出る位置が違って見えます。この影の位置の違いは、図形は移動せずに光源が移動したと解釈もすることも可能ですが、ふつうは図形が浮き出るよ

うに動いたように見えます。これは視覚システムが、実環境において太陽や電灯などの光源は固定されていることが多いということを仮定しているからだと考えられています。陰影、きめの勾配、重なり、線遠近法、相対的な大きさ、大気遠近法のような手がかりは、古くから絵画の描写に利用されてきたため、絵画手がかりともよばれます。いっぽうで、運動視差とは、列車の窓から眺める風景のように、観察者が移動しているときに静止したものを見ると、それよりも遠いものは進行方向と同じ方向に動いて見え、近いものは進行方向と逆方向に動いて見えるという現象です。このときの物体の移動方向や速度によって、対象までの距離や大小・遠近の位置関係が明らかとなり、奥行きが知覚されると考えられます。

▶ **両眼手がかり** ｜ 両眼手がかりには**輻輳**(ふくそう)と、**両眼視差**の2つが知られています。両目である対象を見るときに両視線が交わることを輻輳といいます。この両視線のなす角度が小さいほど対象は遠くにあり（θ_1）、角度が大きいほど対象は近くにあります（θ_2）。両眼視差とは、人間の眼は左右に離れており、1つの対象を両目で見ると左右の網膜像がずれるため、このずれにより奥行きを知覚することです。私たちはこのように、2次元的な網膜情報には直接含まれない"奥行き"（あるいは3次元空間）を知覚するために、さまざまな手がかりを利用しています。

---- ステップ 2 ----

かたちと大きさの錯視

▶ **錯視とは** ｜ 知覚された対象の性質や関係が、物理的な刺激の性質と大きく異なることを**錯覚**といいます。錯覚は、**錯視**[9]や**錯聴**などと、感覚モダリティごとによび方を分けることが一般的です。錯覚には、どのようなメカニズムによって生じているか未解明のものもあり、そのような錯覚がどのような条件で生じるかを調べることによって、"正常な"知覚のメカニズムが明らかになることがあります[10]。

▶ **幾何学的錯視** ｜ 錯視のなかでも、とくに幾何学的図形の見えに関するもの

---

[9] 北米の視覚学会（Vision Science Society）や日本基礎心理学会では錯視コンテストを毎年開催しており、研究者によって新たに発見された錯視の発表の場となっています。学会のホームページでは、上位に入賞した作品が掲載されています。

[10] 錯視は、刺激の存在が前提となるため、刺激が存在しないときに生じる幻覚とは区別されます。また、疲れや病的な状態に関係なく、いつでも生じることが重要です。

3 視覚2：かたちと空間の知覚

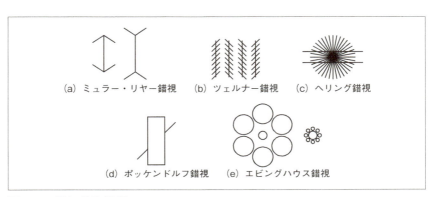

図4-15　幾何学的錯視

は**幾何学的錯視**とよばれます。幾何学的錯視では，線分の長さや傾き，図形の大きさなどが実際とは異なって知覚されます。線分の長さの錯視として知られる**ミュラー・リヤー錯視**では，**図4-15a**に示すように，矢羽根に挟まれた2つの線分（主線）が同じ長さであるにもかかわらず，外向きの矢羽根に挟まれた線分（外向図形）のほうが，矢羽根が内向きである線分（内向図形）に比べて長く知覚されます。傾きの錯視には**図4-15b，c，d**の**ツェルナー錯視，ヘリング錯視，ポッケンドルフ錯視**などがあり，bとcの図ではいずれも2本の直線が実際は平行であるにもかかわらず傾いて見えます。またdの図では，実際はまっすぐな線が長方形に隠されているのですが，上下でずれているように見えます。大きさの錯視には**図4-15e**の**エビングハウス錯視**があり，左右の内側の円の大きさは同一にもかかわらず，大きい円に囲まれた円は，小さい円に囲まれた円に比べて小さく知覚されます。

▶ **錯視の生起要因**｜錯視をたくさん見ていると，私たちの知覚がいかにだまされやすいのか，という点に注目してしまうかもしれません。しかし，**私たちの知覚が環境へ適応した結果が錯覚の原因である**という考えがあります。たとえばイギリスの心理学者**R.L.グレゴリー**は，ミュラー・リヤー錯視が現実世界における奥行き知覚への適応と関連していると説明しています[11]。**図4-16**のように，ミュラー・リヤー錯視の外向図形は，部屋の隅を内側から見た場合（a），内向図形は建物の角を外側から見た場合（b）に相当します。そして私たちは，遠くにあるものは小さく，近くにあるものは大きく網膜に映ることを知っています。このような関係を踏まえると，2つの線分の

11　Gregory, *Nature*, 1963

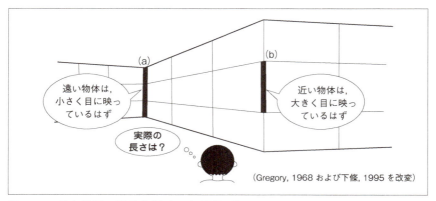

図4-16 現実世界の風景と関連した錯視（部屋の角に埋め込まれたミュラー・リヤー錯視）

長さは網膜上は同じ長さであるものの，外向図形の線分は実際より短く，内向図形の場合は実際より長く網膜に映っていると推定されます。そのため，網膜上に映った実際の線分の長さ（物理的な刺激の性質）が同じであったとしても，外向図形の線分は長く，内向図形の線分は短く知覚されるのです。

ステップ3

顔の知覚

　人の顔も，かたちの一種であると考えられますが，私たちにとって顔を知覚することは，社会生活を送るうえで重要です。とくに顔は表情などの情報が含まれており，顔の知覚はさまざまな特異性を示すことが知られています。

🔴 **顔の倒立効果** ｜ **図4-17**はサッチャー錯視とよばれる有名な錯視です。左右の写真は顔を上下逆さまに呈示したものですが，左の写真では目と口のパーツがさらに逆さになっています。このとき私たちは，左の写真をぱっと見ただけでは違和感にあまり気づきません。しかし本を逆さまにして左の写真を見てみると，予想以上にグロテスクな顔が呈示されていたことに驚くでしょう。このように，顔が倒立した状態では表情などの認知がうまくいかなくなることを，顔の倒立効果といいます。顔の倒立効果は，顔の認知処理は日常的に経験している視点に特化しており，その他の視点からではうまく働

[Peter Thompson, Margaret Thatcher: A New Illusion, Perception, 9, pp.483-484, 1980. Reprinted by Permission of SAGE Publications, Ltd.]

図4-17　サッチャー錯視

かないという性質をもつことを示唆しています。

4 聴覚

ステップ1

聴覚のしくみ

▶ **音の性質**｜音とは耳のなかにある鼓膜を振動させる空気の振動であり，**音圧**，周波数の属性をもっています。たとえばギターを弾いたときに弦の振動が大きいと，空気中の圧力の変化（**音圧**）が大きくなり，音が大きく知覚されます。また，弦の振動が速くなると，1秒間あたりの空気の振動数（**周波数**）が多くなり，高い音として知覚されます。さらにギターと同じ大きさ・高さの音をピアノで鳴らしても，それらは音の波形が異なっており，異なる**音色**として知覚されます。

▶ **聴覚の生理学**｜音の感覚器官である聴覚器官は，外耳，中耳，内耳で構成されています（図4-18）。音波振動は中耳と外耳の境目にある鼓膜によって**蝸牛**に詰まったリンパ液に伝えられます。リンパ液の振動は，蝸牛の内部にある**基底膜**を振動させ，基底膜の上に並んだ有毛細胞とそれにつながった蝸

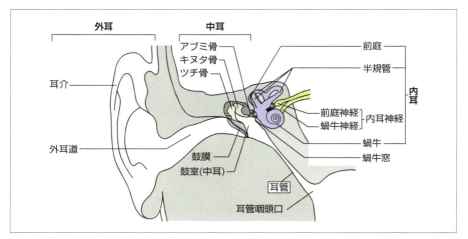

図4-18 ヒトの耳の断面図

牛神経によって，音の情報が脳に伝えられます。基底膜では，高い周波数に応答する有毛細胞は入口側に，低い周波数に応答する細胞は奥側に存在しています。つまり基底膜では**音の周波数の情報が細胞の場所に対応づけられて表現されているのです**[12]。蝸牛から出た信号は，延髄部にある蝸牛神経核，中脳にある下丘，視床の内側膝状体を経由して，大脳皮質の側頭葉にある一次聴覚野へ送られます。

▶ **聴覚特性** ｜ 人間は限られた周波数や強度の音しか聞きとることができません。周波数として20〜20,000 Hz程度までを音として感じることができ，この周波数帯域を可聴域といいます。また音の周波数が異なると，物理的に同じ音圧であっても知覚される音の大きさが異なります。**図4-19**は音の大きさの等感曲線（ISO 226:2003）とよばれるもので，音の周波数を変化させたときに，基準とする標準音と比べて同じ大きさに知覚される音圧レベル[13]を測定し，等高線として結んだものです。この曲線のように，ある音の大きさを，これと同じ大きさに聞こえる1,000 Hzの標準音の音圧レベルの数値で表したものをラウドネスレベルといい，単位にフォン（phon）を用いま

---

12 蝸牛はカタツムリのようにうずまき状の形をしており，蝸牛内に伝わったリンパ液の振動は，高い周波数のものほど，すぐに減衰してしまいます。いっぽう，低い周波数のものほど，蝸牛の奥まで到達します。この性質によって，蝸牛内の基底膜の位置と固有の周波数が対応づけられているのです。ちなみに，H.ヘルムホルツは19世紀に基底膜がそのような性質をもつことを予測していました。

13 音圧レベルとは，音の強さを人間の聴覚特性に合わせて表現したものです。ある音の音圧が基準値の何倍かという値の常用対数をとって20倍した値で，単位はデシベル［dB］が用いられます。

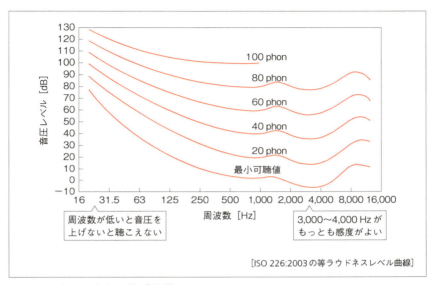

図4-19　音の大きさの等感曲線

す。たとえばある音が，1,000 Hz，60 dBの標準音と同じ大きさに聴こえるものであれば，それらを60フォンとよびます。図4-19を見ると，3,000～4,000 Hz付近の音は，他の周波数の音と比べて**低い音圧レベルでも標準音と同じ大きさに聴こえる**ことから，もっとも感度がよいことがわかります。また，音が小さい場合（最小可聴値や20フォンの線）には，周波数によって感度が大きく変わりますが，音が大きい場合には感度はあまり変わらないことがわかります。

　さらに可聴域は，加齢によって高周波に対する聴力が，低周波に対する聴力よりも先に減少することが知られています。たとえば，17,000 Hzの高周波音は20代前半くらいまでの若者には聞きとれますが，それ以上の年代では聞きとりにくくなります。この音は蚊の羽音のような不快な音に聞こえるため，**モスキート音**とよばれます[14]。

14　中高年には聞こえず，若者には不快に聞こえるという性質を利用して，イギリスの実業家H.ステープルトンは，店の前でたむろする若者を退散させる目的で，モスキート音を出す音響機器「モスキート」を開発しました。彼はこの発明により2006年にイグ・ノーベル賞を受賞しました。

ステップ2

聴覚による方向や情景の知覚

　聴覚の機能は，単に音を聴くことだけではありません。私たちは左右2つの耳をもつことによって，音を発している対象の位置や動く方向を知ることができます。さらに，複数の対象の発する音が同時に耳に届く状況でも，それぞれを別のまとまりとして知覚することができます。これらの聴覚機能は，私たちが周囲の状況を把握する際に重要な役割をはたしています。

▶ **音源定位**｜ヒトは，左右の耳に届く情報の違いによりその音が発せられた位置を推定しています。もし，音源が左右の耳から等しい距離の位置（たとえば正面）にあれば，両耳に届く音に時間差は生じません。しかし音源から左右の耳までの距離に差があると，両耳に届く音に時間差が生じます。たとえば音源が正面から3度ずれていると，両耳に届く情報には30マイクロ秒の差が生じます。私たちは，このような**わずかな時間差から音源の位置を推定している**のです。さらに，とくに高周波数の音では，音源の正面からのずれによって両耳に届く音に強度差も生じます。このように，両耳に到達する音の時間差や強度差の情報によって音源の位置や方向が推定できることを**音源定位**といいます。音源定位の精度は音源の方位によって異なり，正面と比較して，横方向（体の側方）に対する音源定位は苦手であることが知られています。

▶ **聴覚的補完**｜一続きの音楽や音声が聞こえているときに途中の音を消すと，音はとぎれとぎれに聞こえます。しかしこの途切れた部分に雑音などを挿入すると，音楽自体は途切れずに滑らかに流れているように知覚されます。このように，途切れた音がほかの音の挿入によって補われたように知覚される現象を**聴覚的補完**といいます。私たちが耳にする音は，すべての音源から発せられた音が混じりあったものです。そのため，聴覚処理のシステムは，入力された音の特徴を分析して，意味のある音のかたまりを切り出して認識しています。このようなシステムは，音楽が途切れているならば，その音の"空白"を認識できます。しかしながら，音楽の空白に雑音が挿入されている場合には，「音楽が雑音によってかき消されているだけであり，実際はずっと流れ続けているのだろう」と解釈するのです。

ステップ3
聴覚と視覚の相互作用

　知覚は能動的に現象を解釈するプロセスであるため，異なるモダリティの情報が別のモダリティの知覚に影響することもあります。ステップ3では，聴覚と視覚が相互作用する不思議な現象を紹介します。

▶ **腹話術効果** ｜私たちは，テレビなどで，画面のなかの登場人物が会話している場面をよく見ています。このとき，実際には登場人物の口の位置から声が出ているわけではなく，ある程度離れた位置にあるスピーカーから音声が出力されています。しかしながら私たちは，まるでテレビに映っている人物の口からその声が聞こえてくるように知覚します。ステップ2で紹介した音源定位の観点からいえば，音源は常に一定の位置にあり，登場人物の口ではないはずです。このように，**音源定位が視覚情報によって強く影響を受ける**ことを腹話術効果とよびます。腹話術効果は，視角にして20度までの距離のずれ（腕を伸ばして手をぐっと広げたときの親指から小指までの見えの距離）があっても生じるといわれています。

▶ **マガーク効果** ｜「が」と発話している人の動画を呈示した際に，「ば」という音声を同時に呈示すると，「が」でも「ば」でもなく，「だ」と発音しているように知覚される現象を，マガーク効果とよびます。この錯覚は，口の動きに関する**視覚的情報が音声そのものの知覚を変容させてしまう**ことを示しています。「ば」という音声は一度上下の唇を閉じないと発音できません。いっぽうで，「が」という音は，上下の唇を閉じずに発音されます。そのため，音声で「ば」と聞こえた際に，「が」の映像が呈示されると，2つの情報に不一致が生じるのです。この不一致を解消するために，唇を閉じないで発音する「だ」のように聞こえるのだと考えられています。

▶ **ダブルフラッシュ効果** ｜上述の2例は視覚情報が聴覚に影響する現象でしたが，反対に，聴覚情報が視覚体験を変容させる現象もあります。非常に短い光を1回点滅させた際に，短いビープ音を1回呈示すると，光の点滅は1回に見えます。しかし同じ光の点滅を呈示しても，ビープ音を2回呈示すると，光点滅が2回に見えます。このように，音刺激によって，呈示された視覚刺激の回数の知覚が変化する現象をダブルフラッシュ効果といいます（**図4-20**）[15]。この錯視は，聴覚のほうが視覚よりも時間を計測する精度が高い

15　Shams, et al., *Nature*, 2000

図 4-20　ダブルフラッシュ錯覚

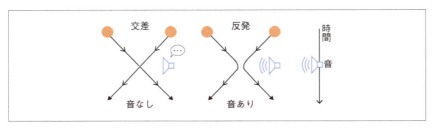

図 4-21　交差 - 反発錯覚

ため，視覚システムが聴覚情報をより信頼できる情報として使用することによって生じると考えられています。この現象は，それぞれの知覚システムは異なる感覚モダリティの長所をうまく利用して日常的な経験を処理していることを示唆しています。

● **交差-反発錯覚**｜同様に，聴覚情報によって視覚情報の解釈が変わる現象があります。図4-21のように，画面の右上と左上に円を呈示し，それぞれを対角線に沿って下方向に動かす刺激を呈示します。このとき，2つの円が中心位置で交差する瞬間に短い音を呈示すると，交差して見えた2つの円の運動の軌跡が，交差する位置で衝突し反発するような軌跡として知覚されるようになります。この効果は**交差-反発錯覚**とよばれます[16]。この効果は，音が呈示されるタイミングが交差のタイミングとずれると弱まることが知られています。

16　Sekuler, et al., *Nature*, 1997

5 触覚

ステップ1

触覚のしくみ

　体性感覚は身体の表層組織（皮膚・粘膜）や深部組織（筋・腱）で知覚される感覚の総称であり，触覚や，温度感覚，痛覚，平衡感覚，内臓感覚，深部感覚[17]などが含まれます。触覚とは，体性感覚のなかの，皮膚感覚に関する感覚の1つです。触覚は，物に触れたという情報を伝えるだけでなく，その物の肌触りなどの質感を知覚するためにも重要な機能です。

▶**触覚の生理学**｜私たちは皮膚に与えられた物理的な刺激の性質を触覚によって知覚します。触覚刺激の受容器は，マイスナー小体，パチニ小体，メルケル盤，ルフィニ終末の4種類であり，位置する皮膚の層などが異なっています（図4-22）。マイスナー小体は真皮の最外層に，パチニ小体は皮下組織に分布し，皮膚への圧刺激が与えられ続けても応答が持続しない速順応型の受容器につながっています。速順応型の感覚受容器は，振動を感知する働きもあります。メルケル盤は表皮の最深部に，ルフィニ終末は真皮に位置し，刺激が与え続けられても応答が持続する遅順応型の受容器につながっています。これらの受容器から出力された信号は，末梢神経を通じて，最終的に大脳皮質の頭頂葉にある一次体性感覚野に運ばれます。

▶**触覚の刺激閾**｜皮膚に圧刺激を呈示した際に，気づくことのできる刺激の最小値を圧覚閾といいます。この閾値が小さいほど，わずかな圧刺激に気づくことができ，感度が高いことを意味します。S.ウェインステイン[18]はナイロン製のフィラメントを用いて，身体の20箇所の部位で圧覚閾を測定しました。すると，顔面がもっとも感度が高く（閾値が低く），体幹，上肢，下肢の順に感度が低くなることがわかりました。また触覚の感度は男性よりも女性のほうがわずかに高いことや，身体の左右で多少異なることも示しています。

17　深部感覚は自己受容感覚とよばれることもあります。深部感覚は身体の位置，動きに関する感覚です。
18　Weinstein, In *The skin senses*, 1968

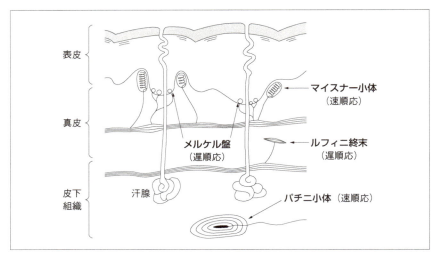

図4-22　圧力を感知する4つの感覚受容器

▶ **触覚の弁別閾** ｜ 眼を閉じた状態で，二の腕の皮膚の2点に同時に触れると，2点の距離が離れている場合は別々の場所が触れられているように知覚できますが，両者の距離が近い場合には1箇所だけが触れられているように感じられます。この2点の違いがわかる最小の距離を触二点弁別閾といいます。ウェインステインは身体のいろいろな部分について触二点弁別閾を調べた結果，指や顔，足先では感度が高い（弁別閾が低い）のに対し，腕や背中，大腿，ふくらはぎなどでは感度が低い（弁別閾が高い）ことがわかりました（図4-23）。

----- ステップ 2 -----

触覚における錯覚

　触覚によって対象を知覚する際にも錯覚が生じることが示されています。
▶ **幾何学的錯視** ｜ 錯視図形を手で触った場合にも，触覚的錯覚が生じることが明らかになっています。たとえばミュラー・リヤー錯視を触覚で呈示すると，錯覚量は視覚の場合よりも小さいものの，視覚の場合と同様に，外向図形のほうが内向図形よりも主線の長さを長く知覚します[19]。また，この錯覚

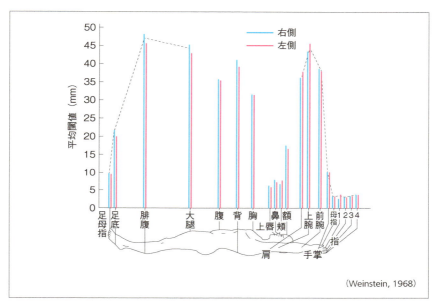

図4-23　触二点弁別閾

図4-24　ブルドン錯視

は目の見えない人でも生じることが報告されており，本章第3節で説明したグレゴリーの仮説とは矛盾する現象です[20]。さらに，図4-24のような図形を視覚的に呈示すると，左下の三角形の上辺と右上の三角形の上辺は一直線であるにもかかわらず，真ん中で折れ曲がっているように見えます（ブルドン錯視）。そして触覚においても，図形を人差し指と親指でつまんでスライドさせたときに，上辺が真ん中で折れ曲がっている感覚が生じることが報告されています[21]。これらの錯覚の存在は，触覚と視覚において，同じ知覚メカニズムが関与している可能性があることを示しています。

▶ **アリストテレスの錯覚**　図4-25のように，人差し指と中指を交差させた状態で目を閉じ，他の人に，人差し指と中指の皮膚に同時に触れるように，

19　Hatwell, *L'Annee Psychologique*, 1960
20　Heller, et al., *Perception*, 2002
21　Day, *Percept Psychophys*, 1990

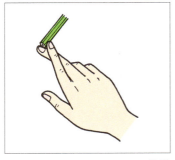

図4-25　アリストテレスの錯覚

交差したところにペンを当ててもらいます。すると，実際には1本のペンを2本の指で触れているのにもかかわらず，2本のペンが人差し指と中指に別々に触れているように知覚されます。この錯視はアリストテレスの錯覚とよばれています。この錯覚は，はじめに人差し指と中指のそれぞれに順番に触れてもらった後で，次に指の交差部分に触れてもらうと効果が強く感じられます。アリストテレスの錯覚が生じる理由は，触覚処理のシステムが，指の位置関係にもとづいて触れている物体の性質を判断しているからだと考えられます。通常の状態では，人差し指の小指側と中指の親指側で1つの物を挟むことができますが，その逆側では1つの物を挟むことができません。そのため，人差し指の親指側と中指の小指側に物体が触れている場合には，それぞれ別の物に触れていると知覚するのです。

ステップ3

視覚と触覚の相互作用

　私たちが物体を見たり触れたりして，その形や質感を知覚する際には，視覚と触覚の両方から情報を得ることができます。多くの研究では，物体を呈示して視覚と触覚でその特性（大きさや形や位置）を見積もる際には，視覚優位になることが示されてきました。しかし，視覚情報の信頼性が低い状況では触覚が視覚よりも優位になることを示した研究もあります[22]。

▶ **重さの錯覚** | 同じ重さの2つの球をもちあげる場合に，目で見た直径が大きい球よりも小さい球のほうが重く感じられます。この錯覚はシャルパンティエ効果（大きさ―重さ錯覚）とよばれています。この錯覚は，事前に重さが同じであることを教えられていても生じます。私たちは球をもちあげる

22　エルンストとバンクス（Ernst & Banks, *Nature*, 2002）は，力覚フィードバック装置と液晶シャッターグラスを使って，仮想的な空間に見ながら触ることのできる四角形の視覚刺激を呈示し，実験参加者に，視覚刺激を見ながら指でつまんで高さを判断するという課題をおこなってもらいました。このとき，視覚と触覚で異なる高さの情報を与えると，視覚刺激が十分見やすい場合には，視覚情報優位に高さの判断がなされるのに対し，視覚刺激にノイズを加えて見えにくくすると，触覚情報優位に高さの判断がおこなわれるようになることを示しました。このことから，視覚と触覚から得られた情報を統合する際には，信頼性が高いと判断されたモダリティに重きをおいて知覚内容が決まることが示唆されました。

5 触覚

前に視覚によって球の大きさから重さを予測しています。このとき，小さい球の場合はもちあげる力を小さく見積もることから，実際に必要な力とのギャップが大きくなり，これによって球が重く感じられるのだと考えられます。視覚情報が物体の重さの知覚に与える影響は，**ゴルフボール錯覚**[23]という現象でも確認されています。ゴルファーは，練習用のボールが本番用のボールよりも軽いことを経験的に知っています。そのため，大きさも重さも同じボールで，見ためが練習用のものと本番用のものを比較させると，ゴルフの未経験者では2つのボールは同じ重さだと判断するのに対し，ゴルファーでは練習用ボールのほうが重いと判断することが知られています。これは，大きさだけが重さに影響するのではなく，事前の知識が重さの知覚に影響するということを示しています。

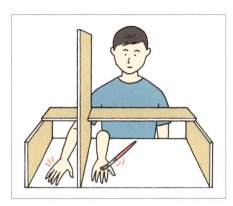

図4-26　ラバーハンド錯覚

▶**ラバーハンド錯覚**｜自分の皮膚が触れられているわけではないのに，触れられているという視覚情報を与えると触覚が知覚されるという，**ラバーハンド錯覚**という現象がM.ボトヴィニックとJ.コーエンによって報告されました[24]。実験では**図4-26**のように，実験参加者の手（リアルハンド）を偽物の手（ラバーハンド）と並べて机に置いてもらい，リアルハンドが見えないように仕切りを置きます。そして実験参加者にラバーハンドを観察してもらいながら，実験者がリアルハンドとラバーハンドの同じ部位を同じタイミングで筆でなでます。この手続きをしばらく続けていくと，実験者がラバーハンドだけを筆で刺激した場合でも，実験参加者はあたかも自分の手が触れられているように感じるようになったのです。この現象は，視覚刺激と触覚刺激が対応して入力されることによって，自分の手ではないとわかっているラバーハンドに**身体所有感**が生じることを示しています。

23　Ellis & Lederman, *Perception*, 1998
24　Botvinick & Cohen, *Nature*, 1998

図版引用文献一覧

図4-2　Ramachandran, V.S. & Hubbard, E.M. (2001). Synaesthesia -- A window into perception, thought and language. *Journal of Consciousness Studies*, 8 (12), 3-34, Fig. 1.

図4-3　Ramachandran, V.S. & Hubbard, E.M. (2001). Synaesthesia -- A window into perception, thought and language. *Journal of Consciousness Studies*, 8 (12), 3-34, Fig. 7.

図4-10　Rubin, E. (1921). *Visuell wahrgenommene Figuren*. Kobenhaven : Gyldendal.

図4-11　Kanizsa, G. (1955). Margini quasi-percettivi in campi con stimolazione omogenea. *Rivista di Psicologia*, 49 (1), 7-30.

図4-16　Gregory, R. L. (1968). Visual illusions. *Scientific American*, 219, 66-76.
　　　　下條信輔 (1995). 視覚の冒険―イリュージョンから認知科学へ. 産業図書, p.104, 図3-7.

図4-19　ISO 226 (2003). Acoustics － normal equal-loudness-level contours. International Organization for Standardization, Geneva, Switzerland.

図4-23　Weinstein, S. (1968). Intensive and extensive aspects of tactile sensitivity as a function of body part, sex, and laterality. In D. R. Kensharo (Ed.), *The Skin Senses* (pp.195-222). Springfield, Illinois: C. C. Thomas, Fig.10-4.

第5章 認知心理学——対象把握の処理過程

1. 認知と情報処理
2. 注意
3. 記憶
4. 言語

（板口典弘／近藤あき）

1 認知と情報処理

ステップ 1

認知心理学とはなにか

　私たちはりんごを見て，それがりんごであることを瞬時に認知します。**認知（cognition）**とは，私たちが**対象を知覚した後に，それが何であるかを判断したり理解したりする処理**を指します。すなわち，心のなかでは，視覚的な刺激が入力されたのち，物体の色や形，現在の状況やこれまでの経験などのさまざまな情報を利用した処理がおこなわれた結果，その物体が"りんご"であると結論されるのです。このような一連の処理は**認知処理**とよばれます。認知心理学は，必ずしもヒトの認知処理が脳によって営まれると仮定しませんが，現代においては多くの研究者がそのように考えているのも事実です。

▶ **情報処理** ｜ 認知心理学とは，認知処理のメカニズムを研究する学問です。初期の学習心理学は生体に入力される刺激と出力される反応（行動）のペアリングのみに着目していました。これに対し，認知心理学は入力と出力のあいだに存在する**情報処理過程**に焦点を当てます。なぜそのような情報処理が必要かというと，**刺激と反応のペアだけを考えていてはヒトの多彩な行動を十分に説明できない**と考えられたためです。たとえば，人は同じ刺激を受けとっても，毎回同じ行動をとるわけではありません。たとえば，宝くじが当たったときに，泣く場合もあれば，笑う場合もあるでしょう。　　　学習心理学

　刺激と反応のあいだに情報処理過程が存在するという立場をとると，外部世界から刺激が入力された後の段階において，私たちの心のなかに外界の事物（たとえば，りんご）に対応する情報やイメージの存在を仮定することになります。心理学では，このような心のなかにある情報やイメージのことを，**表象**とよびます。そのため，認知処理とは，外部から入力された情報から表象をつくり上げたり，あるいは表象を操作してこれからの行動を決定する作業であると考えることができます。このような認知処理に関する理論

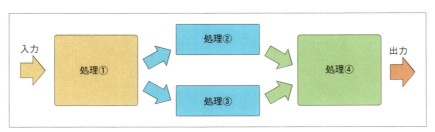

図5-1 認知心理学におけるボックスモデルの例

は，しばしば箱と矢印を用いたフローチャート（ボックスモデル）として表現されてきました。箱にはある段階でおこなわれる情報処理の内容が記述され，矢印は情報の流れを示します（**図5-1**）。

▶ **認知心理学の研究対象** ｜ 認知心理学と知覚心理学は非常に近い分野です。知覚心理学が外界からの刺激の処理そのものに関する研究をおこなう学問であるのに対し，認知心理学は「**刺激が入力されてから行動として出力されるまでの情報処理**」のメカニズムを研究します[1]。そのため，認知心理学は，刺激（物体や音声）の認知のみに限らず，**注意，記憶，感情，言語，学習，推論，意思決定など幅広い脳機能**を研究対象とします。 ◀ 知覚心理学

認知心理学の実験手法

認知心理学が使用する実験手法のもっとも代表的なものとして，反応時間を用いる方法があります。認知心理学では，**ある行動は複数の情報処理を経た結果出力される**と考えています。たとえば，「ライトが点灯したらキーを押す」という課題には，大きく分けて①「ライトの点滅を判断する処理」と，②「キーを押す処理」という2つの要素が含まれると考えられます。ここで，ライトを点灯させてから，キーが押されるまでの時間を計測したとしましょう。この時間を，心理学の分野では反応時間（RT：response time, reaction time）とよびます[2]。このとき計測された反応時間は，**刺激の処理にかかわる複数の要素に関する処理時間を足し合わせたものである**（①＋②），と考えることができます。

さらに，「2つあるライトのうち，左のライトが点灯したらキーを押す」という新しい課題をおこなった場合には，先ほどの処理に加えて，「点灯し

---

1 認知心理学の研究対象に知覚を含めることもありますが，どちらかというと認知心理学では，"知覚のされ方" というよりも，"知覚された内容にもとづく処理" を検討することが多いです。
2 反応潜時，あるいは単純に潜時（latency）とよばれることもあります。

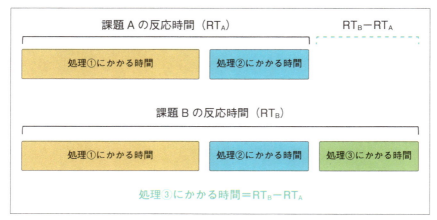

図5-2　反応時間における減算法

たライトが左か右か」という処理もおこなう必要があります。このように処理する要素の数が増えると，その要素の処理にかかる分だけ，反応時間が長くなると考えられます[3]（図5-2）。認知心理学では，反応時間のほかにも，**ある刺激を見つけた確率である検出率**や，**回答の正誤にかかわる正答率**なども，私たちの情報処理機能を反映する指標として用いてきました。

----- ステップ 2 -----

認知革命

　認知心理学は1950年代後半から飛躍的な発展を遂げました。とくに1956年9月11日に，マサチューセッツ工科大学で開催された学術シンポジウムにおいて，歴史的に重要な研究発表が複数おこなわれました。この日，A.ニューウェルとH.A.サイモンが人工知能による問題解決のプログラム，N.ロチェスターらがD.O.ヘッブのセルアセンブリ理論の検証結果，N.チョムスキーが変形生成文法，G.ミラーが短期記憶についての研究，スウェッツらが知覚に対する信号検出理論の応用について発表しました。狭義にはこの日を，広義には1950年代後半からの一連の認知心理学の発展を**認知革命**

----

[3] この考え方は1868年にF.C.ドンデルスが提唱した減算法とよばれる考え方です。S.スターンバーグがこの考え方を発展させ，複数の処理要因どうしの相互作用まで考慮した要因加算法を提唱しました。スターンバーグの方法を用いると，計測された反応時間を，本当に複数の処理にかかわる時間の足し合わせとして考えていいのかどうかを検討することができます。

とよびます。 心理学の歴史

▶**マジカルナンバー7±2** | 1950年代後半に発表された一連の研究のうち，アメリカの心理学者G.ミラーの有名な研究を紹介しましょう。ミラーが講演で紹介した実験では，ヒトが処理できる情報量の限界を検討するために，アルファベットや単語，数字などを実験参加者に呈示し，それを覚えてもらいました。すると，刺激の種類にかかわらず，記憶できる限界容量は7個程度であったのです。この発見にもとづいて，ミラーは講演のタイトルを（なかば冗談めかして）マジカルナンバー7±2としました。ただし，この研究で重要なのは，7という数字そのものではありません。むしろ，私たち**ヒトが処理できる情報に一定の限界がある**ことを実験的に示した点と，それが刺激の物理的な量に依存するのではなく，チャンクとよばれる，ある**意味をもったかたまりの個数に依存する**ことを示した点が重要でした[4]。言い換えると，意味をもつかたまりさえつくることができれば，私たちの短期的な情報処理の容量をいくらでも増やせるということを示したのです。

ステップ3

認知心理学の周辺領域

▶**認知科学** | 認知心理学は，心理学の立場から私たちの認知処理機能を研究する学問です。他方では，心理学以外から認知を研究する学問も多くあります。このような学問をまとめて，認知科学とよびます。認知心理学も認知科学の1分野ですが，とくに最近の認知科学の各分野は，その多くがお互いに重なり合っており，明確な線引きはできません。ステップ3では，とくに認知心理学にかかわりの深いアプローチを，簡単に説明していきます。

▶**人工知能研究** | 優れた認知機能をプログラムすることによって，そこからヒトの認知機能のメカニズムを探るアプローチの1つに，人工知能（AI）研究があります。近年では，チェス・将棋に限らず，囲碁においても，AIプログラムが人間のチャンピオンに勝利するようになりました。AIプログラムの発展は，機械の処理能力の向上もありますが，ヒトのような学習方法がプログラムに実装されたことが大きな要因として挙げられます。ただし，音

---

4 この講演は1955年におこなわれたものであり，1956年9月11日のミラーの発表は別の内容でした。講演をまとめたものが論文として出版されていますが，この論文を読むとミラーは7という数字にこだわってはいないこと，そして有名な短期記憶の研究は，講演で紹介した多くの研究の1つであり，ミラー自身の実験でなかったこともわかります（Miller, *Psychol Rev*, 1956）。それ以降の研究によって，厳密に統制された環境では，一度に記憶できる容量は4程度であることが示されています。

```
Eliza > Hello.  How are you feeling today?
> I have a terrible headache.
Eliza > Now that you have a terrible headache., what will you do next?
> I want to know that.
Eliza > What would you do if you got to know that?
> I'll follow it.
Eliza > Let's change focus a bit... Tell me about your family.
```

```
> ひどい頭痛がするんだ
りんな >あらぁー(´Д⊂ヽりんなが治してあげる。夢の中では名医だか
ら！ ⊂⌒(σ_σ)⊃
> 期待しているよ
りんな >見つけてくれた＊＊さんの為にも落とさねば（本気）
> どういうこと？
りんな >りんなと話すと、まじ面白いんだよ！まとりあえずこれ↓読ん
でみてね！（日記を見せられる）
```

図5-3　人工知能を目指した自然言語処理プログラムとの会話例
上が，初期の有名なプログラムの1つ「Eliza」での会話例。このプログラムは，C.R.ロジャースのクライエント中心療法の会話手法をとり入れている。下が，2015年にMicrosoftが公開した「りんな」での会話例。りんなは女子高生の会話を模している。このようなプログラムは，会話内容を"理解"していない点で，最近の日本では人工知能と比較して人工無脳とよばれることが多い。

声認識や会話機能などに関するAIの開発は大きく進んでいるいっぽうで，いまだ"本当の知能"の実装を予感させるようなプログラムが出現していないのも事実です（**図5-3**）[5]。

▶ **シミュレーション研究** ｜シミュレーション研究も，プログラムの設計を通して，ヒトの認知処理のメカニズムを明らかにしようとします。設計したプログラムが，ある反応に対して人間と同じような回答のパターン（**間違え方も重要です**）を出力すれば，そのプログラムが人間に似た情報処理をしていると考えることができます。シミュレーション研究で使用するモデルは非常にさまざまですが，ここでは，認知心理学にかかわりの深い**並列分散処理（PDP）モデル**を紹介します[6]。

PDPモデルは，神経細胞の振る舞いを参考につくられたモデルです。非常に多くのユニット（それぞれが1つの神経細胞に相当）がネットワークをつくり，並列的に働きます。このモデルで重要なのは，ステップ1で紹介し

---

[5] A.チューリングは1950年に，このような人工知能が「本当に人間と同様の知能をもつかどうか」をテストするためには，実際に会話をしてそれがプログラムであると気づかれなければいい，という基準を設けました。このテストは，チューリングテストとよばれています。

[6] ニューラルネットワーク，コネクショニストモデルとよばれることもあります。PDPモデル自体は，1986年にD.ラメルハートとJ.マクレランドというアメリカの心理学者によって提唱されました（*Parallel Distributed Processing*, MIT Press）。

たボックスモデルのように，情報処理が直列（逐次的）に進むと仮定していない点です。また，神経細胞と同様に，ひとつひとつのユニットの活動は，何をしているかわかりません。PDPモデルは心理学の分野ではとくに言語（単語認知や文章生成）や類推・カテゴリー化の分野での研究が有名です。さらに，同じ原理を使用した画像認識（認知）研究なども大きな成功をおさめています。近年では，学習アルゴリズムとパソコンの能力の双方が向上し，ネットワークの入力と出力の間に存在するレイヤー（層）の数を多くすることができるようになりました。これによって，プログラムの学習能力が飛躍的に高くなっています。この手法は，ディープラーニング（深層学習）とよばれています。

▶ **脳機能研究** ｜ 現在では多くの研究者が，脳が心（＝認知機能）を担っていると考えています。脳と認知機能を結びつける学問として，**神経心理学**や**神経科学**があります。神経心理学とは，脳に損傷を負った患者の症状を調べることにより，脳の特定の部位がどのような認知機能にかかわっているかを研究する学問です。神経心理学は，**認知心理学のモデルの妥当性を支持する証拠をいくつも発見してきた**点で，認知心理学の歴史的にも重要です。神経心理学において認知心理学のアプローチを強く打ち出す研究は，とくに**認知神経心理学**ともよばれます。認知神経心理学は認知処理モデルの構築を目指します。これに対して，認知機能を支える神経メカニズムの解明に焦点を当てる学問を**認知神経科学**とよびます[7]。 ◀ 神経心理学

▶ **比較認知科学** ｜ **比較認知科学**とは，ヒトを含めたさまざまな動物の認知機能を比較することによって，**認知機能がどのように発生し，進化してきたのかを明らかにしようとする**学問です。たとえば，新たな行動パターンの獲得を，試行錯誤に頼るのか，論理的な思考や洞察に頼るのかは，動物種によって異なります。とくにヒトの認知機能の特殊性を考えるうえで，チンパンジーやサルなどの霊長類の認知機能の研究は重要です。発達心理学の分野で有名な「心の理論」も，もともとはチンパンジーが他の動物の考えていることを推測しているような行動をとることから提唱された理論です。このように，認知心理学はさまざまな領域の研究とかかわりあいながら，ヒトの認知を明らかにしてきました。 ◀ 生理心理学 ◀ 発達心理学

第5章 認知心理学

1 認知と情報処理

---

7 認知神経科学は，脳全体のネットワークのようなマクロな観点から，神経細胞の活動そのもの，さらに遺伝子レベルの解析などミクロな現象まで，幅広い研究を含みます。

2 注意

ステップ1

注意とは

　外界にはさまざまな情報があふれており，私たちは視覚や聴覚，皮膚感覚などのさまざまな感覚情報を常に受けとっています。しかしながら私たちは通常，これらの情報すべてに意識を向けることはありません。すなわち，**目的に応じて必要な情報を選択し，それらに焦点を当てて処理**しています。このように，絶えず入力される情報のなかから重要度の高いものを選び出して処理すること，あるいはその機能を，注意とよびます。注意という機能があるおかげで，私たちは何か1つの作業を続けたり，もし背後で大きな音がすればすぐにその方向へ意識を向けたりすることができるのです。

▶ **選択的注意** ｜ 私たちはパーティのような騒がしい状況のなかでも，相手の声を聞き分け，スムーズに会話することができます。また同時に，誰かとの会話中に，関係のないところで自分の名前がよばれたとき，そちらには意識を向けていないのにもかかわらず，気づくことができます。これらの現象はまとめて，カクテルパーティ効果とよばれており，自身にとって重要あるいは必要な情報を選択的に処理する注意が，常に働いているため生じると考えられています[8]。

　注意には，その選択性以外にも重要な特徴があります。たとえば，自動車を運転しながら助手席の友人と会話をする場合には，運転に関するさまざまな情報と，会話の音声情報の両方に注意する必要があります。このように，複数の対象に同時に注意を向けることを，注意の配分といいます。注意を配分した状況では，どちらかいっぽうの認知処理にのみ注意を向けた状況と比較すると，処理の速さや正確さは低下します。これは，**ヒトが利用できる**

---

[8] この効果は，両耳に異なる音声を聞かせる手法によって，実験的に明らかとなりました（Cherry, J Acoust Soc Am, 1953）。また，実験は，もともとはパーティの会話場面ではなく，航空管制塔において，1つのスピーカーから複数の音声が聞こえる場合に，声の聞き分けが難しくなるという現象を説明するために実施されました。この研究は，選択的注意をおこなうためには，たとえば声の方向や，スピーカーでは再現できない音響特徴など，ふだんは意識しない多くの情報が必要であることを示唆しました。

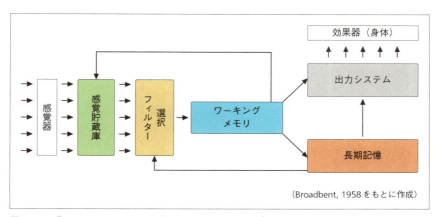

図5-4 ブロードベントの注意のフィルターモデル
感覚貯蔵庫，ワーキングメモリ，長期記憶は現代の記憶モデルの用語を使用している。

注意の容量には限界があり，すべての処理に十分な量の注意を配分することは難しいためだと考えられます。このとき，個人のもつ配分可能な注意の容量を注意資源とよびます。

▶**注意のモデル** │ イギリスの心理学者D.ブロードベントは1958年に注意に関するフィルターモデルを提唱しました（**図5-4**）。この理論では，入力された情報すべてに対して，まずは基本的な物理特徴（物体の色や，音の大きさ）の分析がおこなわれます。その後，注意により選択されている情報のみがフィルターを通って，意識にのぼったり，それ以降の認知処理を受けます。このようなフィルターがないと，ヒトの情報処理は非常に効率悪くなってしまうか，パンクしてしまうと考えられたのです。ブロードベントの理論には不十分な点もありました。しかし，シンプルな構造で注意に関する多くの現象を説明した点，さらに，後の記憶のモデルにつながる処理過程を仮定した点で優れていました。また，このモデルは，ヒトの認知処理システムを情報処理になぞらえて説明した最初のモデルであるともいわれています。この理論を皮切りに，D.カーネマンの注意の容量モデル（1973）や，A.トリーズマンの注意の特徴統合理論（1980）など多数の理論が提唱されていくことになります。

▶**注意の特性** │ 注意は基本的に，その人のみにしか経験できない状態であるため，実験的に統制することは簡単ではありません。それでも，ヒトをはじ

めとした多くの動物では，**注意が向いている方向に視線を向ける**ことが知られています。そのため，乳児や動物のように，言語的な反応が難しい対象の認知能力を調べるためには，新奇な刺激に対して注意が向きやすいという性質を利用した，**選好注視法**とよばれる方法が用いられます。ただし，視線と注意の対象は通常一致するものの，私たちは視線の先以外にも注意を向けることができるため，視線は必ずしも厳密な注意の指標とはならないことに気をつける必要があります。 ▶発達心理学

一般的に，注意を向けている対象に関する認知処理の速さや正確さは向上します。しかし，たとえ注意を意識的に向けていても，刺激の出現タイミングによっては，対象を認識できない場合があることも明らかになっています。この現象を，**attentional blink**（注意の瞬き）といい，視覚刺激や聴覚刺激においてその生起が確認されています[9]。

また，同じ特徴をもった多くの刺激のなかに，異なる特徴をもった少数の刺激が存在する場合には，**少数の刺激に自動的に注意が向く**ことが知られています。この現象は**ポップアウト**とよばれます[10]。刺激の特徴が1つしか異ならない場合には，多数派の刺激の数が増えても，少数の刺激はポップアウトし，その探索時間も一定です（**図5-5**）。逆に，注意による弊害としては，注意した対象以外が意識にのぼらないこと（不注意盲）が挙げられます。これを1999年にアメリカの心理学者D.シモンズとC.チャブリスがユーモラスな実験によって示しています（「見えないゴリラ」実験）[11]。

9　視覚刺激においては，高速逐次視覚呈示（RSVP）課題によって検討されることが一般的です。この課題では，刺激がすばやく連続的に呈示されます。実験参加者は，あらかじめ指定されたターゲットが見えたら報告します。参加者は，最初に出てきたターゲットについては，ほぼ100％の確率で認識できますが，2番目に出てきたターゲットについては，その呈示タイミングによって認識率が悪くなります。一般的には，最初と次のターゲットの呈示間隔が0.5秒未満の場合に，2番目のターゲットを認識しにくくなります。

10　呈示刺激における特徴の種類が増えると，ターゲットを見つけることが難しくなります。つまり，「●●●●○●●」のなかの「○」を探すのは簡単ですが，「●■□■○●」のなかから「○」を探すのは難しいということです。これは，「ウォーリーを探せ！」が難しいのと同じ原理です。

11　この研究は2004年にイグノーベル賞を受賞しています。実験では，バスケットボールをしている動画を見せられ，何回パスが回っているかをカウントします。ここで，バスケットとは関係のないゴリラ（の着ぐるみを着用した人間）が動画内に登場するのですが，実験参加者のほとんどは，ゴリラに気づきませんでした。これは，ヒトの選択的注意（パスの回数）がそれ以外の対象への気づきを抑制してしまった結果だと考えられます（Simons & Chabris, *Perception*, 1999）。

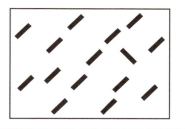
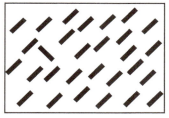

図5-5　ポップアウトの例
多数派の数が増えても，少数派の探索時間は一定である。

ステップ2

視覚的注意

　初期の注意研究は，聴覚を対象にしたものが多かったのに対して，その後は視覚を対象にした研究が増えていきました。ステップ2では，視覚的注意の移動に関するいくつかの分類と，それにもとづいた実験パラダイムを提案し，のちの研究に大きな影響をおよぼした研究を紹介します。

▶ **注意の移動** ｜ アメリカの心理学者M. ポズナーは，注意研究に反応時間のパラダイムを組み込むなど，視覚的注意の研究法の基礎を築いた人物です。ポズナーは，1980年の論文において，注意がどのように移動するかについて2つの分類をおこないました。まず，注意の移動の仕方について，**潜在的移動**と**顕在的移動**の2種類に分類しました。潜在的移動とは眼球運動を伴わないため，他者からは判断できない注意の移動です。いっぽうで，顕在的移動は，眼球運動を伴うため他者からもわかる注意の移動です。次に，ポズナーは，移動の原因によって，注意を外発性注意と内発性注意の2種類に区別しました。外発的注意は，刺激の出現や変化といった外的要因によって，自動的・強制的に移動させられる注意です。いっぽうで内発的注意は，個人の意図にもとづいて随意的に移動する注意を指します。これらの注意はそれぞれ，ボトムアップ的注意とトップダウン的注意ともよばれます。

▶ **視覚的注意の空間特性** ｜ 注意の空間的な特性を調べる手法として，ポズナーは先行手がかり法という方法を使用しました[12]。この課題ではまず，画面の中央に注視点と，その左右に四角形が呈示されます（図5-6）。その後，

---

[12] Posner, *Q J Exp Psychol*, 1980

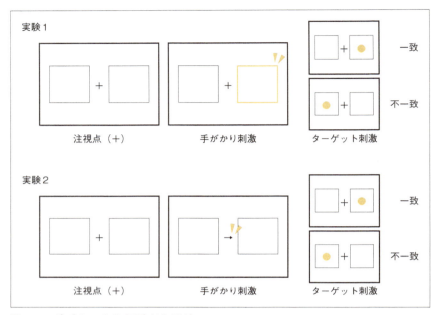

図5-6 ポズナーの先行手がかり法
どちらの手がかりを用いても，一致条件の反応時間が短くなる。

　左右どちらかの四角形のなかに，ターゲットが呈示されます。実験参加者はターゲットの左右位置に応じて，反応キーをすばやく押すことを求められます。ここで重要なのが，ターゲットが呈示される直前に，左右いずれかの四角形の周囲が点滅する"手がかり"が呈示されることです。

　ターゲット刺激と手がかりの位置が空間的に同じ場合を「一致条件」，異なる場合を「不一致条件」，手がかりが呈示されない場合を「中立条件」とすると，実験の結果，ターゲットへの反応時間は，一致条件がもっとも短く，次に中立条件，最後に不一致条件の順となることがわかりました。さらに別の実験において，左右どちらかを示す手がかりとして，画面中央に矢印を呈示した場合にも，同様の手がかり効果が生じることが示されました。これらの結果はともに，**視空間的に注意が向いた認知処理が促進された**ことを示しています。

　この研究において，四角形が点滅した場合には，参加者は中央を見ていなければいけなかったのにもかかわらず，四角形に気をとられてしまったた

め，注意は外発的に誘導されたと考えられます。いっぽうで，矢印が手がかりとして与えられた場合には，矢印は中央に示されていたため，手がかり刺激の位置による注意の移動はありません。むしろ，矢印のもつ意味を参加者が積極的に解釈し，注意の内発的な移動が生じたのだと考えられます。このように，ポズナーの課題はシンプルでありながら，注意の特性をよく統制することのできる課題でした。この課題は現在においても，注意のメカニズムを検討するために多くの研究者が利用しつづけています。

ステップ3

注意の神経基盤

注意の神経基盤については，脳損傷によって注意の障害を示す患者の症例研究や，注意課題をおこなっている際の神経活動の変化を調べる研究により検討されてきました。

▶ **半側空間無視** | 大脳の右半球に損傷を負うと，視覚的な処理には問題がないにもかかわらず，視野のどちらかにある物体に気づきにくい，**半側空間無視**という症状を示すことがあります。たとえば，左半側空間無視の患者に絵を描かせると，左側の欠けた図形を描きます（**図 5-7**）。また，左側の物によくぶつかったり，左側から話しかけられると気づきにくいというように，症状は**視覚，聴覚，触覚のモダリティに依存しません**[13]。 神経心理学

このような症状のため，半側空間無視を注意機能の障害ととらえる研究者も多く，さらに左半球よりも右半球の損傷で症状が多く出現するという事実

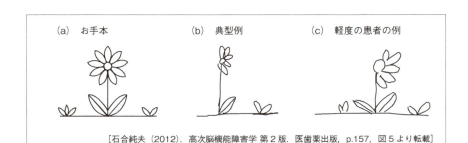

[石合純夫（2012）．高次脳機能障害学 第2版．医歯薬出版, p.157, 図5より転載]

図 5-7 半側空間無視患者の模写の例

から，注意機能は右半球優位であるとことが示唆されています。つまり，左半球は対側（つまりここでは右側）の注意にのみかかわり，右半球は両側の注意にかかわるというアイデアです。この考えにもとづくと，左半球に損傷を受けても，右半球が両側の処理をカバーするため障害は目立たないのに対して，右半球が損傷を受けると左側に対する注意のみが選択的に障害されるのです。 生理心理学

● **視覚野の神経活動** ｜ J.H. レイノルズと R. デジモンは，サルの四次視覚野（V4）という脳部位における，注意のトップダウン処理とボトムアップ処理の神経機構を明らかにしました[14]。彼らは，ある特徴をもつ視覚刺激（適刺激）を呈示した場合にのみ強い応答を示すいっぽうで，そのような特徴がない刺激（非適刺激）が呈示されても応答しない神経細胞を調べました。まず，適刺激と非適刺激の両方を受容野に同時に呈示すると，注意を受容野外に向けていた場合にも，非適刺激の物理的見えやすさに応じて神経応答が減弱しました。これはすなわち，刺激に注意を向けていなくても，物理特徴に基づくボトムアップ処理が機能していることを意味します。さらに彼らは，非適刺激に注意を向けた場合には，神経応答がほとんどなくなってしまうことも明らかにしました。これは，注意のトップダウン処理は，物理特徴に基づく自動的な処理を抑え込んでしまうほど強い影響をもつことを示しています。

　その後の研究によって，このように注意によって応答が調整される神経細胞の比率は，より情報処理が進んだ脳領域ほど多くなることが知られています。すなわち，**より高次な情報処理ほど注意の影響を受けやすい**ということが示されています。現在では，ブロードベントが提唱したような注意のフィルター（注意されないものは処理されない）は存在せず，すべての情報がある程度の処理を受けることがわかっています。ただし，フィルター理論の考え方がすべて間違いであったわけではありません。視覚野における神経細胞に関する研究が明らかにしたように，高次の認知処理ほど注意の影響を受けやすく，低次の認知処理ほどその影響をあまり受けないといった，階層性が存在したのです。このことは，**私たちが処理している情報と使用できる情報**

13　イメージにおいても左半側空間無視が出現することが知られています。たとえばある患者は，ミラノ大聖堂をイメージしたときに，その右側にある建物は思い出せましたが，左側にある建物は思い出せませんでした。しかし，ミラノ大聖堂を背にして立っているとイメージすると，先ほど思い出せなかった側の建物を思い出すことができ，逆に先ほど思い出せた建物を思い出すことはできませんでした。

14　Reynolds and Desimone, 2003, *Neuron*

は異なることを示唆しています。

3 記憶

ステップ1

記憶とはなにか

　経験を保持して再現する機能や，その保持した内容を記憶とよびます。記憶のプロセスは，符号化，貯蔵，検索という段階に分類されます。符号化とは，外部から入力された情報を処理可能な情報に変換する作業を指します。貯蔵とは，符号化した情報を保持することです。検索とは「思い出す」ことに相当し，貯蔵した情報をとり出す処理です。

　記憶を実験的に検討する方法としては，再生法と再認法の2つが代表的です。再生とは，貯蔵した情報を何らかの方法で再現することです。たとえば，単語のリストを覚えた場合には，口頭や筆記によって回答します。リストの順番どおりに再生する場合を系列再生，リストの単語を順不同で再生する場合を自由再生といいます。再認とは，以前に経験したことを「経験した／しなかった」と判別することを指します。

▶ **記憶研究のはじまり** ｜ドイツの心理学者H. エビングハウスは，1885年に，「記憶について」という本を出版しました。彼は**自分自身を被験者とし，無意味つづり**[15]**を覚えて，再生法によるテストをおこなった**ことで有名です。この研究の優れた点を，後世の心理学者R.ホフマンは8つ挙げています[16]。すなわち，①再学習のしやすさ（節約率）が記憶保持の指標として有効であると示したこと，②疲労と覚える時間帯が記憶保持に与える影響を示したこと，③覚えるべき単語の量が学習効率に与える影響を測定したこと，④記憶の忘却を，覚えてからテストするまでの遅延の関数として測定したこと（のちに忘却曲線とよばれます），⑤分散学習と集中学習の効果を示したこと，⑥初頭効果と新近性効果[17]を示したこと，⑦遠隔連合[18]という効果の存在を

---

[15] 単語として意味をなさない語（jom, nuq, xad）を指します。
[16] Hoffman et al., In *In Memory and learning: The Ebbinghaus centennial conference*, 1987

示したこと，⑧短期記憶の範囲を測定したこと，の8点です。エビングハウスの実験手法は独自のものであり，その方法や解釈に問題がないわけではありませんが，記憶研究の方法論や研究トピックをこの時代に多数提案した点で，その後の心理学に計り知れない影響を与えました。 ◀ 心理学の歴史

記憶のモデル

　1968年にR.アトキンソンとR.シフリンが，記憶は**感覚記憶**，**短期記憶**，**長期記憶**に分けられるという**多重貯蔵モデル**を提唱しました。このモデルでは，外界の情報は最初に感覚記憶にとり込まれ，次に短期記憶を経て長期記憶にいたります（**図5-8**）。感覚記憶では，視覚や聴覚，触覚などの感覚情報が，符号化されないまま数秒程度の非常に短い時間保持されます。符号化されない場合には，情報の欠落もありません。次に，感覚記憶において**注意を向けられた一部の情報のみが符号化され，短期記憶に伝達**されます。短期記憶の情報は数秒から数十秒間保持されますが，そのまま何もせずに時間が経過するとそれらの情報は忘却されます。短期記憶に一時的に保持された情報は**反復（リハーサル）**をおこなうことによってその後も短期記憶内に保持したり，長期記憶に**転送**することができると仮定されます。これは，情報を保とうと努力している状態であり，たとえば音声情報であれば，その音を頭のなかで繰り返している状態に相当します。長期記憶に伝送された情報が，日常的な言葉として使われる「記憶」です。いったん長期記憶に移された情報は，忘却の影響を除けば，半永久的に保存することができると考えられています。

　▶ **長期記憶の分類** ｜ 長期記憶には，**宣言的記憶**と**手続き的記憶**の2種類があります。宣言的記憶とは言語によって記述することができる記憶です。宣言的記憶はさらに，**エピソード記憶**と**意味記憶**に分けられます。エピソード記憶は「昨日渋谷で友人と一緒に映画を観た」という記憶のように，「いつ」「どこで」という時空間情報をもった出来事の記憶です。いっぽうで，意味記憶は「地球は1年で太陽のまわりを一周する」というように，言葉や概念，事物についての知識を指します。手続き的記憶とは，自転車の乗り方のよう

17　複数の単語を順に呈示して覚えさせた後に自由再生させると，最初と最後のほうに呈示された単語の再生成績がよくなります。この現象はそれぞれ初頭効果・新近性効果とよばれます。また，単語の呈示を終了した後から再生させるまでの間に，数唱などの"妨害"課題を30秒程度おこなわせると，初頭効果は変わらないのに対し，新近性効果は消失することが知られています。

18　学習時と再学習時の刺激呈示の順番が異なることによる学習効果の違いを指します。

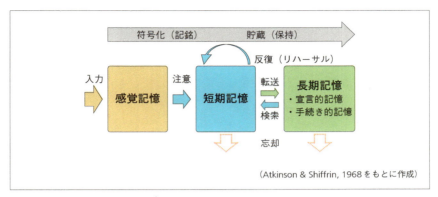

図 5-8　記憶の多重貯蔵モデル
宣言的記憶はさらに，エピソード記憶と意味記憶に分類される。符号化は記銘，貯蔵は保持とよばれることもある。

に，言葉では説明しにくい運動技能や習慣，行為に関する記憶を指します。

▶ **ワーキングメモリ**　1974年に，A.バドリーとG.ヒッチは短期記憶の機能に代わるものとして，作業記憶（ワーキングメモリ）というシステムを提唱しました[19]。多重貯蔵モデル（図5-8）にあるように，短期記憶は感覚情報を符号化したものであると同時に，長期記憶から検索してきた情報も一時的に保持します。保持された情報は，状況に応じてさまざまな認知処理を受けることになります。このとき，短期記憶が机の上の作業空間，長期記憶が机の下にある引き出しに対応すると考えてみると，それぞれの段階のイメージがしやすいでしょう。ただし，机の上は少し傾いていて，載せたものを努力してキープしないと，短時間で情報は転げ落ちて（忘却して）しまいます。

ただし，バドリーらは，"机の上の空間"のような単一の記憶システムを仮定していては，脳損傷患者における神経心理学的知見をうまく説明できないことを指摘しました。そして，短期記憶において記憶保持と処理をおこなうためには，音韻ループ，視空間スケッチパッド，中央制御部とよばれる3つのサブシステムが必要だと提唱したのです。さらに，その後の研究で，エピソードバッファとよばれるシステムも追加しています。多くの解説では，ワーキングメモリは短期記憶における"処理"の側面を強調した概念として

---

[19] 実はバドリーらよりも前に，G.ミラーらが1960年の著書でワーキングメモリという用語を使用しています（Miller et al., *Plans and structure of behavior*, 1960）。しかし，1968年にアトキンソンとシフリンがモデルをつくった際に，長期記憶の対となる短期記憶という用語を使いました。そして，短期記憶のほうが用語としてわかりやすかったため，短期記憶が一般に定着してしまいます。そのため，1974年にワーキングメモリが新たな概念として歴史的に"再登場"することになったのです。

登場したと紹介されることが多いですが，実はこのシステムの導入は，神経心理学的症状の説明を意識したものでした。この観点から考えると，彼らの理論で強調されるべき功績は，**短期記憶がいくつかのサブシステムに分解され，それぞれが独立に働くと仮定したこと**であったと考えられます。

覚えること，思い出すこと

1972年に，F. クレイクとR. ロックハートは，記憶成績が情報の精緻化のレベルに影響を受けることを示しました。彼らはまず，実験参加者に対して，呈示した単語について，形態，音韻，意味のいずれかのレベルの質問をしました。たとえば，形態レベルの質問であれば，「単語が大文字と小文字のどちらで書かれているか」というものです。この時点では，実験が記憶を検討するものだとは参加者には伝えられていません。そして一連の質問の後に，質問した単語に対して再認テストをおこなうと，意味レベルの質問をした単語がもっとも再認成績がよく，次に音韻，形態レベルと続きました。この結果は，情報の符号化の時点で，**より"深い"処理をすることで長期記憶への転送が促される**ことを示唆しています。この効果を，処理水準効果とよびます。

さらに，記憶成績が学習したり思い出したりする場面に依存することも示されています。D. ゴドンとA. バドリーは，ダイビングをする学生を対象に，陸上または水中で単語を覚えてもらった後に，単語の再生を，やはりどちらかの環境でおこなってもらいました。実験の結果，学習と再生が同じ環境でおこなわれた場合の再生成績は，異なる環境であったときよりも優れていることがわかりました。このことは，情報の符号化と検索時の文脈が一致していることが，記憶の検索を促進することを示しています。この効果を，文脈依存効果とよびます。また，符号化と検索時の気分が一致している場合のほうがそうでない場合よりも記憶成績が優れていることも示されており，これは気分一致効果とよばれます。これらの効果は，符号化と検索の段階で，私たちが気にとめない情報が使用されていることを示しています。

壊れた記憶

これまでに紹介した記憶のモデルや現象は、読者のみなさんにおいても、日常生活のさまざまな経験と一致することが多かったのではないでしょうか。しかしいっぽうで、認知心理学的モデルは、脳損傷患者の神経心理学的症状とも深いかかわりがあります。とくに、脳における認知処理の独立性（モジュール性）についての検討には、神経心理学的な知見が非常に重要な役割をはたしてきました。

▶ **症例HM** ｜ 症例HMは重度のてんかんを発症していました。てんかんとは、発作を起こす脳の病気です。HMは1953年に、てんかんの治療のために、両半球における海馬とよばれる脳部位と側頭葉の一部を切除する手術を受けました。この手術によって、てんかんの発作は改善しましたが、手術以降の出来事を記憶できなくなる前向性健忘という症状を示すようになりました。また、重度の前向性健忘に加えて、中等度の逆向性健忘の症状も示しており、手術の11年前から手術直前までの出来事を思い出すことが困難でした。HMについての詳細な報告は、1957年にW.スコヴィルとB.ミルナーが初めて報告し、その後、2008年に彼が亡くなるまで、多くの研究者が彼の研究をおこないました[20]。 神経心理学

HMは、長期記憶に関しては前述のような障害を示していましたが、知能や言語能力、そして**ワーキングメモリ（短期記憶）の容量にはまったく問題がなく、健常者と比較しても差はありませんでした**。そのため、もともと彼を知らない人は、彼に脳の障害があることには気づかなかったでしょう。しかしながら、彼は手術以後に会った人を覚えることはできず、手術後に出会った医者や研究者に対して、毎回同じ"はじめましての挨拶"を繰り返しました。このことは、少なくともワーキングメモリの機能は、切除された脳部位（海馬を含む側頭葉内側部）には依存していないことを示しています。また同時に、その脳部位は「長期記憶を検索して情報を短期記憶に移す機能」「短期記憶から長期記憶へと情報を転送する機能」「長期記憶の保持」にかかわっている可能性が示唆されました。さらに、彼の言語機能が正常であったということから、言語に関する知識（文法や意味）や言語の運用は、別の脳部位によって担われていることも明らかとなりました[21]。

20　Scoville & Milner, *J Neurol Neurosurg Psychiatry*, 1957

症例HMが記憶研究にはたした役目は非常に大きいものです。HMをはじめとした，脳損傷患者の症状自体は非常に不運な出来事ではありますが，そのような症状を研究することによって，私たちの正常な脳や心の働きに対する理解が促進されてきたのです[22]。また，患者の症状に限らず，健常者においても，エラー（錯視なども含みます）を分析することで，多くの認知処理モデルが提案されてきました。このように，「できない」ことに**着目**し，それが「なぜうまくいかないのか」と考える姿勢は，私たちの認知処理を理解するためには非常に重要なアプローチです。

ステップ3

記憶の変容

　1974年，E. ロフタスとJ. パルマーは，私たちの記憶が想像以上に曖昧であることを明らかにしました。彼女らは，参加者に車がぶつかる交通事故の映像を見せました。その後，車が何キロくらいの速度を出していたのかをたずねます。ここで重要なポイントは，「車が時速何キロくらいでぶつかったか」という質問について，**質問の言葉を「ぶつかった」「接触した」「衝突した」「激突した」**などと，さまざまに変えたことです。

　実験の結果，たとえば「衝突した」という言葉を用いたときの平均推定値は時速50キロであったのに対し，「激突した」という言葉を用いたときには時速65キロとなりました（**図5-9**）。この結果は，記憶はただ検索されるだけでなく，**思い出す際のさまざまな情報によってゆがめられる**ことを意味しています。この研究は，法廷における目撃証言などを含め，記憶のくい違いを説明するうえで重要な知見です。さらに，それまでの記憶モデルが「記憶は事実を記録し，それを保存する」という固定的な性質をもつものだととらえていたのに対し，「**記憶は自在に変化し，空想や想像によって常に重ね書きされる**」ものであるという観点をもたらした点で画期的な研究でした。

21　さらに興味深いことに，手続き記憶の学習は保たれていました。ミルナーらはHMに対して鏡映描写という運動学習課題を何日間かに分けておこないました。すると，HMは課題をおこなったことは覚えていないのにもかかわらず，課題成績は上昇していったのです。このことから，手続き記憶の学習経路は宣言的記憶と異なることが示唆されました（Milner et al., *Neuropsychologia*, 1968; Hannula & Greene, *Front Hum Neurosci*, 2012）。

22　実際，多重貯蔵モデルもワーキングメモリも，認知モデルが先に存在していたわけではなく，神経心理学的症状を説明するために提案され，修正されていったモデルです（そのため，これらは認知神経心理学的研究ととらえることができます）。

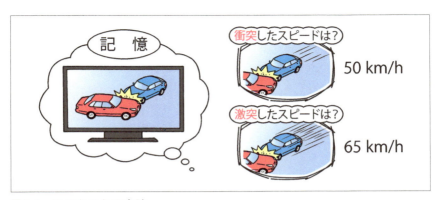

図 5-9　ロフタスらの実験
質問によって，記憶に対する解釈が変化してしまう。

▶ **記憶と個人差**　2010年に杉森と丹野は，その人がポジティブな性格かネガティブな性格かという**個人差が記憶の変容の仕方に影響する**ことを明らかにしました。実験ではまず，「あなたは面倒見がよい人ですね」あるいは「あなたは疑い深い人ですね」といったポジティブ／ネガティブな文章を覚えます。その後，文章中の形容語を1つずつ呈示し，それが学習時に呈示されたどうかを判断する再認テストをおこないました。このとき，半分の刺激語は，学習時に呈示した形容語とポジティブ／ネガティブが反転された表現に言い換えられました。たとえば，「面倒見がよい」というポジティブな形容語であれば，ほぼ同じ意味でネガティブに言い換えられた「おせっかい」という単語として呈示されました。実験の結果，ポジティブな傾向が強い実験参加者は，学習時には呈示されていないポジティブ形容語に対して「学習した」と判断するエラーを多く見せました。逆に，ネガティブな傾向が強い参加者は，ネガティブ形容語に対して「学習した」と判断する傾向が高いことがわかりました。これらの結果は，**個人の性格によって，記憶のゆがめられ方が異なる**ことを示しています。◀ パーソナリティ心理学

　しかしながら，杉森らは同時に，テスト時に「面倒見がよい／おせっかいのどちらを見ましたか？」と，質問形式を変えることによって，記憶の変容バイアスが消失することも示しています。ただし，学習直後ではなく2週間後に同様の質問形式を用いたテストをおこなうと，記憶の変容バイアスが復活してしまうことも明らかにしました。これらの実験は，個人の性格は，情

報が多く精緻的な処理ができる場合には記憶に影響しないものの，**記憶を保持する期間が長いと，性格による変容は不可避なものになってしまうこと**を示唆しています。このような知見は，私たちが何かを思い出す際には，その**記憶が自分自身によってゆがめられている**（そしてもはや正しい記憶にはアクセスできない）可能性を十分に吟味しなくてはならないことを示しています。

4 言語

ステップ1

言語と概念

　言語は，音声や文字を通して私たちの思考を伝達するための道具であり，ヒトにおいてとくに発達した認知機能の1つです。言語は私たちヒトが社会をつくり上げるうえで必要不可欠な，コミュニケーション能力の基礎となっています。また，動物にもコミュニケーションのための音声体系をもつものも存在しますが，ヒトの言語の多様さと複雑さ，そしてそれを獲得して操る能力は，他の動物とは一線を画しています。そのため，哲学や言語学に限らず，心理学においても，言語は古くから研究対象となってきました。

▶ **言語の階層性**｜言語にはさまざまなレベルがあります。現代のほとんどの国や文化は，話し言葉だけでなく，書き言葉ももっています。書き言葉を使用する場合には，文字が存在します。文字より大きな言語の単位は，語，文，文章などです。語とは，単語のことであり，概念上・文法上の意味役割をもちます。文字がある場合には，1つあるいは複数の文字を組み合わせて語が表現されます。文は，複数の語によって構成され，基本的には主語と述語によって成立します。さらに複数の文が続くことによって，文章が構成されます。音声場面における文章はとくに談話ともよばれます。

▶ **概念の役割**｜言語とかかわりの深い認知処理として，概念の処理があります。たとえば，さまざまな大きさ・形をした犬が実在するのにもかかわら

ず,「イヌ」という言葉を使って他者との会話が成立するのは,イヌという概念をもっているためです。概念があることにより,私たちは,個別の経験を抽象的なカテゴリーにまとめることができます。これは,**記憶負荷の減少,推論や学習の効率化,そして個人間における経験の共有**に役立っています。そして,そのような概念のうち,音声化され,文化として伝達されているものが言語であると考えることができます。

　私たちは必ずしも言語化された概念のみによって思考するわけではありませんが,言語が思考と概念を制限するという考え方があります。これは**言語相対性仮説**(一般には,サピア・ウォーフ仮説)とよばれています[23]。極端な例では,対応する言語表現がなければ概念自体がなく,対象を認識・思考することができないという考え方(言語的決定論)もあります。心理学的な立場からは,1981年にアメリカの教育心理学者B.ブルームが,言語が思考能力に与える影響について実験的に検討しています[24]。現在では,さまざまな認知心理学的な研究の結果,言語が思考の仕方に与える影響は多少あるものの,認知や思考能力を決定することはないことが確認されています。

▶ **概念の獲得と構造** ｜生まれたばかりの赤ちゃんは,概念をもっていません。丸や四角,食べ物や睡眠といったこともわからないはずです。そのような概念がどのように獲得され,概念どうしの関係がどのように組織化されているのかを明らかにすることも認知心理学の重要なテーマです。J.ピアジェが提唱した発達段階説は,概念の獲得が認知的な枠組み(シェマ)の更新によって,段階的に進むことを仮定しました。概念の構造に関する代表的なモデルとしては,E.ロッシュのプロトタイプモデル,また,A.コリンズとR.キリアンによる階層的ネットワークモデル,そしてそれを発展させた活性化拡散モデルが有名です(図5-10)。このようなモデルは,「鳥」といったときに「ダチョウ」よりも「カナリア」のような姿を思い浮かべやすく,「カナリア」といったときには「動物」よりも「鳥」というカテゴリーを思い浮かべやすいといった現象を説明することができます。 ◀ 発達心理学

23　コンピュータのマウス,ハイパーテキスト(web上の文書のようなもの),GUI(グラフィカルユーザーインターフェース)の開発者であるアメリカの発明家D.エンゲルバートは言語相対性原理を拡張解釈し,「コンピュータ上のインターフェースの向上が,人間の能力を拡張させる」と信じていたといわれています(Bardini, *Hist Technol*, 2002)。

24　ブルームは,英語を用いるほうが中国語や日本語などの言語を使用するよりも論理的な思考能力が高いことを示しました。しかし,実はこの結果は,実験対象となった学生が理系か文系かという剰余変数によるものであったことが明らかとなっています(Takano, *Cognition*, 1989)。

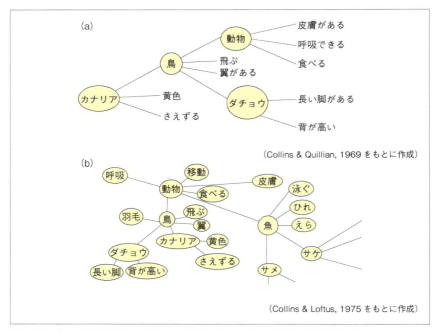

図5-10 (a) 階層的ネットワークモデルと (b) 活性化拡散モデル

心的辞書

　私たちは成長につれて，たくさんの単語を獲得します。そのような単語に関する記憶体系を，比喩的に心的辞書（メンタルレキシコン）とよびます。ただし，現代の研究者は本当に心のなかに辞書のようなものがあるとは考えておらず，辞書に相当する単語のネットワークが存在すると考えるのが一般的です。心的辞書には単語の形態情報，音韻情報，意味情報，そして統語情報が含まれると考えられています。形態情報とは，アルファベット言語であれば綴り，日本語であれば単語における仮名や漢字などの形の情報です。統語情報とは，どのような文法規則に従うかという情報です。

▶ **言語処理のモデル**｜言語は非常に複雑であり，文章・談話レベルだと実験的統制も困難であるため，初期の認知心理学研究はまず単語に焦点を当ててきました。1969年にJ. モートンは，単語認知に関するロゴジェンモデルを提案しました。ロゴジェンとは，個々の単語に対応するユニットです。ロゴ

ジェンは聴覚や視覚などの感覚情報と文脈情報にもとづいて応答します。そして，この応答が閾値を超えたときに単語が認知されること，および，日常生活でよく目にする（使用頻度が高い）単語ほどロゴジェンの閾値は低下することが仮定されています。この仮定は，「出現頻度の高い単語は認知されやすい」という出現頻度効果を説明するものです。

ロゴジェンモデルに続いて，J. マクレランドとD. ラメルハートは1981年にネットワークモデルである，相互活性化モデルを提案しました。このモデルでは，単語認知が，線，文字，単語の3つの処理レベルから構成されており，それぞれのユニットが互いに促進・抑制の相互作用をしながら処理が進みます（図5-11a）。また，低次レベルから高次レベルへのボトムアップ的な活性の伝達だけでなく，高次レベルから低次レベルへのトップダウン的な活性の伝達も仮定しているため，文脈による効果も再現可能です。

その後，マクレランドのグループが並列分散処理（PDP）モデルを言語に応用し，トライアングルモデルを提唱しました（図5-11b）。このモデルは，単語1つに相当するユニットを仮定していない点で，相互活性化モデルとは大きく異なります。すなわち，相互活性化モデルは単語ごとの心的表象（心的辞書）を仮定していたのに対し，トライアングルモデルでは分散表象という概念をとり入れ，心的辞書がなくても単語認知が可能であることを示した点が画期的でした。さらにこのようなネットワークを用いたアプローチは，

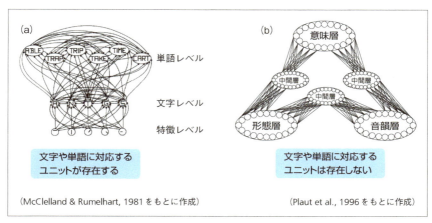

図5-11　(a) 相互活性化モデルと (b) トライアングルモデル

J. エルマンの文法構造の学習などにつながっていきます。

ステップ 2

言語の獲得

　ヒトは生まれて数年で，母語の基本的な文法，発音をほぼ完全に獲得することができます。さらに語彙については，1歳前後で初語を発し，2歳で130語，3歳で1000語を使用するといわれています。とくに約1歳半からは語彙爆発（vocabulary spurt）とよばれる語彙の急激な増加がみられ，1週間に10〜20語を覚えていきます。また，使用はできないものの理解できる語については，その2倍といわれています。 発達心理学

▶ **音声言語の発達** | 英語の"ア"という音声は数種類ありますが，日本人には聞き分けることが困難です。このような外国語の音を聞きとることの困難さは，単に勉強不足に起因するわけではありません。もともと，私たち成人は外国語の音を弁別する能力が低いのです。いっぽうで，乳児は，どの国や文化に属していても，母語（親の話す言語）にない音を弁別可能であることが知られています。ただし，そのような能力は生後6カ月程度で低下しはじめ，10〜12カ月には消えてしまいます。

　母語以外の音声を弁別できなくなってしまうのは，母語の学習とともに，母語に使用されない音声を区別する必要がなくなるためです。たとえば日本語では1種類しかない"ア"の音を，いくつにも聞き分けていたとしたら，日本語の言語学習がスムーズにいかない可能性もあります。このような弁別能力の喪失は，**母語の言語体系に聴覚機能を最適化するために，似たような音どうしをカテゴリー化（カテゴリー知覚**[25]**）する**"副作用"であるとも解釈できます。つまり，乳児期のこのような柔軟性とそれに続く最適化作業が，私たちヒトの言語獲得を支えていると考えられるのです。 知覚心理学

▶ **文法の獲得** | 音を聞き分けて単語を覚えるだけでは，言語を獲得したことにはなりません。私たちヒトの言語は，文法を操れるようになってこそ，その自由で柔軟なコミュニケーションの道具となるのです。アメリカの言語学者N.チョムスキーは，そのような文法の獲得メカニズムについて，生成文法という理論を提唱しました。この理論は，獲得される言語は多様であるも

---

[25] カテゴリー知覚（カテゴリカル知覚）とは，物理刺激を段階的・質的に分けて知覚することを指します。たとえば，虹の色を7色に感じたりすることを指します。とくに，刺激の物理特性としての類似度と，主観的な類似度が一致しないことが特徴です。

のの，ヒトは言語獲得のための共通の生得的な基盤である**普遍文法**をもっているのだと仮定しています。さらに，この普遍文法を**特定の言語入力に合わせて変形させる**ことにより，**多様な言語（文法）体系を生み出せる**ことを示しました。同時に，生み出された文法体系は，ヒトの言語の特徴である「無限のパターンの文章を生成できる構造」をもつことも明らかにしています。もし行動主義が仮定するように，言語学習が刺激と反応のペアリングにもとづいているならば，私たちは経験したことのない新たな文章を生み出すことはできません[26]。このようなチョムスキーの理論は，とくに普遍文法の生得性については疑問も多いものの，文法生成のしくみの説明力には非常に魅力がありました。そのため，言語学や心理学だけでなく，数学やコンピュータサイエンスにまで影響を与えたといわれています。 ◀ 学習心理学

▶ **臨界期** | ヒトの言語の獲得能力は素晴らしいものですが，その能力はいつまでも続くものではないようです。日常的な経験としても，第二外国語の学習には苦労した経験があるでしょう。また，野生児や孤立児とよばれる，親や社会から隔絶して育った子どもが，ある程度大きくなってから言語を学習する場合にも，言語（とくに文法）を完全に獲得することはできなかったという事例も多くあります。このように，**母語あるいは外国語のどちらにおいても，言語の獲得にタイムリミットがあるようです**。この考えを，言語獲得の**臨界期仮説**とよびます。ただし，この仮説を積極的に支持する脳の生理学的変化に関する証拠は乏しく，言語学習には時間（年齢）以外の剰余変数が強く影響することも事実です。そのため，子ども時代のほうが，言語学習が効率よく進むことは明らかであるものの，実際に"臨界期"が存在するのかどうかはいまだ仮説の域を出ません。 ◀ 発達心理学

ステップ3

言語処理の神経基盤

　言語処理にかかわる脳部位についての初期の研究は，失語症研究からもたらされました。1860年代にP.ブローカは，発話の障害を示した患者の脳を

26　行動理論で有名なB.F.スキナーは，一時は作家になろうと思っていたほど文学や言語に興味があったようです。彼はオペラント学習の理論を完成させた後，言語行動も同じ原理で説明できると考え，1957年に「言語行動」という著書を出版しています。それまでは行動主義と認知理論の直接的な対決はなかったのですが，言語という領域にスキナーが足を踏み入れたことにより，2つの立場の対立がより鮮明になったといわれています。

解剖すると，左半球の前頭葉後下部が局所的に損傷していることを発見しました。続いて1870年代には，**K. ウェルニッケ**が，発話自体は流暢であるものの，理解面に重度の障害を示す患者を報告しました。この患者は，左半球の側頭葉領域に損傷があったことが明らかになっています。神経心理学では，このような患者の症状と損傷部位の対応から，言語の下位機能がどの脳部位に局在するかという検討をおこなってきました。ただし，このような検討は，基本的には患者が死亡した後の解剖によってしか実施することができませんでした。 神経心理学

▶ **単語処理に関する脳部位** | ブローカの時代からおよそ100年後に登場した**脳機能イメージング法**は，脳機能と脳部位の対応について，生きている人間を対象に研究することを可能にしました。1988年にS.E. ピーターセンらは，この手法により，①単語観察課題，②単語復唱課題，③連想課題中に活性する脳部位を，それぞれ初めて明らかにしました[27]。単語をただ見るためには後頭葉に位置する**視覚野**，単語を音読するためには**一次運動野**の下方領域，単語を連想するためには**左前頭前野**を中心に，広範な領域で活動がみられました（図5-12）。 生理心理学

この結果は，失語症患者の症状にもとづいて，N. ゲシュウィントが神経心理学の分野で提唱してきた言語モデルからの予測とはくい違うものでした[28]。すなわち，単語の観察や音読は，意味を処理すると考えられる側頭葉の部位（ウェルニッケ野）を活性させず，さらに，連想課題に必要な意味処理は後頭葉と側頭葉ではなく前頭葉を強く活性させました。これは，単語の認知処理が常に「音韻処理→意味処理→出力」と進むと仮定してきた当時の神経心理学的モデルではなく，「視覚や聴覚情報から意味処理を介さず出力処理へ向かうルートもある」と仮定するD. ラメルハートらやM. コルトハートの認知心理学モデルを支持するものでした[29]。 神経心理学

この研究は，ヒトの認知心理学モデルと神経生理学的アプローチを組み合

---

[27] Petersen et al., *Nature*, 1988
[28] 1979年に，ゲシュウィントはウェルニッケのモデルを発展させた言語処理モデルを提唱しました。視覚的に呈示された単語は，視覚野での形態的な処理を経て，角回で情報が変換され，ウェルニッケ野（左上側頭回後部）で意味処理がなされます。意味情報は弓状束を通り，ブローカ野（左下前頭回後部）において発話に必要な運動情報に変換されます。その後，運動野から運動指令が出力され，発話にいたると仮定されていました（Geschwind, *Scient Am*, 1979）。
[29] ラメルハートらのモデルは，PDPモデルを基礎としたトライアングルモデルです。コルトハートが提唱したのは，認知心理学的ボックスモデルを基礎とした二重経路モデルです。このモデルでは，単語の読みにおいて，心的辞書を経由するルートと，文法規則によって意味処理を経ずに出力する2つのルートを仮定しています（Coltheart, In *Attention and Performance*, 1977）。

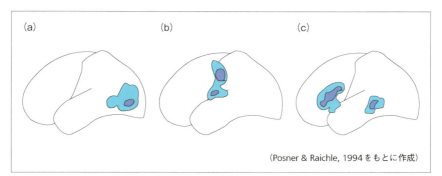

図 5-12　単語処理にかかわる脳活動（左半球）
(a) 単語観察では視覚野，(b) 単語音読は運動野，(c) 単語連想では左前頭前野がもっとも強く活性している。これらの脳活動はそれぞれ，(a) 固視点呈示，(b) 単語観察，(c) 単語音読からの差分をとったものである。

わせ，心と脳の相互作用を空間的に明らかにした最初期の研究として，非常に重要です。これ以降，神経科学の分野において脳イメージングはメジャーな手法となっていきますが，そのような研究の基本には，心理学の実験統制法と認知心理学的なモデルが用いられています。

図版引用文献一覧

図5-4　Broadbent, D. E. (1958). *Perception and Communication*. London: Pergamon Press, p.299, Fig.7.

図5-8　Atkinson, R. C. & Shiffrin, R. M. (1968). Human memory: A proposed system and its control processes. In K. W. Spence & J. T. Spence (Eds.), *The psychology of learning and motivation, Vol. 2* (pp. 89–195). New York: Academic Press.

図5-10　a：Collins, A. M., & Quillian, M. R. (1969). Retrieval time from semantic memory. *Journal of Verbal Learning and Verbal Behavior*, 8 (2), 240-247.
b：Collins, A. M., & Loftus, E. F. (1975). A spreading-activation theory of semantic processing. *Psychological Review*, 82, 407-428.

図5-11　a：McClelland, J. L. & Rumelhart, D. E. (1981). An interactive activation model of context effects in letter perception, Part 1: An account of basic findings. *Psychological Review*, 88, 375-407, Fig.3.
b：Plaut, D. C., McClelland, J. L., Seidenberg, M. S., & Patterson, K. (1996). Understanding normal and impaired word reading: Computational principles in quasi-regular domains. *Psychological Review*, 103, 56-115.

図5-12　Posner, M. I., & Raichle, M. E. (1994). *Images of mind*. New York: Scientific American Library, p.115.

第 6 章 社会心理学 ── 他者と生きる、人と交わる

1 自己と他者とのかかわり
2 社会をどう見るか
3 社会・集団の影響力 ──行動のダイナミックス──

(阿形亜子)

1 自己と他者とのかかわり

ステップ1

社会心理学とは

あなたは1人で焼き肉を食べにいくことをどう感じるでしょうか？ 東京ドームいっぱいの大観衆の前で，歌を歌うことはどうでしょうか？ 私たちは日常生活において，さまざまな人たちとかかわって生きています。

このように自分をとり巻く周囲の人々と生きるうえで，自分1人でいるときには現れることのない感情や行動が生じます。そのような他者とのかかわりのなかで起こる心理プロセスを明らかにしていくのが，社会心理学です。この節ではまず，人間関係の基本である，自分自身（自己）と他者との間にある心理について解説します。

自己

▶ **自己概念** | 自己概念とは，「自分は社交的な人間である」というような，自分に関する認識のことです。社会心理学的にいえば，自分すなわち自己は個人的自己，関係的自己，集合的自己の3つの要素を備えています[1]（図6-1）。**個人的自己**は，他人と自分を区別するのに役立つ，独自の性質を指します。自分特有の能力，性格，趣味などが含まれます。旅行が好き，話し好き，ゲームが得意，などです。**関係的自己**とは，特定の人間関係における自分自身に関する知識のことです。関係的自己は家族や恋人とのかかわりのなかで，自分がどのような存在であるかといったことや，友人といるときの自己にかかわる部分を指します[2]。家族のなかでは自分は盛りあげ役だとか，喧嘩が起きたら仲裁役になることが多いなどの心当たりがあるかもしれません。親友だけに見せる自分の側面などもここに含まれます。**集合的自己**とは，集団や共同体のメンバーとしての自己の側面を指します。○○高校の一員であるとか，日本人であるなど，集団や組織，国などの，大きなカテゴ

---

[1] Brewer & Gardner, *J Pers Soc Psychol*, 1996
[2] Chen, Boucher, & Tapias, *Psychol Bull*, 2006

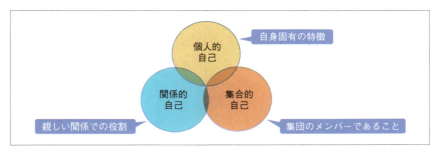

図6-1　自己の3側面

リーの共同体にかかわる自分の側面のことです[3]。　パーソナリティ心理学

▶ **他者の存在と自己**｜自己概念は，日常生活における周囲の人とのかかわりのなかで徐々に形成されていきます。たとえば，幼馴染の友人はスポーツが好きだけれども，自分は読書好きである場合，「どちらかといえば，自分は文科系のタイプだな」と思うでしょう。また，家族全員が大食いのAさんは，家族のなかでは大食いが特技だとは思わないけれど，学校の友人と食事をする機会があって初めて，自分の特徴に気づくかもしれません。このように，周囲の人と比べて自分を知ることを社会的比較理論といいます[4]。この理論では，自分の特性や能力を評価するための客観的な基準がないときには，他者との比較によってそれを測ること，つまり他者が自分を測る物差しの役割を担うと説明しています。とくに，自分と似た，つまり年齢の近い人，同じ国籍の人，同じ性別の他者が比較対象となります。たとえば自分の足の速さは，クラスのなかで何番目か，同じ学年の人と自分を比べてみるといったことになります。これに対して，あなたは幼稚園の子どもと自分を比べて「走るのが速い」と自信をつけたり，オリンピック選手と比べて「スポーツが苦手だ」と落ち込んだりはしないでしょう。このように，自分とあまりにかけはなれた能力や特性をもつ人は比較対象となりません。

　また，自分自身が自分に与えている評価を自尊心といいます。自分に対する評価が高い，つまり自尊心の高いときには健康で気分もよいっぽうで，自尊心の低いときには，人生に対して何もよいことがないように思えたり，不満を感じてイライラし攻撃的になる傾向があります。自尊心の高さは，健康や幸福感とかかわり，経験する出来事によっても変化します[5,6]。

3　Hogg & Williams, *Group Dyn*, 2000
4　Festinger, *Hum Relat*, 1954
5　Crocker & Wolfe, *Psychol Rev*, 2001
6　Heatherton & Polivy, *J Pers Soc Psychol*, 1991

以上のように，家族や友人，恋人からの自分に対する評価も，自己概念を形成する際の手がかりになります。そのため，他者が抱く自分の印象をよいものにするために，自分が優れた特性を備えているように意図的に見せることがあり，これを自己呈示（印象操作）といいます[7]。自己呈示には，就職活動先の面接で，自分が有能であると示したり，お金がないにもかかわらずブランドバッグを無理して買い，お金持ちのように周囲の人に思わせたりといったことも該当します。また，このような，その場の状況に合わせて行動を調整する性格傾向をセルフモニタリングといい，セルフモニタリングが低い人は状況にかかわらず自分の意思や感情状態に従って行動するのに対し，高い人は周囲の状況によって行動を変化させて，自己呈示をよくおこなうタイプであるといわれています[8]。

　そのほか，試験などの自分の評価が試される場面で，自己評価の低下を避けるために，あらかじめ成功の邪魔をするような（ハンディキャップとなる）行動をすることを，セルフハンディキャッピングといいます[9]。たとえば，倍率の高い就職の面接の前日，進んでお酒を飲みすぎたとします。この行動によって，面接に落ちてしまったとしても，それは飲酒したからで，「本来の実力ならば」採用されたはずだと，考えることができるのです。

印象形成

　ここまで，自己概念の形成過程における，他者からの評価の重要性について説明しました。では，「あの人は暗い性格だ」のように，他者に対する印象を抱くときには，どのような心理メカニズムが働いているのでしょうか。

　私たちが見知らぬ他者に出会ったとき，最初の判断材料となるのはその人の顔です。顔から瞬時にその人がどのような人物かを読みとろうとします。この推測にかかる時間はほんの100ミリ秒（十分の一秒）であることが明らかになっています[10]。この一瞬において，評価するポイントは，第一に，よい相手であるのか悪い相手であるのかという点です。信頼できるか否かの評価がおこなわれます。第二に，権力にかかわる点，この人は地位の高い人かどうかといったことが評価されます。しかしながら，顔だけでその人の内面（性格や行動傾向など）を読みとることは困難です。この瞬時の判断は，私

7　Leary, *Self presentation: impression management and interpersonal behavior*, 1996
8　Gangestad & Snyder, *Psychol Bull*, 2000
9　Deppe & Harackiewicz, *J Pers Soc Psychol*, 1996
10　Todorov, Said, Engell, & Oosterhof, *Trends Cog Sci*, 2008

たちは顔からその人の特性を読みとる"能力"を備えていることを示すのではなく，私たちが他者の性格を知ろうとする"意欲（動機）"が高いことを示しているといえるでしょう。

その証拠として，他者の内面に関する推測や判断が必ずしも正しいとは限らないことをよく表しているのがステレオタイプの存在です。これは性別や人種，職業といったあるカテゴリを背景にもつ人に対しての固定したイメージのことを指します。たとえば職業に関しては「看護師の仕事をしている人は優しいだろう」「プロレスラーは攻撃的な性格」，性別に関しては「女性は政治の話を好まない」「男性は数学が得意」などがあります。これらステレオタイプは，自分と異なる集団に属する人たちを，一度にすばやく「どのような特性をもつ人たちか」を判断するのに役立ちます。もし瞬時のステレオタイプ的判断がまったく機能しなかったとしたら，初めて出会う人や，異なるカテゴリの人たちと接することは非常に不安なものになることでしょう。しかし，ステレオタイプが差別や偏見を生み出すことも事実です。幸いなことに，ステレオタイプは永遠に持続されるものではなく，そのカテゴリに属する人と実際に接してコミュニケーションをすることで減少するという研究結果もあります[11]。たとえば，小中高校とずっと男子校で，女性に対するステレオタイプが強い人も，大学生になり共学に通うことで，性別にかかわらず性格は人それぞれ違うことに気づくというように，変化することになります。

対人魅力

私たちが他者に魅力を感じ，好意を抱いたり，お互いに親密になったりする際には，どのような要因が影響しているのでしょうか。

▶**近接性** あなたの友人のなかには，子どものころ隣近所に住んでいた幼馴染がいませんか？　また，クラスの席替えでたまたま隣どうしになった人と，以前よりも親密になったことはありませんか？　このように，私たちは日常生活において物理的に近くにいる存在と親しくなりやすいことが知られています[12]。これは第一に物理的な近さによって，顔を合わせる，話すといったコミュニケーション行動が増えるためです。第二に，多く目にしたも

11　Shook & Fazio, *Psychol Sci*, 2008
12　Festinger, Schachter, & Back, *Social pressures in informal groups: a study of human factors in housing*, 1950

のほど好意的に感じるという単純接触効果も関係しています[13]。人物やモノ，情報などの対象の種類にかかわらず，繰り返し接する回数が多いほど，その対象に好意を抱きやすくなります。これにより，CM がたくさん流れると，よりその商品を買いたくなりますし，はじめはあまり魅力を感じなかったアイドルも，テレビや雑誌でよく目にするようになると，好感度が高くなるという現象が起こります。

▶ **類似性** | 自分と似た特徴をもつ人物には，好感度を抱きやすいことが明らかとなっています[14]。これは，お互いに共通点が多いほど話が弾むというコミュニケーション上の問題だけでなく，同じ価値観や目標，趣味の人に接することにより，自分の考えや趣味に自信をもちやすくなるためです。私たちは，自分と同じ意見や考えの人がいるときに，自分の意見を正しいと感じやすくなります。そのために自分とは異なる考えの人と接することよりも，同じ考えの人と接することを好む傾向が生まれるのです。他者からの評価は自己概念の形成に影響するため，自分自身と似た他者は，自己評価を脅かすことなく，円満な関係を築きやすい存在といえます。恋人や結婚相手も，共通点のある人が選ばれやすいことが明らかになっています[15]。

▶ **外見的魅力** | 身も蓋もないようですが，私たちは外見の魅力が高い人に好意を抱きやすいことが明らかとなっています。外見がよい人は，そうでない人に比べ，犯罪の刑期が短かいとか[16]，子どもの場合にはいたずらをしても悪意はなかったと判断されやすいという報告があります[17]。もちろん，恋人候補としても異性の注目や好意を集めやすくなります。しかしながら，外見的魅力の高い人がこのような恩恵を受けるのは，ただその身体的特徴が高く評価されているためだけではありません。外見的魅力の高い人は，内面的にもよい資質を備えているとの評価を受けやすいのです。これをハロー（後光）効果といいます[18]。

13　Zajonc, *J Pers Soc Psychol*, 1968
14　Byrne, *J Abnorm Soc Psychol*, 1961
15　恋愛や結婚の場合には，性格が似ている人というのではなく，身体的特徴や外見的魅力の度合い，同じ社会階層や宗教・政治的思想，年齢といった身体的・社会的な側面での共通点のある人どうしが惹かれあう傾向があります。
16　Sigall & Ostrove, *J Pers Soc Psychol*, 1975
17　Dion, Berscheid, & Walster, *J Pers Soc Psychol*, 1972
18　Nisbett & Wilson, *J Pers Soc Psychol*, 1977

> ステップ2

物理的環境が親密さを促進する：暗闇の効果

　近接性にみられるように，周囲の物理的環境は人の親密度に影響します。K.ガーゲンらの実験[19]は，暗闇が人と人のつながりの形成にどのような影響をおよぼすかについて明らかにしています。実験参加者のうち半数は，真っ暗な部屋に案内されます（暗闇条件）。同じ部屋には8名の人が集められています。参加者は女性と男性が半数ずつで，お互いの顔や名前を知らない者どうしです。そこで，「1時間程度，この部屋のなかで他の参加者と過ごすこと。その間，何をするか決まりはありません。実験後，参加した人どうし，二度と会うことはないでしょう」と告げられました。いっぽう，残りの半数の参加者は，まったく同じ状況下で，ただし，照明がついている明るい部屋で過ごしました（照明条件）。

　実験開始後，照明条件の参加者たちは，実験室に案内されるとすばやく自分が座る場所を見つけ，他の参加者たちとは少し距離をおき，最後まで同じ位置のまま，他の参加者と会話をしていました。この照明条件では，偶然にお互いに触れ合った実験参加者は全体の5％以下であり，意図的に他の人に触れた人，ハグをした人は，1人もいませんでした。これに対して暗闇条件では，実験参加者たちは暗闇のなかをそろそろと動きまわり，それによって，偶然にお互い身体に触れ合う様子がみられました。また会話は少ないものの，90％の参加者が意図的に他の人の身体に触れる行動を示しました。また50％が他の参加者にハグをおこないました。実験に参加した人の感想を聞くと，「はじめは不安や緊張を感じていたけれど，みんなが徐々に近くに集まって座るようになり，触れ合っていると，暗闇や静けさよりもお互いの親密な結びつきを感じて，徐々に楽しいと感じるようになった」そうです。この実験は，人は暗闇にいるときに，知らない人に対する緊張感や対人的な不安が薄れることを示しています。

　ガーゲンらは，さらに，暗闇条件に，「実験後，部屋を出た後にお互い自己紹介してもらう」と手順を変更した実験をおこなっています。すると，暗闇条件においてお互いに触れ合ったり，親密になったりする行動は減り，実験中退屈であったと報告する参加者もいました。暗闇や，見知らぬ人のグループのなかにいると，自身が誰であるかといったことや，人間関係に対す

19　Gergen, Gergen, & Barton, *Psychol Today*, 1973

る社会のルール（たとえば，日本であれば出会ったばかりのときに親しくなるのは一般的ではない，など）から自由になります。自己を意識しなくなることによって，ふだんは隠されている親密さへの欲求を自然に表出できるようになることをガーゲンらは指摘しています。

ステップ 3

文化と自己：文化的自己観

　自己概念は，個人的な経験や周囲とのかかわりのなかで形成されていくことをステップ1で述べました。自己概念を形成するうえで，文化の影響もまた受けるといわれています。自己のどの側面により注目しやすいかが，東洋文化圏と西洋文化圏で異なるといわれており，これを**文化的自己観**といいます[20]。

　東洋文化圏に属する人々は相互協調的な自己観をもつとされています。つまり関係的自己や集合的自己のように，周囲の人間関係のなかでの自分自身を重視して自己概念を形成していく傾向が強いのです。いっぽう，西洋文化圏の人々は相互独立的な自己観をもつ傾向が強いといわれています。こちらは，自己を他者とは独立した存在ととらえ，独自性を重視する傾向があります。

　S.イェンガーとM.レッパーによっておこなわれた実験[21]では，アナグラム（文字を入れ替えて単語をつくる）課題を子どもたちにおこなわせるとき，課題を，①自分で選ぶ，②実験者が選ぶ，③母親が選ぶ，の3つの条件で比較しました。すると，ヨーロッパ系の子どもたちでは，実験者が選んだり，母親が選んだ場合よりも，自分で選んだときにもっともよい成績をあげました。これに対して，アジア系の子どもたちでは，母親が選んだときに，もっともよい成績をあげ，自分自身や，もしくは実験者が選んだりしたときには成績が低下しました。これらは，西洋よりも東洋では，人間関係や社会的な側面を重視する傾向が強いので，それらが文化的自己観の形成，ひいては行動に反映されていることを示しています。

20　Markus & Kitayama, *Psychol Rev*, 1991
21　Iyengar & Lepper, *J Pers Soc Psychol*, 1999

他者とのつながりと自己：栄光浴

　勉強して学業成績を上げたり，自己呈示をして他人によく思われようとしたりしなくても，自尊心を高めるもっと簡単な方法があります。人は，優れた成果や業績，特性のある他者と自分の結びつきにより，自己評価を向上させることができます。たとえば自身が応援しているスポーツチームが優勝すると，自分も誇らしい気分になり，他者に自分がそのチームのファンであることを示したりといったことが生じます。このように，優れた他者との結びつきを強調し，自分自身もその恩恵にあずかろうとすることを栄光浴といいます[22]。

ステレオタイプの弊害：行動との関連

　ステレオタイプの存在は，あるカテゴリの人たちを一度にすばやく判断できるというメリットをもたらします。しかしながら，判断の対象となる人々にとっては，「自分が偏見を通して判断される」という不安にさらされることになります。そしてとりわけ，自分の能力を周囲から評価される場面では，ステレオタイプを用いて判断された評価であるのか，自分の真の能力を反映した評価なのかがわからず，混乱することになります[23]。たとえば，「女性は数学が苦手」というステレオタイプがあるとします。ある女性が数学の才能があると先生にいわれた場合には「ステレオタイプがあってもなお評価された」と過大視するいっぽう，逆に数学で点数が悪く，先生からの評価も悪いときには「女性だから偏見によって悪い評価を下された」と感じるかもしれません。

22　Cialdini, Borden, Thorne, Walker, Freeman, & Sloan, *J Pers Soc Psychol*, 1976
23　Crocker, Voelkl, Testa, & Major, *J Pers Soc Psychol*, 1991

2 社会をどう見るか

ステップ１

態度

　人間と動物で大きく異なるところはどこでしょう？　二足歩行や，言語や道具の使用が挙げられますが，もっとも大きな違いは思考の深さではないでしょうか。私たちは，第5章でも扱われた認知機能を通して外界からの情報を理解・解釈しています。この節では，社会的事象の認知にかかわる心理プロセスについて紹介していきます。

　態度とは認知や好き嫌いに関する考え，なんらかの対象に関する知識や信念，感情，記憶，イメージを指します。たとえば，心理学の授業が好きか嫌いかといったことも含まれます。自分自身が抱いている態度をかえりみるとき，何が好きで何が嫌いか，一貫した考えをもっているものです。ある人に対して「好き」と「嫌い」の両方の態度をもつことはまれです。さらに，学校の先生の感じがいいなと思うと，その先生が教える科目にも興味がわくでしょう。これは，人の心理には態度に一貫性をもたせようとする特徴があるためです。このような態度の一貫性について説明しているのが**バランス理論**です[24]。ある2つの対象に対する態度を，好きだとプラス（＋），嫌いだとマイナス（－）とします。このとき，自分→対象A，自分→対象B，対象A→対象Bの3つの関係があります。この好悪の積が（＋）であるならばバランスのよい関係であり，（－）であるならばバランスの悪い関係となります（図6-2）。態度はバランスのよい関係を維持するように無意識に調整されます。先ほどの例でいえば，あなたは英語の先生がお気に入り（＋）で，その先生はもちろん英語が好き（＋）だとしますと，バランスを維持するために，あなたも英語を好きになる（＋）というわけです。あなたが映画を観るのが趣味（＋）で，あなたの嫌いなAさん（－）も映画が好き（＋）だと知ったときには，3つの積は（－）になりますから，バランスの悪い関係となります。このときには，バランスのよい状態を回復しようと，「あの人も

---

[24] Heider, J Psychol, 1946

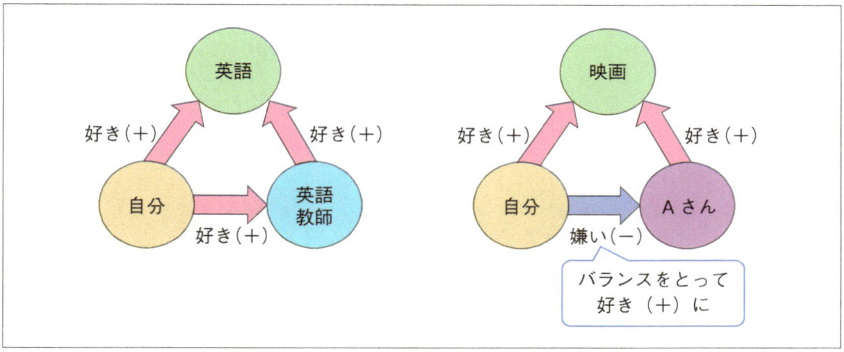

図6-2 バランスのよい関係（左）とバランスの悪い関係（右）

映画が好きなんだ，結構いいやつなのかも（＋）」と考えなおし，嫌いな人への態度を変えるという方略がとられることになります。

また認知的不協和理論では，人はさまざまな対象に対する態度だけでなく，自分自身の態度と行動の一貫性をも保とうとすることが説明されています[25]。態度と行動が矛盾する状態は人にとって不快感をもたらします。その場合は態度か行動のどちらかを変えたり，矛盾していないことを裏づけるようなもっともらしい理由を考えたりします。

たとえば，軽い気持ちで入会した英会話学校の入学金が思いがけず高額で，ローンを組んでしまったとします。一般的には自分が高いお金を払うときには，それ相応の価値があるときです。すると入会時の「軽い気持ち（態度）」と「高額な支払いをする（行動）」は矛盾した状態です。この矛盾した状態（不協和）を解消するために，「英会話のレッスンは高いお金を払うに値する価値があるのだ」と考えたり，「本当は英会話をずっとやりたいと思っていたのだ」などと態度を変更することになります（もちろん途中解約して払い戻しを求める，すなわち行動を当初の態度に合わせることも考えられます）（図6-3）。

このように，私たちには自身の態度や行動を，一貫したものとして把握しようとする心の動きがあります。これは，自分自身および社会を予測可能なものとして解釈しようとする試みの一環であるととらえられます。そしてそれがとくによく表れているのが，次に説明する原因帰属です。

---

25 Festinger, *A theory of cognitive dissonance*, 1957

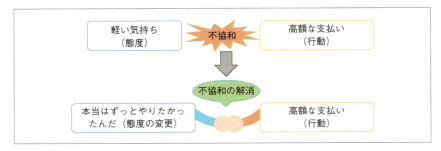

図6-3 認知的不協和の解消の例

原因帰属

　私たちは，気になる異性からメールが来たら，「私（僕）のことを好きなのだろうか？」とあれこれ推測したり，ニュースで殺人事件や事故について知ると，「なぜそのようなことが起きたのだろうか？」と思いをめぐらしたりします。このようなある行動や特定の結果が生じる原因を推論するプロセスを原因帰属といいます。

　交通事故が起きたとき，それは運転手のミスにより生じたのか，それとも歩行者が信号無視をして車に気づかなかったせいなのかなど，いくつかの原因を考えることができます。とくに自分自身の行動に関して原因帰属の対象となるものは，運，能力，努力，課題の4つの性質に大きく分類されています。このうち，能力と課題の性質は安定した要因です。たとえば，自分の数学の能力そのものは，日によって変化しないでしょうし，ある大学の入学試験も基本的には一定の水準を保っているといえるでしょう。これに対して，努力と運は不安定な要素といえます。運は実際に存在するのではなく，「運」という人々の信念です。たまたま家族から風邪をうつされ，就職面接で失敗したことや，くじ引きで当たりをひいたことなどは運のせいとして考える出来事に該当するでしょう[26]。

　なぜこのように私たちは原因帰属をするのでしょうか。それには現象を理解して予測を可能にし，危機があれば自らそれを避けようとするコントロール欲求があるためです。たとえば，能力は自分自身ではコントロールできませんが，努力はもっとも自分でコントロールの可能な原因といえます。自分が失敗したときには，その原因を努力に帰属することで，頑張れば次は成功

[26] Weiner, In *Handbook of theories of social psychology*, 2011

するかもしれないと前向きに考えられることが明らかとなっています。しかし，失敗を能力のせいにすれば，これ以上やっても無駄とあきらめてしまうでしょう。このように原因帰属をどのようにおこなったかは，次にどう行動するかを決定づける要素ともなります。

　また，自分自身の行動を超えて，他者の言動や社会現象の原因帰属をも説明するのが共変動の原理[27]です。それによれば，私たちは元来，Xが現れたときに，常に出来事Yが起こる（共変動する）なら，YはXによりひき起こされたと判断する傾向にあります。たとえば，みんなで旅行に行くとき，あなたが参加するときにたまたま雨が降ることが多ければ，「きみは雨男（女）だね」というように，あたかもあなたが雨を降らしたかのように考えるということです。さらにその状況における，**合意性**，**弁別性**，**一貫性**が原因帰属の手がかりとなります。合意性とは，他の人もその状況で同じような反応を示しているかどうかを指します。弁別性とは，その人が他の状況でも同じように反応しているかどうかです。そして一貫性とは，その状況における当該の反応が時間を通して何度もみられるかどうかです。たとえば，ある人物が卒業式で激しく泣いているとき，その涙の理由を考えてみます。その人は卒業式の思い出を話すたびに涙しますか？（一貫性）　またその人はふだんから映画やテレビを観て泣くことがよくあるのでしょうか？（弁別性）　他の卒業生も泣いていたでしょうか？（合意性）

　その人はふだん決して泣かないのに（弁別性が高い），卒業式の思い出を語るときに限ってはいつも涙し（一貫性が高い），他の卒業生も大号泣していた（合意性が高い）場合には，そのクラスの人たちはとてもよい思い出を共有していて，感動的な卒業式だったのだろうと考えられます。これはその人自身の特性ではなく，周囲の状況にその原因があったとする例です。いっぽう，その人はふだん映画やテレビ番組を観ればすぐに涙し（弁別性が低い），他の卒業生はまったく泣いていないにもかかわらず（合意性が低い），その人が卒業式の思い出を語るときはいつも涙するなら（一貫性が高い），その人はとても感動しやすく涙腺の弱いタイプと考えられます。このように日々の原因帰属の背景には共変動の原理が関係しています。しかし，他者の言動から，なぜそれが生じたのかを推測することはときに複雑な場合もあり，正しい原因帰属を常にできるとは限らないこともあります。

● **帰属のエラーとバイアス** ｜ 原因帰属をおこなう前に，その出来事にかかわ

27　Kelly, *American Psychologist*, 1973

るさまざまな情報を集めると，より正確な帰属ができるはずです。しかしながら，私たちは情報収集やそれらを深く検討する時間がないために，逆のプロセスをたどることが多くなります。つまり，先に結論を出し，それが正しいかどうかを後で検証するのです。

晴れ女（男）の場合で考えてみましょう。大学の友人たちと初めて旅行に行ったとき，非常に天気がよかったとします。そのときそのなかの1人が「私（僕）は晴れ女（男）だから，旅行に行くとだいたい晴れる」といい，その人に晴れ女（男）のイメージがついたとしたら，その後の旅行で晴れたときには「やっぱりあなたが来たせいね」とその人物のせいにしやすくなるでしょう。曇りだったとしても，「あなたが来たおかげで雨にならずにすんだ！」となったり，雨が降ったときには別の人を雨女（男）に仕立てあげるかもしれません。このように私たちは自分が抱いている信念を裏づけるような情報のみに注目し，参考にする傾向があり，これを確証バイアスといいます。自分の推測が正しいかどうかを実際に判断するためには，晴れ女（男）とされる人と旅行に行って，晴れであった割合（①），雨が降った割合（②），それからその人が参加していない旅行で雨が降った割合（③），晴れであった割合（④）を比較する必要があります。しかしながら多くの場合，人は自分の推測により近い情報（①）をもっとも重要と考え，知ろうとすることが明らかになっています[28]。

また，得られる情報によって，正しい帰属ができるか否かは大きく左右されます。人は他者の行動に対して原因帰属をおこなうとき，状況よりも，その人自身の特性に帰属しやすい傾向をもっています。これを基本的な帰属のエラーといいます[29]。これに対して，自分自身の行動は周囲の状況のせいで生じたと考えやすい傾向があります。この，自分の行動は自分の特性よりも状況に帰属しやすく，他者の行動は状況よりも他者の特性に帰属しやすい傾向を行為者観察者バイアスといいます[30]。おもな原因として，利用できる情報の偏りがあります。私たちは他者を観察するとき，その場で見ることができるのはその行動とその人自身の姿のみで，他者をとり巻く状況に関しての情報を十分に得ることができません。たとえば入学試験の直前に，あなたの家族が事故にあったため，遅れるとします。遅れて試験会場に到達したあなた（行為者）を見て，事情を知らない試験監督員（観察者）は，「最近の若

---

28 Crocker, *Pers Soc Psychol Bull*, 1981
29 Ross, *Adv Exp Soc Psychol*, 1977
30 Jones & Nisbett, *The actor and the observer: divergent perceptions of the causes of behavior*, 1971

者はルーズだ」と思ってしまうでしょう。第二の原因としては，他者の特性を知ろうという動機づけがあります。私たちは，自分自身のことは十分によく知っています。しかしながら，他者に関しては知識が不足しているため，状況よりも，"その人自身"による理由に帰属しやすくなります。

　最後にセルフサービングバイアスについて紹介しましょう。これは，成功は自分自身に帰属し，失敗は状況など外的な原因に帰属するように考える傾向です。たとえば試験でよい成績をとったときには，自分が得意な科目だと思ったりするのに対し，成績が悪かったときには，試験問題が難しかったからだと考えやすくなります。セルフサービングバイアスには，失敗体験によって自己評価が損なわれるのを防ぎたいという動機が背景にあります。しかしながら，共変動の原理にもとづいて帰属をおこなっても，やはり同様の結論にいたります。人がなんらかを達成したいと考えるときは，努力したり，あれこれ工夫して行動するように，成功に向かって「何かをする」ことになります。成功を得た場合には，自分の努力や行為と成功が共変して生じたわけですから，自分が成功を勝ちとったというように認識しやすくなります。いっぽう，失敗するときには，自分の努力や能力を阻害するような外的要因が生じるというのが一般的です。たとえば，サッカー大会で上位をねらうために練習したかったのに，練習場が確保できなかったとか，営業成績を上げるために顧客訪問をしたかったのに，相手に訪問を断られてしまった，などです。

ステップ2

考えすぎるとだめ：意思決定と熟慮

　意思決定をするとき，理由を考慮することによってよい選択ができない場合があることが明らかになっています。T.ウィルソンらによっておこなわれた実験[31]では，49名の大学生が，5種類のイチゴジャムについて，おいしさの評価をしました。半数の参加者は，スプーンで1種類ずつ，味見をし，最後にそれぞれの評価を用紙に記入しました（統制群）。残りの半数の参加者は，各種類を味見した後，それが好きな（嫌いな）理由について，理由を書きあげ，その後，最終的な評価を下しました（理由群）。その結果，あらかじめ用意してあった専門家によるランキングと照らし合わせると，統制群は

31　Wilson & Schooler, *J Pers Soc Psychol*, 1991

専門家によるランキングと類似した順位で評価がされていましたが，理由群では異なる順位となりました。また，理由群で下された評価は，味見の後に書いた好き嫌いの理由にもとづいている傾向がみられました。

　またウィルソンらによる別の実験では，学期はじめに授業を決める時期の大学生234名に9つの授業の解説が書かれた用紙を渡しました。各授業に対し，授業内容や評判，先生の評価といった情報が書かれています。参加者は3つの群に分けられ，統制群では，各情報を読んだ後，授業とは関係のない項目に回答してもらい，最後に自分がそれぞれの授業をどの程度登録すると思うかについて評価してもらいました。熟慮群では，各情報が書かれている下に「しばらくこの情報について考えてみてください」と書かれており，参加者は新たな情報を読むごとに，「あなたはこの授業を登録しますか」という質問に回答しました。理由群では，「それぞれの情報を読んだ後に，その授業を登録したいと思うかどうか，その理由を最後に書いてもらうので，なぜあなたがそう感じるのか，その理由をよく分析してみてください」と書かれており，実際に最後にそれぞれの授業をどの程度登録するかの評価と，その理由を書いてもらいました。実験後，それぞれの回答者が高く評価した3つの授業と，低く評価した3つの授業を比較すると，熟慮群は，統制群よりも，もっとも高い評価ともっとも低い評価の授業の間の差が小さく，平均的な判断になりました。そして実際に学期中にその授業を登録したか（自分が実験中に回答したとおりになったか）を調べると，統制群では，自分が高い評価をした授業を41％の人が登録しましたが，熟慮群では21％，理由群では15％にとどまりました。この結果は，熟慮群のようにじっくり吟味したり，理由群のようにひとつひとつ理由を分析するよりも，あまり考えずに決定する統制群のほうが，本来の自分の関心について正しく推測しやすいことを示しています。

　ウィルソンらによれば，人は理由を考えると，自分がその決定をするための理由のうち，もっともらしく，かつ説明しやすいものにのみ目を向けやすくなるといいます。そしてそれらにふさわしい（説明が容易な）選択肢を選んでしまうことになるわけです。さらに人は，熟慮して評価を下す際，複数の次元にもとづいて判断しようとする傾向があるといいます。たとえば，車の品質はコスト，デザイン，燃費，耐久性などで評価することができます。しかしこのときに判断次元が多すぎると，結局はどの商品に対しても評価が

似通ったものになってしまい，優れた選択ができないというわけです。このように，よい選択をするには，あれこれ悩むよりも，言葉にできない感情や直感が有用であることが示されています。

····· ステップ3 ·····

過去を振り返る：後悔の心理

　高度な心理機能をもつがゆえに，人は現在以外の出来事についてあれこれと思考を巡らせます。とくに過去については何も変えることができないにもかかわらず，後悔の念をもちます。

　後悔と関連する思考に**反実仮想**があります。反実仮想とは，「もし〜であったなら」と事実とは異なる事態について思考することをいいます。あなたはテストの結果が悪かったら，先生の出した問題が難しすぎたと思いますか？　それとも自分の勉強不足と思うでしょうか？　D.ミラーらの実験によれば，それは先生がいつ試験問題を用意したかに左右されます[32]。実験では，参加者は，勉強法に関する実験の一環として，教師役と生徒役のうち，生徒役に割り当てられます。生徒役には，10個の問題から，教師役が実際に出すであろう問題を3問，推測して選んでもらいます。そして，実験の最後に参加者のヤマ（推測）が当たっていたかどうかをフィードバックします。このとき，ヤマが外れた場合の実験に対する感想は，(A)すでに教師役の人が問題を選び終わっている場合と，(B)後で，教師役の人が問題を選ぶ場合では，異なる結果となりました。Aと比べ，Bの状況では，「自分が推測を間違ったのではなく，教師役の人の問題の選び方がまずかったのだ」と判断されたのです。これに対して，Aの教師役の人が先に問題を選んでいた場合には，「自分がもっと考えて問題を推測すれば正解できたかもしれない」と推測が外れたのは自分のせいであったと考える傾向がみられました。この実験結果は，一連の出来事において，後で行動を起こした人のほうが，より結果の責任を背負わされやすく，「もしあの人が違ったように行動していれば〜だったのに」と考えられやすいことを示しています。

　またT.ギロビッチらの研究では，後悔は，短期的なものと長期的なものに分類されることが明らかになっています[33]。短期的な後悔は，「あんなこ

---

[32] Miller & Gunasegaram, *J Pers Soc Psychol*, 1990
[33] Gilovich, Medvec, & Kahneman, *Psychol Rev*, 1998

とを言ったので，友達を怒らせてしまった。言うんじゃなかった」のような「自分が行動したこと」への後悔が中心であり，これに対して，長期的な後悔は，「もっと若いころ勉強しておけばよかった」のように，「自分が行動しなかったこと」への後悔が強くなります。前者の短期的な後悔は，怒りやいらだち，罪悪感といった激しい感情を伴ういっぽうで，すぐ消失するものの，後者の長期的な後悔は，感傷的で，絶望感を感じさせる静かな感情を伴い長期間持続します。これは，「やらなかったこと」がよくない結果をもたらしたと気づくのには長い時間が必要であるためであると解釈されています。自分の人生の後半には，「大学にいけばよかった」「仕事ばかりせず，家族と時間を過ごせばよかった」とやらなかったことを後悔するにもかかわらず，若いときにはそのような後悔をするとは想像できず，最近起きた出来事に対して「ああしなければよかった」と自省的になりやすいということです。

損失は数字で表現できるか：プロスペクト理論

「900円確実に失う」
「90％の確率で1000円失う」
このような2つの選択肢があるとき，あなたはどちらを選びますか？　多くの人は，後者を選ぶことが示されています。これは，損失，つまり現在保有しているものが「確実に」失われることにはネガティブな意味合いが強く，リスクが高くても失わない可能性が残る選択肢を選びやすいことを示しています。つまり，たとえ失われる金額が100円多くなるとしても，900円確実に失うよりは，1000円失う「かもしれない」ほうがマシに思えるということです。このような意思決定の法則をモデル化したのが，D.カーネマンとA.トベルスキーによって提出されたプロスペクト理論です[34]（図6-4）。理論が提出される以前，経済学では，人は合理的に判断する存在と考えられていました。そのような合理的判断にもとづくと，月収100万円の人が10万円を損することと，月収20万円の人が10万円損することは，10万円の損失という同じ価値をもつことになります。しかし，月収100万円の人が10万円を損することよりも，月収20万円の人が10万円損することのほうが，心理的に大きな損失と感じます。

このように，人間の意思決定に対しては，得る金額，もしくは失う金額と

---

[34] Kahneman & Tversky, *Econometrica*, 1979

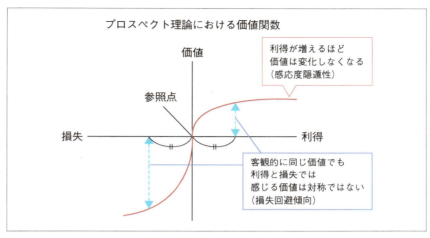

図6-4 プロスペクト理論

いう単純な数値計算によってだけでは説明できず，利得と損失に伴う心理的インパクトを加味する必要があるのです。プロスペクト理論によれば，意思決定には，まず，**参照点**を考慮する必要があるといいます。これは，先ほどの月収100万円と20万円の人の例のように，今すでにどれくらいの利得を手にしているのかが重要であり，利得または損失を現在の状態を参照しながら評価するということです。次に，**感応度隠遁性**も考慮する必要があります。これは利得が増えるほど，感じる心理的評価の変化の程度はゆるやかになるという性質のことです。お金に困っているときには，500円拾ったらとてもうれしく感じますが，それに比べると，宝くじで1千万円当たったあとに拾う500円では，うれしさは減じるはずです。最後に，**損失回避傾向**も考慮しなければなりません。利得の側のグラフの傾斜は，損失の側のグラフの傾斜よりもゆるやかになっています（図6-4）。これは，たとえ同じ金額であっても，それが得られるのか，それとも失われるのかでは，後者のほうが心理的インパクトが大きいことを示しています。1000円得ることよりも，1000円失うことのほうが，心理的な影響力が大きいのです。損失をできるだけ避けるために，損失がかかわる選択肢では，人はよりリスク志向となることが明らかになっています[35]。

---

35 プロスペクト理論は，心理学および経済学の発展に大きく貢献したため，2002年にノーベル経済学賞を授与されています。

3 社会・集団の影響力
―行動のダイナミックス―

ステップ1

社会的影響力

　第1節，第2節では，私たちが他者や社会をどう認識するのかについて説明してきました。ここでは，逆のベクトル，つまり他者や社会がどのように私たちの心理や行動に影響をおよぼすのかについて解説します。

　飲み会で，最初に飲むお酒を注文するときに，周囲の人が全員「ビール」と言ったなら，あなたも同じようにビールを注文する，ということがありませんか？　このように自身の信念や態度，行動を，他者と一致した方向へ変化させることを同調といいます。このとき，同調をひき起こす原因となる人物は，身近にいる親しい人物だけではありません。たとえば，ショッピングに行ったとき，店員に「この服がとてもよく売れています」と言われて，その服を買うということが挙げられます。このように，同調は参照する人物（この場合，その服を購入した人々）が目の前にいない場合にも生じます。同調と関連が深いのは，人間に備わっている自動的な模倣行動です。私たちは他者とコミュニケーションをとるときに，無意識に同じポーズをしていることがあります。人には，自分とかかわりがあり，親しさを感じる他者の行動を無意識に真似る性質があるためです。同調はこの自動的な模倣を基礎とした心理プロセスであるといわれています。

▶ **同調の影響過程** ｜国によって文化が異なるように，組織や集団が変われば規則や慣習が異なります。しばしば私たちの社会では，何が正しいのか，その基準がはっきりとしないものも多くあります。とくにそのような場合，周囲の他者の行動や態度は，自分自身がその場でどう行動すればよいのか，どのように判断すればよいのかの情報源となります。このような周囲の言動を判断の正しさの指針とする影響過程を**情報的社会的影響**といいます。これに対して，周囲の人たちから目立ちたくない，同じ言動をしないことで嫌われたくないなどの理由で同調することは**規範的社会的影響**とよばれています。

この場合は周囲の人とよい関係を築きたいという動機による同調が該当します。このとき，クラブ活動の仲間や友達などの以前から仲がよい人でなく，初めて会った人たちの間でも，同調は高い確率で生じることが実験により確かめられています[36]。周囲の人と同じ行動をすることによって，社会的秩序が守られたり，集団らしさが高まりメンバーどうしの仲がよくなったりと，よい側面もありますが，次に説明するような誤った行動をひき起こしてしまうこともあります。

▶ **傍観者効果** 1964年，アメリカのクイーンズで1人の女性が襲われ死亡しました。犯人はウィンストン・モーズリーという男で，被害者の女性キティ・ジェノヴィーズが駐車場から自宅アパートまでの間を徒歩で帰宅する途中での犯行でした。この事件の驚くべきところは，周囲のアパートにはキティの助けを呼ぶ叫び声を聞いた人が大勢いたにもかかわらず，殺害されるまでの間に，誰も彼女を助けようとしなかったことです。

このように，助けが必要な状況において，周囲に他者がいるにもかかわらず，援助が生じにくくなる現象を，傍観者効果といいます[37]。この原因としては，責任の分散があります（p.175参照）。周囲にたくさん人がいるほど，自分が助けなくても，他の誰かが助けるだろうと考えやすいのです。この責任の分散は，周囲にいる他者の人数が多いほど，生じやすくなります。

▶ **多元的無知** そもそも人は他者の態度や考え，行動に同調する傾向があります。とくに日常場面においては，他の人々がどのように考え，行動しているのかがわからないために誤った認識をすることがあります。たとえば，駅構内で火災報知器が鳴ったとします。すぐに逃げ出すこともあるでしょうが，一般的に，しばらくは周囲の人の行動を参照します。このとき，周囲の利用客がなんら慌てることもなく，避難せずにその場にとどまれば，あなたは「みんな気にしていない，これは誤報なのかもしれないし，ここで1人で慌てるのは恥ずかしい」と考えることになるでしょう。しかしながら，他の人たちもあなたと同様に，内心は不安に感じながらも，あなたを含む他の人たちが避難しないのを見て，冷静なふりをしているのかもしれません。他の人も，また別の人の行動に同調している可能性があるからです。

このように，自分の考えと自分以外のメンバーの考えが異なると思いこんで誤った集団規範の認識をし，その規範に合わせて行動してしまう現象を多

第6章 社会心理学

---
[36] Deutsch & Gerard, *J Abnorm Soc Psychol*, 1955
[37] Darley & Latane, *J Pers Soc Psychol*, 1968

元的無知といいます[38]。全員が集団規範を誤って認識してしまうことにより，一見その規範が存在するかのように外部からは見えます。しかし，じつは全員が「他の人は自分と違う考え"X"をもっている」と感じながら，表面上周囲に合わせて行動することで，あたかも全員が"X"という考えをもっているように外部からは見えるという状況です。先ほどの火災報知器の例において，誤報の場合は問題はありません。しかし実際に火事であった場合には，多元的無知の状態に陥ると災害時に避難が遅れてしまう，というマイナスの結果がもたらされることがあります。

集団行動

　部活やサークルなど，私たちは他者とともに活動することを好む傾向があります。他者の存在は，私たちが成績を上げるのにも役立っています。たとえば，つらい練習でも皆でとり組むとやり遂げることができたり，お互い競争しあうことで，切磋琢磨し自分の技術や成績を上げることにつながります。このように，他者の存在が作業能率や行動の水準を高める効果を社会的促進といいます。この行動を促進させる"他者"は，行為者と同じ作業にとり組んでいる場合でも，ただ単に近くで観察しているだけの場合でも，社会的促進を生じさせます[39]。また，ゴキブリに迷路を走らせる課題をおこなわせると，1匹のときよりも2匹のときのほうがより早くゴールにたどり着きます。このように，この社会的促進は人間に限ったことではなく，他の動物や昆虫においても確認されています。

　しかしながら，常に他者の存在が作業を促進するのではなく，数学の問題や討論といった認知的かつ複雑な課題だと，逆に他者の存在は成績を低下させることが知られています（社会的抑制）。これは他者の存在は，その時点でもっとも優勢な行動反応（実現する可能性の高い行動反応）をひき出すためであることが，R.ザイアンスの動因理論によって説明されています。つまり，簡単な課題であれば，もともと成功しやすいので，さらに高い成績を収めることができるのに対し，難しい課題であれば，失敗する可能性のほうがもともと高いので，他者がいると成績が下がってしまう，というわけです。あなたにとって得意な課題であれば，他の人が近くにいたほうがよりよい結果を残せ，不得意な課題は1人でおこなったほうがうまくいくというこ

---

[38] Miller & McFarland, *J Pers Soc Psychol*, 1987
[39] Zajonc & Sales, *J Exp Soc Psychol*, 1966

とです。

　では，周囲に他者がいて個別に課題をやる場合ではなく，集団で何かにとり組む場合を考えてみましょう。皆で協力することで，私たちはより多くのことを成し遂げられることはいうまでもありません。しかしながら，社会心理学の研究では，集団状況特有のマイナス面を明らかにしています。代表的なものを紹介しましょう。

▶ **社会的手抜き** ｜ 1人でなんらかの作業をするときと比べ，集団の一員となって作業をするときに努力が低下することを社会的手抜きといいます[40]。集団作業では，各自が個人単独で作業するときの単なる総計よりも，成績が下回ってしまうという現象です。この原因として，協力によるロスと動機づけの低下の2つがあります。集団で作業にとり組むときには，たいてい1人ではこなせない他者の協力が必要な課題の場合が一般的です。その場合，個々のメンバーのコミュニケーションや連携が成績を左右します。「協力によるロス」は，ひとりひとりの能力ややる気が高くても，共有されるべき情報がうまく伝達されなかったり，お互いの熟練度が異なったりなどで，協力がうまくいかない場合に生じます。これに加えて，「動機づけの低下」では，集団ではやる気自体が低下してしまうことを指します。集団サイズが大きくなるほど，それは顕著に表れ，とりわけ個々の作業成績が評価されないと，動機づけは大きく低下することになります。社会的促進との違いは，社会的手抜きは集団としてその成績を評価される場合に起こることです。たとえば，あなたは歌が得意だとします。ひとりひとりが歌を披露するような場であれば，社会的促進が起こり，ふだんより上手に歌えるでしょう。しかし，クラス全員で1つのチームとなって合唱するような場合には，社会的手抜きが生じやすいのです。

▶ **集団浅慮** ｜ 関係の密なメンバーで構成された集団（凝集性が高い集団）で，一致した意見を出さなければならず，心理的・時間的プレッシャーが大きいときには，誤った判断が下されることがあります。これは，リーダーの権限が強く，メンバーが自分たちの意見，とくにリーダーに反する意見を言うのを差し控えることや，自分たちの判断が正しいかどうかをそれぞれ吟味しなくなることによるチェック機能の低下のために生じます。意見の一致を急ぐあまり，間違った選択をしてしまうのです。

　また，集団で意思決定をする際には，個人で判断するよりも，より危険

40　Harkins, *J Exp Soc Psychol*, 1987

な，成功する確率の低い決定になりやすい傾向があり，これを**リスキーシフト**といいます。言い換えれば，人は個人で判断するときよりも，集団で話しあって判断するときに，よりハイリスクな選択をおこないやすいということです。集団浅慮の研究では，戦時中の意思決定についてとりあげられることが多く，このリスキーシフトに焦点が当てられましたが，後に，集団ではより保守的な選択，**コーシャスシフト**もみられることが明らかとなりました。すなわち集団で意思決定をおこなう際には，当初の個々のメンバーの意見よりも極端な判断になりやすいということです。これは**集団極化**とよばれ，説得的議論と社会的比較の2つがその背景にあるといわれています[41]。集団で話しあいをするときには，他のメンバーによるさまざまな意見を知ることになります。そのとき，最初に自分が抱いていた考え（リスキーorコーシャス）を支持するような意見により着目しやすく，それらに賛同するうちに，結果的にもとに抱いていたよりも，より極端な方向に意見が変化することになる，というのが説得的議論です。また，一般的に人は周囲の人と自分を比較し，そして平均的な人よりも，自分は特別であると考えたり，他者にそのようにアピールする傾向があります。これが社会的比較です。集団の話しあいでは，メンバーの考えを知るときにも，そのような社会的比較が生じ，自説のアピールのために他のメンバーよりも極端な意見を各メンバーが発言することになります。その結果，集団極化にいたります。単純に考えれば，すべてのメンバーを足した平均的な決断になりそうなものですが，集団浅慮は，集団で行動することは，単なる個々人の集まり以上の現象をもたらすことを示しています。

ステップ 2

自分が誰かわからなければ：没個性化

ステップ1では，人は集団に属するときには，1人の状態とは異なるふるまいをすることを説明しました。さらに集団よりもっと多くの人の集まり，つまり**群衆**のなかにいるときに，人は通常とは異なる心理状態になり，暴動が起きることもあります。そのような非理性的なふるまいをするのはなぜなのでしょうか。

人は大きな集団にいるときには，「自己」の感覚を失うことがあり，これ

[41] Myers & Lamm, *Psychol Bull*, 1976

3 社会・集団の影響力

第6章 社会心理学

[http://www.friendsofoplibrary.org/fullstory/Trick-or-Treat-Halloween-Party/52#.VnIqOPmLSUI]

図6-5 没個性化の実験イメージ（ハロウィンの様子）

を没個性化といいます。群衆のなかにいるときには自己評価を気にしなくなり，通常であればしない言動をするというわけです。このような没個性化を導く条件として，**匿名性，責任の分散**があります。大集団のなかに埋没し，他者から見れば誰がおこなったのか判別するのが難しい状況であったり，反社会的・反倫理的な行動をしても，責められるのは自分だけではないと感じるときに没個性化が生じやすくなります。没個性化状態になると，覚醒水準が高まり，自己評価が低下するのを懸念してそれまで抑圧されてきたストレスや感情，暴力性が表出するといわれています。

　アメリカで，ハロウィンの日に，1352人の子どもを対象におこなわれた実験（図6-5）では，匿名性と反社会的行動との関連が明らかになっています[42]。対象となった27の家では，玄関ドアの内側に，テーブルが置いてあり，その上には，キャンディーが大きなボウルいっぱいに入れて置かれていました。各家では子どもが家に来ると，歓迎してそれぞれの子どもに，「キャンディーを1つだけ持っていっていいわよ。1つだけね」と注意します。その後，実験者（家の人）は「他の部屋で仕事をしに戻らなければならないから」と言って，玄関から去り，姿を消します。そしてこのとき，観察者が，除き穴つきの幕の後ろに隠れており，毎回，それぞれの子どもがいく

42　Diener, Fraser, Beaman, & Kelem, *J Pers Soc Psychol*, 1976

つキャンディーを持っていったかを記録しました。この実験では,実験者が誰の名前もたずねない匿名条件と,ひとりひとりの名前をたずねる非匿名条件が設定されました。それから訪問してきた子どもが1人で来たか（単独条件），複数人で来たか（集団条件）によって，（1つだけと言われたにもかかわらず）2個以上のキャンディーを持っていったかが異なるのかが調べられました。すると,実験者の注意に従わず2個以上のキャンディーを持っていった子どもの割合は,非匿名条件においては,子どもが単独で来た場合には,全体の7.5％であり,集団で来た場合には20.8％でした。しかし,匿名条件の場合には,単独条件の21.4％に対し,集団条件では57.2％の子どもが言いつけを無視して2個以上のキャンディーを持っていくという結果になりました。

　さらに驚くことに,「もし1人1個ずつというのが守られていないことが後でわかったら,いちばん小さな子の責任にするわね」とつけ加えると（後でばれてもその責任は小さな子に押しつけることができる），非匿名条件の場合10.5％に対して,匿名条件では全体の80％の子どもが言いつけられたより多くのキャンディーを持って帰りました。この実験は,自分が誰であるかが周囲の人から判別されない匿名状況において,さらに責任が自分にはおよばないとき,人はいかにルールを破りやすく,反社会的な行動をしやすくなるかを示しています。

ステップ3

人を動かすには：説得

　社会心理学では,他者をうまく説得する方法についても研究がおこなわれています。それらは人の心理メカニズムをうまく応用したものであり,私たちがいかに簡単に他者からの要請に応じやすいかを説明しています。代表的な説得法を3つ紹介します。

▶ **ドア・インザフェイス法** ｜ 最初に難しい依頼をしてわざと断らせ,その後で本当に頼みたい依頼をするテクニックです[43]。たとえば,あなたが有給休暇をとりたいとします。しかし,上司はいつも簡単に休暇に許可をくれない人なら,「1週間休ませてください」と,はじめに予定よりも長めの日数で提案をして,断られた後,「1週間が無理なら,2日だけでいいので,お願い

43　Cialdini, Vincent, Lewis, Catalan, Wheeler, & Darby, *J Pers Soc Psychol*, 1975

します」と，本当に通したい要求を依頼します。本当に承諾を得たいことよりも，承諾を得るのが難しい別の要求を用意しておき，先に依頼するのです。

このテクニックが働くのは，人には「何かの利益を自分が得たら，それを提供した相手に自分も利益を返すべきだ」という**返報性**の心理が備わっているからです。あなたが授業のノートを誰かから借りたいとき，以前あなたが貸してあげた相手なら，お願いしやすいのではないでしょうか。ドア・インザフェイス法は，依頼をする側が，「この依頼がダメなら，ではこれで…」と譲歩をしています。依頼者が譲歩したので，被依頼者も譲歩を返報しようという気持ちを抱くことを利用しているのです。

▶ **フット・インザドア法** これは，最初に小さな依頼をして承諾を得たあと，次に本当に頼みたい依頼をするという方法です[44]。たとえば「インターネットの漫画サイトに入会するのを検討していただけないでしょうか」などのセールスを，あなたは断るかもしれません。しかしそこで，「今なら1カ月無料です。お試しいただけませんか？ 1カ月過ぎて不要であれば退会していただけます」などと言われれば，承諾するのではないでしょうか。一度入会すれば，無料期間が過ぎても"まあいいか"と入会したままになり，結局続けて利用することになったりします。これは，コミットメントの心理を利用した説得法です。人は一度自分が能動的に関与した（つまり承諾した）ことには，かかわり続けようとする傾向があります。フット・インザドアについては次のような実験で確かめられています。安全運転に関するスローガンを書いた巨大な看板を庭に立てさせてほしいと一般家庭に依頼すると，承諾率は17％でした。しかし，その2週間前に安全運転に関する小さなシールをドアに貼らせてほしいとあらかじめ依頼し，承諾を得た後では，後日看板の設置を依頼したところ，承諾率は76％に上昇したのです。これらの効果は，小さなコミットメントにより，後の依頼を承諾しやすくなるのだと考えられています。

▶ **「理由」を述べる依頼法** またE.ランガーらがおこなった実験は，さらにシンプルに依頼の承諾率を高める方法があることを示しています[45]。図書館のコピー機を使用中の人に，「すみません，5枚だけ先にコピーさせてもらえませんか？」と言うと，承諾した人は全体の60％であったのに対し，「す

---

44 Freedman & Fraser, *J Pers Soc Psychol*, 1966
45 Langer, Blank, & Chanowitz, *J Pers Soc Psychol*, 1978

みません，急いでいるので5枚だけ先にコピーさせてもらえませんか？」と理由を付加して依頼する条件では，94％もの人がコピーを先にとることを承諾してくれました。さらに驚くことには，「すみません，5枚だけコピーしたいんです。コピーをとりたいので，先に使わせてもらえませんか？」と，理由ともいえないような理由を述べた場合でも，93％の人が承諾してくれたのです。

　これは，私たちは「〜ので」という理由にかかわるフレーズがあるだけで，それほど内容を吟味しなくても，自動的に相手の要求を承諾してしまうということを示しています。ちなみに，もう少し時間のかかる要求で，コピーを20枚とらせてほしいとした場合には，「すみません，20枚だけ先にコピーさせてもらえませんか？」と理由を述べない場合，それから「すみません，20枚だけコピーしたいんです。コピーをとりたいので，先に使わせてもらえませんか？」と理由をはっきり述べずに依頼した場合には，承諾率はどちらも24％でした。いっぽう，きちんと理由を述べて「すみません，急いでいるので20枚だけ先にコピーさせてもらえませんか？」と依頼した場合には，42％まで承諾率が高まりました。社会現象や他者の行動に理由を求める心理は，このような依頼場面でも効力を発揮しているのです。誰かに何かを依頼するときには，理由をつけてお願いすることをおすすめします。

何が集団を決めるのか：最小条件集団

　ステップ1では，人は集団のなかにいることによって，ふだんの個人でいる状態とは異なる行動や心理が生じることを説明しました。それでは，そのような変化をもたらす"集団"とはどのようなものを指すのでしょうか。私たちは何を"集団"として認識するのでしょうか。非常に些細なきっかけでも"集団"は「集団」として認識するのに十分であることが明らかになっています。「2つのうち，どちらの絵が好きですか？」とたずねられて2つのグループに分けられた場合でも（図6-6），単なるコイントスをして，表が出たグループと裏が出たグループに分けられた場合でも，自身の集団（内集団）と，それ以外の集団（外集団）を区別し，報酬を分配するときには内集団が得をするように分配するといった，集団特有の現象がみられます。このように内集団に好意的にふるまう傾向を内集団びいきといいます[46]。人種間差別や国家間の紛争の背景にも，簡単に内集団と外集団を区別する心理プロ

46　Sachdev & Bourhis, *Euro J Soc Psychol*, 1984

図6-6 最小条件集団で用いられる絵のイメージ

セスが関係していると考えられています。

集団から排斥される痛み：社会的排斥

　この節で述べたとおり，集団場面では，個人場面とは異なる心理・行動が生じます。これは周囲の社会環境や人間関係が私たちの心理におよぼす力の大きさを示しているといえるでしょう。とりわけ，人は仲間はずれにされていること（社会的排斥）を敏感に判断します。社会的排斥の実験研究で用いる方法として，サイバーボール課題があります[47]。これは，3〜4名で1組となり，ボールを投げあうというコンピュータゲームです。自分だけに続けてパスがこず，ほかの人たちだけでボール投げをしている状況になると，排斥されていると感じ，不快な気分が喚起されます。このような単純なゲームであっても，人は社会的排斥状況に陥ると，ストレスに感じるのです。

　頭痛や腹痛，ケガなど，身体的痛みの治療に関しては私たちは意識していますが，ストレスによってひき起こされる心理的な痛みに関してはふだん注意を払うことは少ないかもしれません。最近の研究は，社会的排斥を経験したとき，それから恋人と別れたといった精神的なつらさを感じるときには，身体的に痛みを感じるときと同じ脳の部分が活性化することを明らかにしています。心の痛みは気のせいなどではなく，健康を維持するうえでも大切な，注意を向けるべき現象です。脳活動を調べるMRIの普及により，近年はこうした人の社会的な心理機能と，脳などの身体・生理的機能との関連を明らかにする研究が盛んになっています。

---

[47] Kerr, Seok, Poulsen, Harris, & Messé, *Euro J Soc Psychol*, 2008

第 7 章 パーソナリティ心理学 ── あなたらしさの秘密

1. パーソナリティ心理学とはなにか
2. パーソナリティの分類
3. パーソナリティの影響
4. パーソナリティの形成・発達

(浅野良輔)

1 パーソナリティ心理学とはなにか

ステップ 1

パーソナリティ心理学とは

　私たちは、「もっと素直に自分の気持ちを伝えられたらなぁ」とか、「どうして彼はいつもあんなに落ち着きがないのだろうか」といったように、自分や周りの人たちのパーソナリティについて日々思いをめぐらせています。パーソナリティ（personality）とは、**自分や他者、ものごとに対するとらえ方、感じ方、ふるまい方の個人差**のことです[1]。「自分の個性を大事にしましょう」とよくいいますが、パーソナリティはまさに人々の個性のことであり、それを科学的に探究するのがパーソナリティ心理学です。

　パーソナリティの語源は、演劇で俳優が身につける仮面や演劇の登場人物を意味するペルソナ（persona）というラテン語にあります。日本ではもともと、personalityを"性格"や"人格"と訳していましたが、最近では"パーソナリティ"とカタカナ表記をするのが一般的となっています。実際、1992年に発足した日本性格心理学会は、2003年に日本パーソナリティ心理学会へと名称を変更しました。

クロスロードとしてのパーソナリティ心理学

　研究の場面では、ある現象を理解するために、いろいろな立場や視点をもつことが重要視されます。現代のパーソリティ心理学では、(a) **自然科学的アプローチ**、(b) **社会科学的アプローチ**、(c) **人間科学的アプローチ**という3つのアプローチが主流となっています[2]。自然科学的アプローチを採用する研究者は、進化論や脳科学といった分野の研究者らと連携し、パーソナリティに関する普遍的法則の発見を目指しています。社会科学的アプローチを採用する研究者は、個人をとり巻く集団、社会、文化がパーソナリティに与える影響の解明を目指しています。そして、人間科学的アプローチを採用す

1　鈴木，パーソナリティ心理学概論，2012
2　榎本ら，パーソナリティ心理学，2009

図7-1 パーソナリティ心理学と他分野のかかわり

る研究者は、個人の実体験に基づく物語（ナラティブ）からパーソナリティを理解しようとしています。

このテキストには第1章と本章を除いて8つの章がありますが、いずれの分野でも、パーソナリティに関係した研究がなされています。とりわけ社会心理学とのつながりは深く、Journal of Personality and Social Psychology, Personality and Social Psychology Bulletin, Personality and Social Psychology Reviewといった権威ある学術雑誌は、その雑誌名からわかるように、パーソナリティ心理学と社会心理学をセットで扱っています。さらにこの章では、心理学者だけでなく、精神科医や統計学者も登場します。このように、パーソナリティ心理学は、あらゆる視点や学術分野をつなぐクロスロード（交差点）として位置づけることができるのです（図7-1）。

そのいっぽうで、認知心理学者、社会心理学者、教育心理学者、臨床心理学者を名のる研究者はたくさんいるのに、**パーソナリティ心理学者を名のる研究者はあまり多くない**という現実もあります。これは何を意味するのでしょうか。さまざまな学術分野のクロスロードとして、1つの枠組みにとらわれず多角的に研究が進められることで、パーソナリティ心理学は今後より発展する可能性を秘めていますが、パーソナリティ心理学を専門とする研究者が少ないままでは、パーソナリティ心理学はいずれ他の分野によって淘汰されていくかもしれません。

ステップ2

測定法

パーソナリティは、直接目で見たり触ったりすることのできない心理構成概念です。こうした特徴をもつパーソナリティをうまく測定したり分析したりすることは、パーソナリティ心理学が科学であるための不可欠な作業です。科学における測定と分析は、ちょうど料理における"よい食材をそろえること"と"うまく調理すること"に対応しています。たとえ世界一腕のよ

いシェフでも，食材がなければ料理はつくれませんし，たとえ世界一おいしい食材があっても，調理の仕方を知らなければその味をひき出すことはできません。ステップ2ではまず，"よい食材をそろえる"方法として，パーソナリティの測定に際してよく用いられる調査法，投影法，面接法，観察法について述べていきます。

▶ **調査法** | 調査法は，上述の自然科学，社会科学，人間科学という3つのアプローチに共通してもっともよく使われるパーソナリティの測定法です。古典的な調査法では，「私は自分を社交的だと思う」「私は自分を活動的だと思う」「私は自分を話し好きだと思う」といった質問項目を紙に印刷し，それぞれの項目に対して回答者自身がどのくらいあてはまるかを評定してもらう**質問紙調査**がおこなわれます。この方法は，アメリカの組織心理学者**R. リッカート**が開発したので**リッカート尺度**とよばれ，データを集めた後の統計解析のしやすさから，1点（あてはまらない）〜5点（あてはまる）の5件法や，1点（まったくあてはまらない）〜7点（非常にあてはまる）の7件法がよく用いられます[3]。最近では，web上に調査ページを開設し，パソコンやスマートフォンなどの端末を使って回答してもらう**インターネット調査**も普及してきています（図7-2）。インターネット調査は，質問紙調査よりもレイアウト調整，印刷，回答データの入力などにかかる時間や手間を節約することができるうえに，質問紙の保管場所に頭を悩ませることもないので便利です[4]。

調査法のメリットとしては，後述する他の方法と比べて，(a) 一度にたくさんのデータを集められる，(b) 時間やお金をかけずに実施できる，(c) 回答者のペースで負担をかけずに回答してもらえるといった点が挙げられます。そのいっぽうで，(d) 回答者の知的水準，感情状態，社会的望ましさなどによる意識的・無意識的な回答のゆがみが混入しやすい，(e) 変数間の因果関係に言及することが難しい（p.196参照），(f) 回答者の特徴や状況に応じた質問項目の変更ができない，といったデメリットもあります。

ただし，"回答者の意識的・無意識的な回答のゆがみが混入しやすい"というデメリットについては，**複数の調査法を組み合わせる**ことである程度軽

---

[3] 日本の大学では，教員や大学院生が講義時間中に質問紙を配布し，大勢の学生に一斉に回答してもらうという光景がおなじみですが，欧米では，講義時間とは別の空き時間に，少人数の学生に実験室で回答してもらう場合もあります。

[4] 無料で調査ページを作成できるサービスとして，"Qualtrics"や"googleフォーム"などがありますが，これらの無料サービスは，何の予告もなく有料になったり仕様が変更されたりする場合もあるので注意が必要です。

図 7-2 インターネット調査の例

	1：あてはまらない	2	3	4	5：あてはまる
私は自分を話し好きだと思う。	○	○	○	○	○
私は自分を活動的だと思う。	○	○	○	○	○
私は自分を社交的だと思う。	○	○	○	○	○

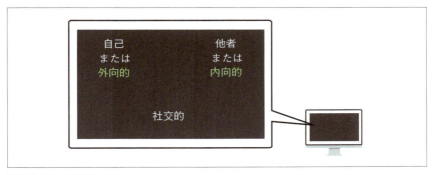

図 7-3 IATの例

減できます。たとえば，回答者の自己評定だけではなく，その家族，友人，教師にも回答者について答えてもらう他者評定もあわせておこなうことは有効でしょう。また近年では，回答者が自覚できない潜在的態度を測るIAT（Implicit Association Test：潜在連合テスト）もよく用いられます[5]。IATでは，パソコンのディスプレイ中央に表示される"社交的"，"活動的"，"話し好き"といった単語を，ディスプレイ左側にある"自己または外向的"のカテゴリー，もしくはディスプレイ右側にある"他者または内向的"のカテゴリーのどちらかに，できるだけすばやく分類する第1試行をおこないます（図7-3）。その後，今度は同じ単語を，ディスプレイ左側にある"他者または外向的"のカテゴリー，もしくはディスプレイ右側にある"自己または内向的"のカテゴリーにできるだけ速く分類する第2試行をおこないます。IATを使う研究者は，2つの試行間の得点の差が，回答者の無意識下にある

---

[5] IATはweb上で体験することができます（https://implicit.harvard.edu/implicit/japan/）。

外向性を表していると考えています。

▶ **投影法** ｜ 投影法は，被検査者に何を表しているのかが曖昧な絵や図形を見てもらい，その反応によってパーソナリティを測る方法です。なかでも，(a) 左右対称に描かれたインクのシミの見え方を答えてもらうロールシャッハ・テスト[6]，(b) 人物と背景が描かれた絵を見て人物のセリフを記入してもらうP-Fスタディ（Picture Frustration Study：絵画欲求不満テスト），(c) 白紙に1本の木の絵を自由に描いてもらうバウム・テスト，(d) 心理療法の一環としておこなわれる箱庭づくりは一般にも広く知られており，映画やドラマなどでもたびたび登場します。

投影法には，臨床場面において，幼い子どもや**精神的・身体的な理由**[7]から**言葉を用いたやりとりが困難なクライエントにも実施できる**というメリットがあります。そのいっぽうで，(a) 測定したいパーソナリティを本当に測定できているかどうか（検査の妥当性）が十分に確かめられていない，(b) 親しい友人どうしかそうでないかなど，検査者と被検査者の関係性によって回答が変わりやすい，(c) 検査者の考え方や思い込みといった主観がデータに対する解釈に影響しやすい，といったデメリットも多くあります。

臨床心理学

▶ **面接法** ｜ 面接法は，被面接者との対面での会話によってパーソナリティを測定したり，それをきっかけにして心理療法をおこなったりする方法です。面接法には，被面接者の意見や実体験（ナラティブ）から仮説を構築したり検証したりするための調査面接と，クライエントの悩みや問題を聴くことで疾患を診断・治療するための臨床面接があります。このうち，パーソナリティ心理学で用いられるのは一般的に調査面接です。調査面接には，(a) 仮説にもとづいた質問リストの書かれた質問紙を準備しておき，手順や所要時間が決まっている構造化面接，(b) おおまかな会話のテーマだけを決めておき，あとは被面接者とのやりとりに任せる非構造化面接，(c) 構造化面接と非構造化面接の中間で，最低限の質問リストだけを用意し，必要に応じて質問の順番や内容を変える半構造化面接の3つがあります。

面接法は調査法と異なり対面で質問をするために，そのメリットとして(a) 回答のもれやミス（欠測値）が生じにくい，(b) 被面接者のネガティ

---

[6] 2013年11月8日，開発者であるスイスの精神分析家H.ロールシャッハの生誕129周年を記念して，検索エンジンGoogleがロールシャッハをモチーフにしたロゴをトップページに公開しました（http://google.com/doodles/）。

[7] 具体例として，場面緘黙（かんもく），構音障害などが挙げられます。

ブな反応をすぐに察知したり和らげたりできる，といった点があります。そのいっぽうで，デメリットには，(c) 十分なサンプルサイズを確保するまでに時間がかかる，(d) 幼い子どもや心身の疾患によって会話が難しいクライエントには使えない，(e) 非構造化面接や半構造化面接の場合，データそのものやその解釈に面接者の主観が入りこみやすい，などが挙げられます。

▶**観察法**｜観察法は，被観察者の実際の行動を注意深く見たり記録したりすることで，パーソナリティを測定する方法です。観察法には，自然な環境におけるありのままの行動をとらえる自然観察法と，観察者が設定した特定の環境でみられる行動に注目する実験観察法があります。一般的に，"観察法"といえば自然観察法を指しており，実験観察法は，いわゆる実験室実験のことです。また，文化人類学者やグループ・ダイナミックスの研究者がおこなう参与（参加）観察法は，自然観察法と実験観察法の両方の特徴をあわせもっています[8]。

観察法には，(a) 日常場面に近い環境で測定するので生態学的妥当性の高いデータが得られる，(b) 幼い子どもや心身に疾患を抱えたクライエント，あるいは動物を対象にした研究も可能になる，といったメリットがあります[9]。そのいっぽうで，(c) 測定したい行動をいつ測定できるのか予測がつきにくい，(d) データやその解釈に観察者の主観が入りこみやすい，といったデメリットも指摘されています。

このように，パーソナリティに関する"よい食材をそろえる"ためのどの手法にも，メリットとデメリットを挙げることができます。したがって，実際に研究をおこなうときには，1つの方法だけに頼るのではなく，さまざまな測定法を組み合わせるテスト・バッテリーやマルチメソッドの考え方が大切になってきます。

ステップ3

分析法

ステップ3では，ステップ2でそろえた"食材をうまく調理する"ための技術として，因子分析や構造方程式モデリングといった統計解析法を紹介しま

---

[8] 南風原ら，心理学研究法入門，2001
[9] 本章第2節ステップ3で述べるビッグ・ファイブ理論が，ボノボにもある程度あてはまることが報告されていますが（Weiss et al., *Psychol Sci*, 2015），この研究でも，まさに観察法が用いられています。

す。統計学というと，複雑な数式を思い浮かべて拒否反応を示される方もいらっしゃるでしょう。しかし実際の研究においては，計算そのものは**ソフトウェアを用いておこなうため**[10]，心理統計学の専門家を目指す人たちでない限り，必ずしも分析法の原理を完璧に理解していなくても問題はさほどありません。それよりも，**その分析で何がわかって，何がわからないのかを把握**しておくことが重要といえます。

▶ **因子分析** ｜ 因子分析は，知能の研究で有名な C.E. スピアマンによって開発され，パーソナリティ心理学でもっとも使用される分析法の1つであり，新しいパーソナリティ尺度を作成したときにはほぼ必ずおこなわれます[11]。たとえば，「私は自分を社交的だと思う」「私は自分を活動的だと思う」「私は自分を話し好きだと思う」といった質問項目の間には，強い関連があると考えられます。つまり，社交的な人ほど，活動的だったり話し好きだったりすることが多いでしょう。項目間にこうした強い関連がみられるのは，それらの背後に外向性という共通した因子があるからに違いない，と考えるのが因子分析です。因子分析では，実際に測定された質問項目を観測変数，観測変数の背後に仮定される因子を潜在変数とよびます。**図7-4**のように，観測変数は四角形，潜在変数は楕円形で描かれ，潜在変数から観測変数に伸びるパス（矢印）と因子負荷量（影響の強さを示す値）によって両者は表現されます。

▶ **構造方程式モデリング** ｜ じつは，上述した因子分析は，構造方程式モデリングというより上位の統計モデルの1つです。構造方程式モデリングとは，観測変数と潜在変数の関連を検討する因子分析に加えて，ある観測変数と別

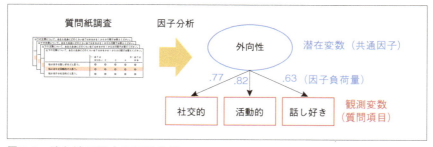

図7-4　外向性に関する因子分析

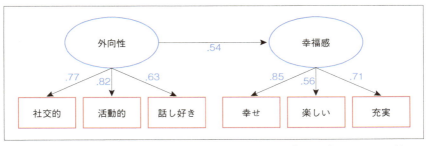

図7-5 外向性と幸福感の関連に関する構造方程式モデリングを用いた分析

の観測変数の関連を扱う回帰分析やパス解析などを含むさまざまな分析法の総称です[12]。構造方程式モデリングには，(a) 分析者が仮定するモデルを図で表現できる，(b) 従来の分析法よりもモデルを柔軟に組み立てられる，(c) 適合度を参照することで，モデルが現実のデータをどのくらい反映しているかを数量的に判断できる，といった優れた特徴があります。図7-5は，「社交的」「活動的」「話し好き」という質問項目から構成される外向性というパーソナリティ特性（p.192参照）が，「幸せ」「楽しい」「充実している」という質問項目から構成される幸福感に与える影響を表しています。

2 パーソナリティの分類

ステップ1

パーソナリティのとらえ方

第1節で述べたとおり，パーソナリティとは自分や他者，ものごとに対するとらえ方，感じ方，ふるまい方の個人差です。この定義は学術用語として

---

10 R，SAS，SPSS，Mplusといった現代の統計ソフトは，一瞬（2〜3秒）で解析結果を出力してくれます。ちなみに，著者の指導教員が大学院生のころ（1970年代），因子分析は大学に設置された大型コンピュータで一晩かけての大仕事だったそうです。

11 因子分析は本章の第2節ステップ3の内容と深くかかわっています。

12 このことを頭に入れておくと，統計学の講義で多くの分析名が登場しても，混乱せずに整理するための手がかりになるでしょう。なお，構造方程式モデリングは，本章の第3節や第4節の内容と深くかかわっています。

はかなり大雑把ですが，それはパーソナリティのとらえ方にも研究者の間で個人差があり，厳密な定義が難しいためと考えられます。パーソナリティをどのようにとらえるかについては，類型論，特性論，相互作用論という3つの立場があります（図7-6）。

▶ **類型論** ｜類型論では，動物，歴史上の偉人，マンガや小説のキャラクターなどから，**人々を分類するための典型的なタイプを用意しておき**，そのうちどれにもっともあてはまるのかによってパーソナリティをとらえようとします。類型論は，多少の例外は無視してでも，とにかくある1つのタイプで個人を記述しようとする傾向にあります。類型論者の代表として，E. クレッチマーやW.H. シェルドンがいます。

▶ **特性論** ｜特性論では，「やさしい」「真面目」「頑固」といった特徴や性質，つまりパーソナリティ特性（personality trait）を想定し，それぞれの特性がどのくらい強いかによってパーソナリティをとらえようとします。特性論は，人々の多様性を認め，**複数のパーソナリティ特性の組み合わせからなるプロフィールを仮定します**。特性論で著名な研究者には，G.W. オルポート，H.J. アイゼンク[13]，C.R. クロニンジャー，P.T. コスタとR.R. マックレーが挙げられます。

▶ **相互作用論** ｜相互作用論では，「家族や友達の前ではおしゃべりだけど，初対面の人の前ではおとなしい」といったように，状況や文脈も考慮しながらパーソナリティを理解しようとします。相互作用論の研究者は，**個人の行動に時間，場所，状況を通じた一貫性はないと主張し**，類型論や特性論の前提を批判します[14]。相互作用論の研究者には，グループ・ダイナミックスの

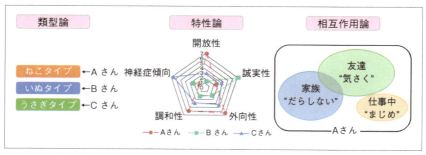

図7-6　パーソナリティのとらえ方

13　アイゼンクの業績については，最近，研究不正による論文撤回が相次いでいます。詳しくは第1章脚注55（p.27）をご覧ください。

観点から**場の理論**を提唱した**K.レヴィン**や，**人間―状況論争**の発端をつくった**W.ミシェル**などがいます。とくに，人間―状況論争は，1960年代から1980年代にかけてアメリカで大論争を巻き起こし，**パーソナリティ研究の危機**とよばれる事態にまでいたりました。しかし結局は，測定法や分析法が確立されないまま，相互作用論は一気に下火となっていきました。

ステップ2

類型論

類型論には心理学よりもはるかに長い歴史があり，古代ローマの医学者ガレノスが提唱した四体液説にまでさかのぼることができます。ステップ2では，類型論者として有名なクレッチマーとシェルドンの業績に焦点を当てます。

心理学の歴史

▶**クレッチマーの研究** ドイツの精神科医クレッチマーは，1955年に精神疾患患者には疾患ごとに特有の体格があると主張しました。彼の主張によれば，精神分裂病[15]の患者はほっそりとした**細長型**，躁うつ病の患者はふくよかな**肥満型**，てんかんの患者はがっちりとした**闘士型**の体つきをしています。そして，こうした精神疾患患者の特徴が健常者にも薄まって現れることで，細長型には**分裂気質**の人たちが多く，肥満型には**躁うつ（循環）気質**の人たちが多く，闘士型には**てんかん（粘着）気質**の人たちが多いというのです（**図7-7**）。分裂気質は内気で非社交的，躁うつ気質は社交的で親しみやすい，てんかん気質は几帳面で誠実なパーソナリティを表しています。

▶**シェルドンの研究** クレッチマーの理論が本当に健常者にもあてはまるかどうかを確かめようとしたのが，アメリカの精神科医シェルドンです。シェルドンは，クレッチマーが提唱した細長型，肥満型，闘士型に対応する体格をそれぞれ，**外胚葉型**，**内胚葉型**，**中胚葉型**とよびました。また，パーソナリティについても，おどおどした**頭脳緊張型**，ゆったりとした**内臓緊張型**，にぎやかな**身体緊張型**という3つを仮定しました。これらの体格とパーソナリティの関連を検証した結果，外胚葉型には頭脳緊張型のパーソナリティの人たちが多く，内胚葉型には内臓緊張型のパーソナリティの人たちが多く，

---

14 「パーソナリティは存在しない」という，パーソナリティ心理学の存在意義を根底から覆しかねない刺激的なフレーズさえ生まれました。
15 日本では2002年に，人格を否定するような印象を与えるという理由から，精神分裂病は統合失調症という名称に改められています。

図7-7　クレッチマーの類型論

中胚葉型には身体緊張型の人たちが多かったとしています。

▶ **類型論と血液型ステレオタイプ**｜現在では，類型論そのものの学術的価値はほとんど認められていません。類型論は，日常生活で陥りやすい，ゆがんだ認知の1つとしてとりあげられることのほうが多いでしょう。ここでの認知のゆがみには，たとえば，**血液型ステレオタイプ**があります。A型は几帳面，B型はマイペース，O型はおおらか，AB型は二面性をもつといった血液型ステレオタイプを根強く信じる人もいて，両者の間にはほとんど関連がないと何度も指摘されているにもかかわらず[16]，週刊誌やテレビでは依然として特集が組まれています。他人の言動をつぶさにチェックしなくても，血液型さえわかれば他者のパーソナリティを予測できるとしたら，私たちのコミュニケーションはとても楽になるでしょう。しかし実際には，A型にもおおらかな人たちはいますし，O型にも几帳面な人たちはいます。クレッチマーやシェルドンが注目した体格についても同じことがいえます。**ステレオタイプにもとづいた安易な考えは，偏見や差別などの問題につながる可能性があるので，あまり鵜呑みにしないようにしましょう。**◀社会心理学

ステップ3

特性論

ステップ3では，特性論についての有名な4つの研究を紹介します。

▶ **オルポートの研究**｜1936年にアメリカのオルポートは，当時のウェブスター新国際英英辞典に収録されていたおよそ40万におよぶ単語から，パー

---

[16] 心理学を専門とする者としては，飲み会やデートなどで口を滑らせて，その場を凍りつかせないように気をつけたいものです。

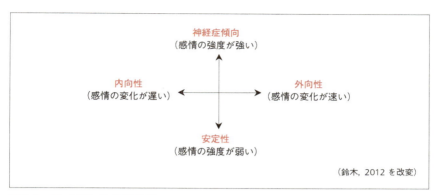

図7-8 アイゼンクの特性論

ソナリティに関する単語を網羅的に検索し，およそ18000語を抽出しました[17]。しかし，やみくもにパーソナリティに関する言葉を集めただけではパーソナリティ特性の数や種類を特定することはできませんので，彼は，パーソナリティ特性を**共通特性**と**個別特性**の2つに分類しました。共通特性は，すべての個人がもつ少数の共通したパーソナリティ特性であるいっぽうで，個別特性は，ひとりひとりの個人がもつ無数に存在するパーソナリティ特性です[18]。オルポート自身は，どちらかといえば個別特性に関心を寄せていましたが，これから紹介するように，特性論の研究はその後，共通特性に焦点が当てられていきました。

▶ **アイゼンクの研究** ドイツ出身のアイゼンクは，1960年代，彼以降の特性論者の基盤となるモデルを提唱しました。アイゼンクは，外向性—内向性という両極をもつ軸と，神経症傾向—安定性という両極をもつ軸を想定し，人々のパーソナリティはこの2つの軸上のどこかに位置づけられると考えました（**図7-8**）。外向性—内向性は，他者と積極的にかかわるかどうかを表すパーソナリティ特性であり，外向性が高いほど明るく活発ないっぽうで，内向性が高いほど物静かでおとなしいです。また，神経症傾向—安定性は，感情的反応が強いかどうかを表すパーソナリティ特性であり，神経症傾向が高いほど不安が強くて落ち込みやすく，安定性が高いほど落ち着いてのんびりしています。アイゼンクはその後，外向性—内向性と神経症傾向—安定性

---

[17] 彼の兄であるF.H.オルポートは，「クラスの雰囲気や風土がいじめを助長する」といった，あたかも集団が実際に存在するかのような説明は論理的に間違いであると主張した著名な社会心理学者です。

[18] たとえば，音楽好きという共通特性のなかでも，クラシック，ジャズ，ロック，ポップスなどさまざまなジャンルへさらに好みを分けるものが，個別特性と考えられます。

の2軸に加え，3つ目の軸として自己中心的，衝動的，攻撃的などの特徴をもつ**精神病質**という新たな特性に関する軸を提案したのですが，こちらはあまり定着しませんでした。精神病質は片方の極しかもたず，両極が仮定されていた当初の2軸と対応させにくかったことがその理由でしょう[19]。

▶ **クロニンジャーの研究** | アメリカの精神科医クロニンジャーは，1993年，パーソナリティを4つの**気質**（temperament）と3つの**性格**（character）から構成されると提案しました[20]。気質は，無意識的プロセスにもとづいて生じ，一度形成されると変化しにくい行動パターンを意味するいっぽうで，性格は，意識的プロセスにもとづいて生じ，発達段階を通して変化しうる行動パターンを指します。気質には，(a) **新奇性追求**，(b) **損害回避**，(c) **報酬依存**，(d) **固執**があり，とくに，固執を除く3つの組み合わせによってパーソナリティを8タイプに分類できるとされています。また，性格には，(a) **自己志向性**，(b) **協調性**，(c) **自己超越性**があり，これら3つの組み合わせによっても，8タイプのパーソナリティが想定されています。さらに，こうしたパーソナリティをもつ人たちが，強いストレスを経験したり発達が未熟だったりすると，パーソナリティ障害（p.203参照）を呈する可能性があります。クロニンジャーの理論の独自性として，ドーパミンという神経伝達物質の働きが新奇性追求の高さと関連するなど，精神科医としての知識や経験を生かし，パーソナリティの脳科学的・遺伝子学的基盤に言及している点が挙げられます[21]。

▶ **ビッグ・ファイブ** | 現在のパーソナリティ心理学において，もっともスタンダードな特性論が，1990年代に登場した5つのパーソナリティ特性を仮定する**ビッグ・ファイブ**（Big Five）です。アイゼンクのように，3つの特性だけでは人間の複雑なパーソナリティを表現しきれないけれども，クロニンジャーのように，7つの特性ではいささか多すぎるということでしょう。アメリカのコスタとマックレーは，**経験への開放性**（openness to experience），**誠実性**（consciousness），**外向性**（extraversion），**調和性**（agreeableness），**神経症傾向**（neuroticism）の5つをビッグ・ファイブと位置づけました[22]。外向性には，温かい，社交的，活動的といった複数の側面

---

[19] アイゼンクの理論にもとづくパーソナリティ尺度として，EPQ-R（Eysenck Personality Questionnaire-Revised：アイゼンク・パーソナリティ検査）があります。
[20] 木島，クロニンジャーのパーソナリティ理論入門，2014
[21] クロニンジャーの理論にもとづくパーソナリティ尺度として，TCI（Temperament and Character Inventory：気質・性格検査）があります。

表7-1 ビッグ・ファイブにおける特性と下位次元

経験への開放性	誠実性	外向性	調和性	神経症傾向
空想的な	能力のある	温かい	信頼する	不安が高い
美を愛する	秩序を重視する	社交的な	実直な	敵意的な
感情的な	良心のある	自己主張をする	利他的な	抑うつ的な
行動的な	達成志向的な	活動的な	従順な	自己意識が高い
アイデア豊かな	自己鍛錬を積む	刺激希求的な	謙虚な	衝動的な
価値を重視する	慎重な	ポジティブな	やさしい	傷つきやすい

（McCrae & John, 1992 を改変）

があるように、5つの特性は、それぞれが6つの下位次元から構成されています（**表7-1**）。ビッグ・ファイブに対しては、(a) 5つのパーソナリティ特性が互いに独立しているのではなく、ある程度の関連がみられるのだから、より少数の特性にまとめられるのではないか、(b) 今までたくさんの特性が提唱されてきたのに、ある時期から急に5つになるのは不自然ではないか、といった批判もあります。とはいえ、ビッグ・ファイブは、さまざまな文化で普遍的に支持されているうえに、次節で述べるとおり、人々の行動や将来の結果に対してある程度の予測力を示すことから、**パーソナリティに関する理論の代表として確固たる地位を築いている**といえます[23]。

3 パーソナリティの影響

ステップ1

因果関係

前節までで、読者のみなさんは、パーソナリティ心理学のスタート地点に立つことができました。では、パーソナリティ心理学のゴールとは、いった

---

[22] 5つの頭文字をとって、OCEAN（海）モデルともよばれます。
[23] ビッグ・ファイブにもとづくパーソナリティ尺度として、NEO-PI-R（Revised NEO Personality Inventory：NEO-PI-R人格検査）やTIPI（Ten Item Personality Inventory：10項目性格検査）があります。

い何でしょうか。それは，パーソナリティが私たちの日常や将来の生活にどのような結果をもたらすのかを明らかにすることにあります。ある**原因**（独立変数，説明変数）がなんらかの**結果**（従属変数，目的変数）をもたらすという**因果関係**，もしくは**予測的妥当性**（predictive validity）の検証は，科学におけるいちばんの醍醐味といっても過言ではありません。直接目で見ることのできない心理構成概念であるパーソナリティの意義を主張するためには，その予測的妥当性を見出すことが重要になってきます。

　本節では，パーソナリティ特性が予測するさまざまな結果について学びます。まずは，因果関係とは何かということを理解しておきましょう。19世紀イギリスの哲学者J.S.ミルは，因果関係を見極めるために3つの原則を提案しています[24]。

▶ **原因と結果の関連**｜1つ目の原則は，**原因と結果が互いに関連している**ことです。たとえば，外向性が幸福感を高めるという因果関係を明らかにしたい場合，外向性の高い人たちほど幸福感も高く，逆に外向性の低い人たちほど幸福感も低いことが大前提になります。ここで，**関連**（association）と**因果**（causality）を区別することはとても大切です。関連とは，単に2つの要因が同時に起きていることを表しているにすぎず，どちらが原因で，どちらが結果なのかはわかりません。それにもかかわらず，私たちは（研究者でさえも），ある2つの要因の間に関連を見出しただけで，因果関係が証明されたかのような結論を出してしまいがちです。この点は十分に注意しなければいけません。

▶ **原因の時間的先行**｜2つ目の原則は，**原因が結果よりも時間的に先に生じている**ことです。ある時点で外向性の高い人たちほど1年後の幸福感が高ければ，外向性の高さが，幸福感の高さという結果を生じさせたという主張はぐっと説得力を増します。

▶ **他の因果的説明の排除**｜因果関係の証明には，前述した2つの原則で十分な気がしますが，そうではありません。外向性の高い人たちは，同時にお金持ちであり，外向性よりもむしろ金銭的豊かさが，高い幸福感の原因となっている可能性が残されているからです。そこで3つ目の原則が，**他の原因となりうる候補を除外できている**ことです。金銭的豊かさに関係なく，外向性が高い人たちほど1年後の幸福感が高いことを証明できれば，外向性の高さが高い幸福感をもたらすという因果関係の主張は，より強固となるでしょ

う。ただし，他の因果的説明となりうる候補は無数に存在しており，この原則を完全に満たすことは簡単ではありません。金銭的豊かさが原因になっている可能性を排除できたとしても，身体的に健康かどうか，仕事が充実しているかどうか，通勤時間が短いかどうか，結婚しているかどうか，子どもがいるかどうかなど，高い幸福感の原因となりうる候補はほかにもたくさんあります。そのため，第1節で紹介した測定法や分析法を駆使し，これら3原則をできるだけ満たす努力をすることが重要です。

ステップ2

パーソナリティの予測的妥当性：心理学における成果

　D.J. オッツアーらは，パーソナリティ特性が予測する目的変数として，(a) 個人に関する要因，(b) 対人関係に関する要因，(c) 社会システムや制度に関する要因の3つを挙げています[25]。ステップ2では，この分類に従い，心理学で積み重ねられてきたパーソナリティの予測的妥当性に関する成果を紹介します。

▶ **個人に関する目的変数** | 個人に関する要因としては，**幸福感，精神的・身体的健康，美徳，自己概念**などがあります。たとえば，幸福感の30〜40％は，ビッグ・ファイブの5因子によって説明でき，とりわけ外向性の高さや神経症傾向の低さが幸福感の高さと密接に関連していることが，一貫して報告されています（図7-9）[26]。

　外向性と神経症傾向が幸福感に影響する背景には，生物学的メカニズム，ならびに社会環境的メカニズムの2つを想定することができます[27]。生物学的メカニズムについては，外向性や神経症傾向と幸福感に共通した神経伝達物質の存在が挙げられています。たとえば，脳内における**ドーパミン**の放出量が多い人たちは，外向性が高く幸福感も高くなるいっぽうで，**セロトニン**の放出量が少ない人たちは，神経症傾向が高く幸福感は低くなることが明らかになってきています。また，外向性，神経症傾向，そして幸福感の高さは，いずれも**扁桃体，海馬，前頭前野**といった脳部位の活動とも関連しています。 ◀ 生理心理学

25　Ozer & Benet-Martínez, *Annu Rev Psychol*, 2006
26　この研究では，メタ分析という複数の研究結果を統合する分析法が用いられています。メタ分析とは，「分析の分析」という意味です。
27　Steel et al., *Psychol Bull*, 2008

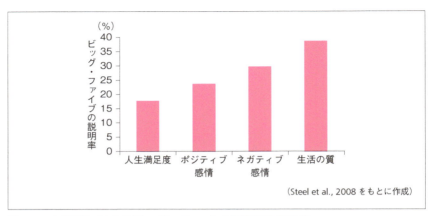

図7-9　幸福感に対するビッグ・ファイブの予測的妥当性

　いっぽうで，社会環境的メカニズムについては，外向性や神経症傾向がそれぞれのパーソナリティ特性に特徴的な行動を促すことで，幸福感に影響すると考えられています。外向性の高い人たちは，そうでない人たちよりも多くの時間を他者と一緒に過ごしたり，周りの他者を楽しませたりすることで，結果として自らの幸福感を上昇させます。しかし，神経症傾向の高い人たちは，これらとは正反対の行動をするために，自らの幸福感を低下させる傾向にあると考えられています。

● **対人関係に関する目的変数**｜対人関係に関する要因には，**家族関係，友人関係，恋愛・夫婦関係**の良好さや継続性があります。児童期から成人期という発達段階に共通して，家族や友人との関係の良好さは，外向性の高さによって予測されることが知られています。外向性の高い人たちは，他者との関係を形成・維持するための動機づけや能力をもっているため，家族とよい関係を築いたり，友人として認めてもらったりしやすいと考えられます。いっぽうで，恋人や配偶者との関係の良好さは，神経症傾向の低さや協調性の高さによって予測されます。神経症傾向の低い人たちや協調性の高い人たちは，自分や相手にネガティブ感情を抱かせないようにすることで，関係満足感の低下，葛藤や暴力の発生，あるいは関係崩壊を生じにくくするのです。

● **社会システムや制度に関する目的変数**｜社会システムや制度に関する要因としては，**職業選択，職務パフォーマンス，職務満足感，政治的態度，地域**

社会へのかかわり方，向社会的行動や反社会的行動などがあります。外向性の高い人たちは，弁護士，バイヤー，美容師といった自己の主体性が求められる業種や，教師，看護師，スポーツインストラクターなど他者とのかかわりが多い業種に関心をもちやすいとされています。協調性の高い人たちも，他者とのかかわりが多い業種，開放性の高い人たちは，科学者，作家，俳優・歌手といった専門的な知識や能力が求められる業種，誠実性の高い人たちは，警察，消防，銀行窓口係といった伝統的な業種に関心をもつ傾向にあります。また，誠実性の高い人たちは，他者から見た客観的な職務パフォーマンスが高いのに対して，外向性の高い人たちや神経症傾向の低い人たちは，本人の主観的な職務満足感が高いことが示されています。

ステップ3

パーソナリティの予測的妥当性：他分野への広がり

　ここまで，パーソナリティの予測的妥当性に関する心理学の知見を見てきましたが，心理構成概念の1つであるパーソナリティが別の心理構成概念を予測するという主張は，どこかトートロジーに近い印象もあります[28]。しかし，パーソナリティによって予測される結果変数は心理構成概念だけにとどまりません。ステップ3では，パーソナリティの予測的妥当性に関する新しい動向として，経済学や疫学・公衆衛生学における知見をまとめます[29]。

▶ **経済学に関する目的変数** | 近年の経済学では，個人の社会的成功に対するパーソナリティの役割が注目されています。たとえば，学歴や知能指数とは関係なく，外向性の高い人たちほどその後の収入が多く，誠実性や開放性の高い人たちほどお金を計画的に使いやすいことが知られています。また，パーソナリティ特性の1つとされる"刺激希求"の高い人たちは，手持ちの資金を失うリスクが大きい場合でも，お金を投資しようとします。

▶ **疫学に関する目的変数** | 疫学や公衆衛生学の分野でも，疾患や病気の発症を未然に防ぐという観点から，パーソナリティが脚光を浴びています。実際に，外向性や誠実性の高さ，調和性の低さは，身体的健康度や寿命に影響することが報告されています。外向性の高い人たちは，周りの他者からサポー

---

[28] トートロジーは，ある用語を定義するときに，その用語がそのまま説明に含まれている堂々めぐりな記述のことをいいます。たとえば，「外向性の高い人たちは外向的にふるまう」という説明は，外向性の定義とはいえません。"同語反復"，"類語反復"と訳されます。
[29] 高橋ら，心理学研究，2011

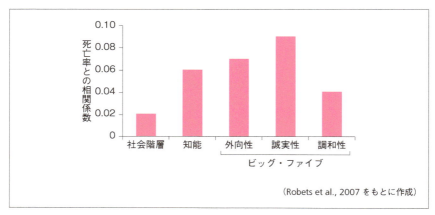

図7-10　死亡率と社会階層，知能，パーソナリティ特性（ビッグ・ファイブ）との関連

トを獲得でき，誠実性の高い人たちは，運動をして喫煙や多量の飲酒を控えるといった健康的な行動をとれるため，健康で長生きしやすいと考えられます。いっぽうで，調和性の低い人たちは，他者に対して怒りや敵意を抱きやすいために，心臓血管系の疾患にかかりやすいといわれています。これらのパーソナリティは，収入や学歴といった社会階層や知能よりも死亡率と強く関連しています（**図7-10**）。

4　パーソナリティの形成・発達

ステップ1

遺伝と環境

　前節で述べたとおり，外向性の高さは幸福感を高めるといわれています。ここで少し考えてほしいのですが，この知見は，いま外向性が高い人たちはこの先ずっと外向的であり続け，その結果としていつまでも幸せに暮らせることを意味しているのでしょうか。逆に，現時点で外向性が低い人たちは，

永遠に外向性が低く，幸福感の高まることのないまま一生を終えなければいけないのでしょうか。

この問いに対して，これまでの研究成果は，"必ずしもそうではない"ことを教えてくれています。私たちのパーソナリティには，両親から受け継いだ遺伝子によって生まれる前から決まっている側面と，生まれた後の環境や状況によって決まる側面の両方があるからです。本節では，パーソナリティが個人のなかでどのようにして形成・発達するのかについて，遺伝と環境の両面から解説します。そのために，まずは，行動遺伝学（behavioral genetics）という分野について理解しておきましょう。

▶ **行動遺伝学** ｜「同じご両親から生まれたきょうだいでも，A君は勉強も運動もできるうえに性格もいいけど，B君はどれもイマイチよね」といった発言を耳にしたことはないでしょうか。これは氏か育ちかという発達に関する昔からの問いです。 ◀ 心理学の歴史 ◀ 発達心理学

行動遺伝学は，個人の行動パターンに対して，遺伝と環境がどのくらい影響しているのかを検討する分野です。行動遺伝学では，ふたご（双生児）のデータを用いることにより，環境の影響を遺伝の影響から分けて考えます。さらに，環境の影響は，ふたごが育った同じ家庭環境を意味する**共有環境**と，ふたごがそれぞれ経験した固有の環境を意味する**非共有環境**に区別されます。ふたごには，1つの受精卵から生まれ，遺伝情報を互いに100％共有している一卵性双生児と，2つの受精卵から生まれ，遺伝情報をおよそ50％共有している二卵性双生児があります。このとき，あるパーソナリティの類似性（相関係数）が，一卵性双生児では0.70，二卵性双生児では0.40だったとします。**図**7-11は，あるパーソナリティのふたごの類似性に対して，遺伝の影響は60％，共有環境の影響が10％，非共有環境の影響が30％であったことを示しています。行動遺伝学により，生まれつきもっている遺伝子と，生まれた後に経験する環境が，パーソナリティの個人差にどのくらい影響するのかが明らかになりつつあります。

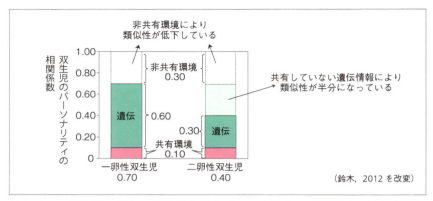

図7-11 一卵性双生児と二卵性双生児のパーソナリティの類似性に対する遺伝と環境の影響

----- ステップ2 -----

行動遺伝学の成果

■ **行動遺伝学の3法則** | ステップ2では，遺伝と環境がパーソナリティに与える影響にまつわる行動遺伝学の知見を概観します。行動遺伝学の研究で世界をリードする研究グループが慶應義塾大学にあります[30]。このグループが，ふたご研究において，身長や体重などの身体的特徴，ならびに知能，学業成績，パーソナリティ特性といった心理・社会的特徴に対する遺伝と環境の影響力を算出しました（**図7-12**）。その結果は，(a) 身体的特徴だけでなく，心理・社会的特徴に対しても，遺伝の影響がある程度みられる，(b) 身体的特徴と心理・社会的特徴に共通して，共有環境はそれほど影響しない，(c) 身体的特徴よりも，心理・社会的特徴に対して，非共有環境が強く影響している，という3点にまとめることができます。これら3つの知見は時代や国を超えてかなり一貫しており，**行動遺伝学の3法則**とよばれています。

図7-12から，パーソナリティ特性に対して，遺伝の影響と非共有環境の影響はそれぞれ50％ほどずつみられることがわかります。これは，パーソナリティの形成・発達を理解するためには，生得的な遺伝子と後天的な環境の両方に注目する必要があることを意味しています。それと同時に，**親の養育や家族とのかかわりといった共有環境がパーソナリティ特性に与える影響**

---

[30] 慶應義塾大学ふたご行動発達研究センター

4 パーソナリティの形成・発達

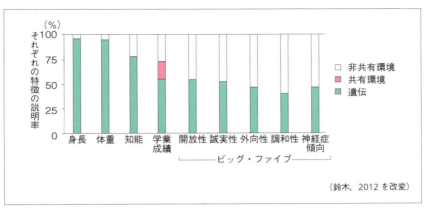

図7-12 双生児の身体的特徴，心理・社会的特徴に対する遺伝と環境の影響

はきわめて小さい，という驚くべき事実も読みとれます。

▶ **遺伝と環境の交互作用** ｜ ただし，行動遺伝学の3法則にもとづき，パーソナリティの形成・発達において親や家族の存在は重要ではない，と結論づけるのは早すぎます。慶應義塾大学の同研究グループは，ある特定の状況下において，他者を思いやったり他者の視点に立ったりする傾向である**共感性**に対し，共有環境の影響が強くなるいっぽうで，遺伝の影響は弱くなることを実証しました。それは，幼いときに親が情愛深く接してくれていたと感じている場合です。たとえば，母親の情愛を低く感じている個人においては，共感性に対する共有環境の影響は10％程度にすぎなかったのに対して，母親の情愛を高く感じている個人では，共感性に対する共有環境の影響は約30％にまで上昇していました（**図7-13**）[31]。このように，行動遺伝学によって，パーソナリティに対する遺伝と環境それぞれ単独の影響とともに，**遺伝と環境の交互作用**（いっぽうだけではとらえられない組み合わせの効果）についても知ることができるのです。

----- ステップ3 -----

パーソナリティ障害

　必ずしもすべての個人がパーソナリティをうまく形づくれるとは限りません。パーソナリティの形成や発達になんらかの問題を抱えた人たちは，大多

---

[31] 父親の情愛についても，ほぼ同じパターンがみられています。

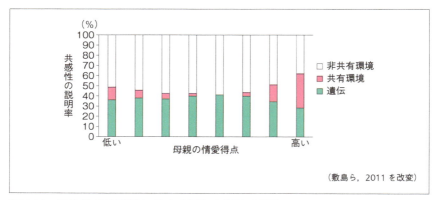

図7-13 双生児の共感性に対する遺伝と環境の影響

数の人とは異なるふるまいをするため,「あの人ちょっと変わってるよね」「何かおかしいよ」と周りから思われやすくなります。ステップ3では,こうした人たちが抱えている可能性のあるパーソナリティ障害（personality disorders）について学びましょう。

▶パーソナリティ障害の定義と分類 | DSM-5（Diagnostic and Statistical Manual of Mental Disorder：精神疾患の診断・統計マニュアル）によれば,パーソナリティ障害とは,一般常識や社会規範から明らかに逸脱しており,柔軟性がなく,青年期や成人期早期から長期間にわたって継続し,自らの苦痛や社会生活での困難をひき起こす内的体験や行動パターンを指します[32]。つまり,周りとはどこか変わったふるまいをすることで,他者はもちろん,自分自身さえも困らせてしまうのが,パーソナリティ障害をもつ人たちの特徴です。

DSM-5では,パーソナリティ障害をA群,B群,C群の3つに区分しています（**表7-2**）。A群パーソナリティ障害は,奇妙で風変わりな行動によって他者と親しい関係を築くことが難しい人たちにみられ,具体的には（a）猜疑性／妄想性,（b）シゾイド／スキゾイド,（c）統合失調型パーソナリティ障害が含まれます。B群パーソナリティ障害は,演技的で感情的,気まぐれな行動により他者に対して衝動をぶつけやすい人たちにみられ,（d）反社会性,（e）境界性,（f）演技性,（g）自己愛性パーソナリティ障害が含まれます。そして,C群パーソナリティ障害は,不安や恐れによる自信のな

---

[32] DSM-5によると,アメリカでは,成人の約15％がパーソナリティ障害と診断されています。

表7-2 DSM-5におけるパーソナリティ障害の分類

分類	種類
A群	・猜疑性パーソナリティ障害／妄想性パーソナリティ障害 ・シゾイドパーソナリティ障害／スキゾイドパーソナリティ障害 ・統合失調型パーソナリティ障害
B群	・反社会性パーソナリティ障害 ・境界性パーソナリティ障害 ・演技性パーソナリティ障害 ・自己愛性パーソナリティ障害
C群	・回避性パーソナリティ障害 ・依存性パーソナリティ障害 ・強迫性パーソナリティ障害

さから対人関係に困難を生じさせやすい人たちにみられ，ここには（h）回避性，（i）依存性，（j）強迫性パーソナリティ障害が含まれます。なお，B群パーソナリティ障害と関連し，マキャベリアニズム，サイコパシー傾向，自己愛傾向の3つを"ダークトライアド"と総称します。ダークトライアドは，反社会的行動をとりやすい人たちに特徴的にみられるパーソナリティとして，最近注目を集めています。

▶**パーソナリティ障害の診断** パーソナリティ障害は精神疾患の1つです。したがって，「ちょっと変わってるなぁ」くらいで，安易に自分や他者をパーソナリティ障害と断定してはいけません。パーソナリティ障害の診断は，精神科医や臨床心理士といった専門家にしかできない仕事であり，素人がステレオタイプ的に他者をパーソナリティ障害扱いすることは，偏見や差別につながりかねません。実際，DSM-5には，パーソナリティ障害を不安障害，うつ病，心的外傷後ストレス障害といった他の精神疾患と混同しないようにという注意書きがあります。**パーソナリティ障害かそうでないかを見極めるのは，専門家でさえ難しい**ということをくれぐれも忘れないでください。

図版引用文献一覧

図7-8　鈴木公啓 編（2012）．パーソナリティ心理学概論―性格理解への扉―．ナカニシヤ出版，

p.19, 図2-3.
図7-9 Steel, P., Schmidt, J., & Schultz, J. (2008). Refining the relationship between personality and subjective well-being. *Psychological Bulletin*, 134, 138-161, Table 7.
図7-10 Roberts, B. W., Kuncel, N. R., Shiner, R., Caspi, A., & Goldberg, L. R. (2007). The Power of personality: The comparative validity of personality traits, socioeconomic status, and cognitive ability for predicting important life outcomes. *Perspectives on Psychological Science*, 2(4), 313-345, Fig.1.
図7-11 鈴木公啓 編 (2012). パーソナリティ心理学概論―性格理解への扉―. ナカニシヤ出版, p.40, 図4-2.
図7-12 鈴木公啓 編 (2012). パーソナリティ心理学概論―性格理解への扉―. ナカニシヤ出版, p.42, 図4-3.
図7-13 敷島千鶴・平石界・山形伸二・安藤寿康 (2011). 共感性形成要因の検討：遺伝-環境交互作用モデルを用いて. 社会心理学研究, 26 (3), 188-201, 図7.
表7-1 McCrae, R. R. & John, O. P. (1992). An introduction to the five-factor model and its applications. *Journal of Personality,* 60(2), 175-215, Table 1.

第 8 章 臨床心理学 ── こころの健康マネージメント

1. 臨床心理学とはなにか
2. 精神分析療法
3. クライエント中心療法
4. 行動療法・認知行動療法
5. そのほかの臨床心理学的アプローチ

〔相馬花恵〕

1 臨床心理学とはなにか

ステップ1

臨床心理学とは

　臨床心理学とは，心理的な問題を抱える人（クライエント）に対する心理学的援助を，理論的・実施的に研究する学問です。クライエントが抱える心理的な問題や，クライエントのパーソナリティそのものを理解・把握したり（心理アセスメント），不調を改善するための心理的な援助（心理療法）をおこないます[1]。また，問題の発生を未然に予防し，心身ともにより健康で適応した状態を維持・促進することも重要な視点の1つといえます。

　臨床心理学の基礎理論は，精神分析理論，人間性心理学理論，そして行動‒認知理論に大別されます（図8-1）。1900年ごろに，S.フロイトによって確立された精神分析理論では，心の世界を意識できる部分とできない部分（無意識）との2つに分けてとらえます。そして，無意識に抑圧された心の葛藤や不安によって，神経症[2]をはじめとする心身の不調が生じると考えました。そこで精神分析療法では，**無意識に抑圧された心の葛藤や不安を意識化する**ことにより心の健康が回復すると仮定し，クライエントに対して**解釈**を与えるという働きかけをおこないます。　心理学の歴史

　1960年代に入り，A.H.マズローやC.R.ロジャースを中心に人間性心理学が確立しました。精神分析理論では"治療者（セラピスト）から解釈を与える"方法が用いられましたが，人間性心理学では，"**クライエントが生まれながらにもっている可能性や能力をひき出す**"よう支援することが重視され

1　心理療法の前には，"インテーク面接"がおこなわれます。ここで，クライエントの問題を把握し，治療計画や治療経過の予測を立てる"見立て"がおこなわれます。その際に，心理アセスメントがおこなわれるのが一般的です。また，インテーク面接終了後は，"治療契約"として，治療の方針や通う頻度・時間・料金などの確認をおこない，治療の枠組みを明確にします。ここで，治療計画や治療目的に関するインフォームドコンセントをおこない，クライエントの了解を得たり，治療への動機を高めることが重要となります。

2　ストレスが原因となり生じる心身の不調を指します。日常生活に支障がおよぶほどの強い不安などを特徴としますが，その状態像はさまざまです。現代では，より詳細かつ正確な診断をおこなうため，DSM（p.210参照）において「神経症」という用語は用いられていません。たとえば，フロイトが研究したヒステリーも，現在では「解離性障害」としてとらえられています。

1 臨床心理学とはなにか

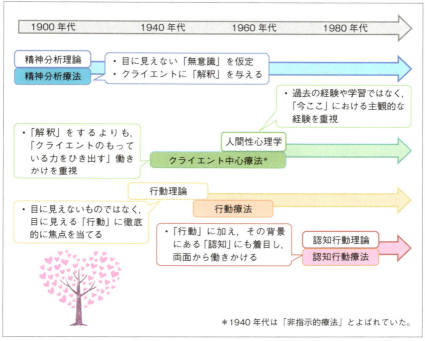

図8-1 臨床心理学における基礎理論とアプローチ

るようになりました。この人間性心理学を代表する心理療法が，クライエント中心療法です。

いっぽう，1940年代ごろから，行動理論（学習理論）が注目を集めていました。行動理論では，それまでの生活のなかで誤った学習をした結果，不安をはじめとする症状や不適応行動が生じると考えます。そこで，H.J.アイゼンクらを中心に確立された行動療法では，誤った学習をとり去り，適切な行動を新たに学習することが目標とされます。

この行動理論は，1980年ごろから盛んになった認知理論と統合され，その後，認知行動理論とよばれるようになりました。臨床心理学における認知理論を確立したA.T.ベックは，心理的な不調をひき起こす背景には，ある考え方の癖（認知のゆがみ）があると提唱しました。こうした考え方の癖に働きかけ，適応的なものへと修正していくことを目標とするのが認知行動療法です。

以上のように,それぞれの理論に対応するアプローチ法が確立されています(図8-1)。実際の心理療法では,各アプローチ法を組み合わせたり,折衷的に用いることもあります[3]。

ステップ2

臨床心理学の発展

自己紹介の場で,「心理学を勉強(研究)しています」というと,相手から「じゃあ,人の心が読めるのね!」と返された経験のある人は少なくないのではないでしょうか。しかし(こうした周囲の期待はさておき),このテキストを読み学習しているみなさんは,いくら心理学を学び研究したからといって,その人の思考や感情が手にとるようにはわからないということを,実感しているかと思います。

人のこころを探究するためには,科学的・実証的な視点が重要となります。この点は,臨床心理学においてもいえることです。ステップ1で述べた各理論やアプローチ法が,現在においてもさまざまな場で活用されている背景には,**実証的な研究により裏づけられた科学的根拠**があるのです。"**メタ分析**"とよばれる手法[4]を用い,心理療法の効果を客観的に実証しようという試みが盛んにおこなわれています。

こうした研究から明らかになった科学的根拠に支えられ,クライエントが抱える問題・症状にあわせたアプローチ法の選択も可能になりました。たとえば,過度の緊張や恐怖に悩むクライエントには行動療法を,抑うつに対しては認知行動療法を,というように,ある症状に効果的であると実証されているアプローチ法を選択・施行できるようになったのです。

また,科学的・実証的な研究の積み重ねは,有効なアプローチ法の選択だけでなく,クライエントの問題・症状を理解し,診断する際の基準の確立にも貢献しました。そうした基準をまとめたものが,ICD(International Statistical Classification of Diseases and Related Health Problems:疾病及び関連保健問題の国際統計分類)や,DSM(Diagnostic and Statistical Manual of Mental Disorders:精神疾患の診断と統計の手引き)です[5]。こうした基

---

3 たとえば,クライエント中心療法においてとくに重視される"治療者とクライエントとの間の信頼関係の構築"は,精神分析療法を含めたほかのアプローチを実施する際にも必要不可欠なものとしてとらえられています。
4 過去の論文で発表されたデータを収集し,統計的方法を用いて統合したり比較したりする分析手法を指します。

準が確立される以前は，診察する精神科医によって，（同一のクライエントを診察しているにもかかわらず）診断名が異なることが少なくありませんでした。しかし現在は，診断基準が明確になり，客観的な診断を下すことが可能となりました。

しかし，いくら科学的根拠にもとづくアプローチ法が確立されたからといって，また，医学的な診断基準があるからといって，「恐怖症には行動療法を実施すればよい」といった短絡的な理解をしてはいけません。診断名にばかり注目していては，クライエントひとりひとりの"生の声"に耳を傾けにくくなります。また，診断名はつかない（基準には当てはまらない）けれどもなんらかの不調を抱え，援助を求めてやって来るクライエントに対応することが求められる場合もあります。臨床心理学の専門家としては，目の前のクライエントが「今ここ」で抱いている悩みや治療に対する願いをくみとりながら，**その時々で最適なアプローチ法を検討していくという態度**が求められるといえるでしょう。

ステップ3

臨床心理学が求められる現場

臨床心理学は，科学的・実証的な研究により発展してきました。しかし，臨床心理学的な実践が，研究室の中だけでおこなわれているわけでは，もちろんありません。私たちが生活する社会のなかの，さまざまな現場で求められ，活用されています。臨床心理学が活躍する現場の幅広さを，一部ご紹介しましょう。

▶ **医療現場** ｜ 臨床心理士や心理相談員として[6]，精神科や心療内科，小児科などを中心に活動します。心身に不適応を起こしている人を対象に，心理アセスメントや心理療法をおこないます。そのほか，慢性疾患を抱えた人やその家族へのメンタルケア[7]など，臨床心理学のニーズは幅広いといえます。

▶ **教育現場** ｜ スクールカウンセラー[8]や教育相談員として活動します。子どもの発達や成長のための心理的援助と，その子どもをとり巻く家族や教師へ

---

[5] 前者は世界保健機構（WHO）によるもので，現在は第10版（ICD-10）が使用されています。後者はアメリカ精神医学会によるもので，現在は第5版（DSM-5）が使用されています。

[6] 2015年9月に，"公認心理師"という国家資格を設ける法律（公認心理師法）が成立しました。今後，心理学に関する専門的な知識および技術を有する人材がさらに求められるようになるでしょう。

[7] QOL（quality of life：生活の質）を維持・向上させながら治療を継続できるよう支援することが求められるといえます。

の援助をおこないます。心理的な問題を予防するための啓発活動や研修会の開催なども重要な役割の1つです。

▶ **福祉にかかわる現場** ｜児童心理司や心理指導員，心理療法担当職員として，対象となる人々の心身の問題や福祉に関係する幅広い問題を扱います。保健所，児童相談所，乳児院・児童養護施設，女性相談センター，老人福祉施設，心身障害者福祉センター，障害者職業センターなど，活動の場はさまざまです。地域で暮らす人々の生活全般にかかわる心理的援助が求められます。

▶ **司法にかかわる現場** ｜家庭裁判所調査官や法務技官，保護観察官，児童自立支援専門員といった立場から，罪を犯した人を対象に，社会的処遇を決定する際の調査や心理検査，行動観察などをおこないます。また，矯正に向けての心理面接も担当し，社会復帰へのサポートをおこないます。

▶ **産業にかかわる現場** ｜企業内外の相談機関や公共職業安定所（ハローワーク）などの場において，産業カウンセラーや職業指導官などとして活動します。より快適な就労の継続を支援したり，職場内の**コンサルテーション**[9]などもおこないます。また，休職から復職にいたるまでの過程（生活リズムの調整や，体力・作業遂行能力の回復，再発予防など）を支援する役割も重視されています。

　このように，臨床心理学はさまざまな現場で求められ，実際にそれを専門とする人々が活躍しています。いっぽうで，臨床心理の専門家に求められることとして，**ほかの専門家および機関との連携**が挙げられます。たとえば，病院の心理士は，院内の医師や看護師，精神保健福祉士，作業療法士，理学療法士や言語聴覚士らと情報を共有し，クライエントの治療にチームでとり組むことが求められます。また，スクールカウンセラーや産業カウンセラーは，クライエントが所属する学校や職場，そして家族と連携をとることはもちろん，ときにはほかの専門機関（児童相談所や医療機関等）を紹介するなどの働きかけもおこないます。さらに，こうした働きかけをおこないながら，地域社会で生活する際に，クライエントが利用できる社会資源（社会福祉にかかわる制度や施設など）に関する情報を提供することも求められます[10]。

8　小・中・高校だけでなく，幼稚園・保育園で"保育カウンセラー"の活動がおこなわれている地域もあります。また，大学における心理教育的援助サービスには，学生相談室があります。
9　コンサルテーションとは，その機関の職員や専門家（保育士や教師など，対人援助にかかわるほかの専門家を含む）に対して，臨床心理学の視点から提案・助言などをおこなうことを指します。

なお，先述したほかの専門家・専門機関との連携は，援助者自身の**バーンアウト**や**二次受傷**の予防にも役立つといえます[11]。すべてを一人で抱え込もうとすると，これらの問題を招きかねません。一人のクライエントに対し，自分ができること・できないことを整理し，できることに誠意をもってとり組みながら，ほかの人や機関とつながり，協働していくことこそ，臨床における専門家のあり方といえるでしょう。

2 精神分析療法

ステップ1

精神分析理論とは

精神分析の治療理論・方法は，1900年ごろ，オーストリアの**S.フロイト**によって確立されました。精神分析では，意識の思いどおりにならない部分，すなわち**無意識**に注目し，人の心を理解しようとします。神経症のような症状も，この無意識が影響を与えているととらえます。〈心理学の歴史〉

▶ **局所論** | フロイトは，人の心を理解するために，2つの理論を提唱しました。1つ目が**局所論**です。これは，心の領域を，"意識"，"無意識"，"前意識"に分けてとらえる考え方です。**意識**の領域には，自分自身で気づいている情報があります。たとえば，「今の気分を答えてください」という質問をされたとき，頭のなかに浮かんでくる情報は，意識の領域にあるといえます。いっぽう，**無意識**は，単に意識されないだけでなく，意識に受け入れると精神の安定が脅かされるため，抑圧されている心の領域です。たとえば，とても大きな不安を抱いており，それを意識すると心のバランスが崩れてしまうようなとき，「不安だ」という情報は，無意識の領域に抑圧されます。

---

10 とくに，地震などの災害や事故時には，救出，非難，生命の安全確保といった救援活動に加え，"心のケア"対策も講じていく必要があります。平常時から災害時の精神保健医療活動に関する情報提供などをしておくことも重要です。

11 バーンアウトとは，長期間にわたり仕事にかなりのエネルギーを注ぎ続けた結果，極度に心身が疲労した状態を指します。力尽きて無気力になり，他者に対しても関心や思いやりを抱けません。自信の喪失や抑うつなどの症状も現れます。また，二次受傷（代理受傷）とは，他者の悲惨なトラウマ経験を知ることにより，まるで自分がそれを経験したように感じ，外傷性ストレス反応（過覚醒状態の持続，フラッシュバックなど）を体験することを指します。

最後の**前意識**は，意識と無意識の間にある領域です。前意識の領域にある情報は，ふだんは意識にのぼることはありませんが，注意を向けると容易に思い出すことができるととらえられます。

▶ **構造論** ｜ 人の心は，こうした領域に分けられるだけでなく，いくつかの異なる働き（機能）をもっています。この考えにもとづくのが，2つ目の**構造論**です。心の機能には，"イド（エス）"，"自我"，"超自我"があります。イドは，無意識の世界で，本能的エネルギー（リビドー）の貯蔵庫として働きます[12]。「○○したい！」という欲望を満足させ，快楽を得ることを目指します。いっぽう，**超自我**は，人が成長する過程において身につけた価値観や道徳観（しばしば親の態度やしつけなどにもとづく）が反映されており，「○○してはいけない！」「○○すべき！」という価値基準を司ります。イドの欲望・衝動を禁止する役割です。このように，イドと超自我は，しばしば衝突を起こし，葛藤状態をひき起こします。そこで登場するのが，**自我機能**です。イドと超自我の2つの折り合いをつけようとする，中間管理職的な存在といえるでしょう。したがって，心のなかで，これら3つの機能がうまくバランスをとるためには，この自我機能がいかに発達しているかが重要になります。

▶ **心理性的発達理論** ｜ フロイトは，心の発達に関して独自の理論（**心理性的発達理論**）を提唱しました。そこでは，各発達段階において，本能的エネルギーであるリビドーをどのように処理していくのかが，その後の自我機能の発達に影響をおよぼすと考えます。具体的には，各段階におけるリビドーが養育者からの過保護な働きかけなどにより過度に満たされすぎたり，逆に，ほとんど世話をされず，満たされないまま放置されると，その後の発達において心のバランスが崩れやすくなるととらえます[13]。

なお，この心理性的発達理論は，子どもを直接の研究対象としたのではなく，大人（多くは成人して神経症状態を呈するクライエント）の回想をもとにつくられたものでした。そのため，とくに乳幼児期の発達のとらえ方には不足やゆがみがあるといった指摘がなされています。また，リビドーといった概念は，曖昧で客観的に測定できないという指摘もあります。こうした指

---

[12] いっぽう，自我・超自我は，無意識から意識までの領域にまたがって存在すると考えられました。
[13] たとえば，生後から1歳半までの時期は，口の周りにリビドーが集中する時期とされています。この時期に，授乳などを通して適度な欲求充足が得られると，他者（母親など）に対する信頼感が得られます。しかし，空腹を感じる前にお乳を与えられるなど，過剰な働きかけがおこなわれると，依存心やずうずうしさが強まります。逆に，空腹になってもお乳を与えられないなど適切な世話をしてもらえないと，他者に対する信頼感は欠如し，悲観的になりやすいとされています。

摘から，フロイトの発達理論は，現代においても議論の対象となっています。

---- ステップ 2 ----

精神分析理論の展開

　いっぽう，フロイトの理論のなかには，現代の心理学に影響を与えているものもあります。ここからは，フロイトが自身の発達理論のなかで提唱した，ある心の葛藤を紹介し，そうした葛藤や不安に対処するためのアプローチ法（精神分析療法）について見ていきます。

　フロイトは，自身の発達理論のなかで，3～5歳ごろにエディプス・コンプレックスが生じると主張しました[14]。彼によると，この時期の子どもは，異性の親（たとえば，男児にとっての母親）に愛情を抱き，一体感を脅かす同性の親（男児にとっての父親）に敵意をもつといいます。しかし，それに対して同性の親から罰せられるのではないかという不安も抱きます。また，異性の親と一体になり，同性の親を排除することからくる罪悪感なども抱きます。これらの情動が絡まって，心のなかに葛藤が生じるのです[15]。

　このような心のなかの葛藤や不満，恐怖などに対処する方法として防衛機制があります（表8-1）。たとえば，抑圧はもっとも基本となる防衛機制の1つです。これは，不安や罪悪感など，自我が受け入れがたい感情や思考にふたをして，無意識に閉じ込めておこう（意識しないようにしよう）とする心の働きを指します。こうした心の働きを用いることで，人は現実世界をより健康的に生きようとする，ととらえられました。

　防衛機制が成功すると不安は静まりますが，失敗すると不安はさらに強まります。そのため，新たな防衛機制を過度に働かすこととなり（過剰防衛），それが身体症状（痛みや吐き気，しびれなど）や解離症状（自分が誰だか理解不能になったり，複数の人格をもったりする）として現れます。

---

[14] こうしたフロイトの理論には，彼の家族構成・家族関係が大きく影響をおよぼしているといわれています。フロイトは，3度目の結婚となる父親と，21歳の母親との間に生まれました。父と母との間にはかなりの年の差があり，フロイトにとって，じつの父親は祖父のように見えていたといわれています。いっぽう，母親は「私の宝物のジギちゃん（フロイトの名"ジグムント"の愛称）」とよぶほど，彼を溺愛して育てていました。

[15] この葛藤を経て，子どもはやがて，敵意を抱いていた同性の親への愛情をとり戻し，同性の親に同一化（表8-1）することで，自分らしさを確立していきます。この時期は，社会的な価値基準を司る超自我の形成にとっても重要な段階とされています。

表8-1 防衛機制の例

防衛機制	特徴	具体例
抑圧	受け入れることが苦痛な考え（欲求）を意識にのぼらないよう無意識に閉じ込めておく	他者に対する嫌悪感や攻撃性などを無意識に抑えつける
否認	容認したくない経験（出来事）を実際には存在しなかったかのように振る舞う	大切な人が「不治の病である」と知らされても、それを信じようとしない
投影（投射）	自分では認めがたい感情や欲求を他者がもっているものとする	「あの人が嫌い」という感情を抑え、「あの人が自分を嫌っている」と思い込む
合理化	自分の言動を正当化するような説明をしたり、強引な理屈づけをおこなう	ブドウが食べられなかったことに対し「酸っぱいからいらない」と理由をつけ正当化する
知性化	不安を生じさせるような事柄に対し、それらに関する知識を得たりなどして感情の生起をコントロールする	大病を患った際、その病に関する医学的知識を得ることで、自分の不安を覆い隠す
反動形成	衝動や願望が行動に表れるのを防ぐため、それとは正反対の行動や態度をとる	無意識下では上司に対して敵意や嫌悪感をもつ人が、その上司を過度に尊敬したり、好意を示したりする
置き換え	ある対象に抱いた衝動や願望を、他の対象にぶつけて解消する	上司に怒られ、その上司に嫌悪感を抱いた人が、部下に対して攻撃の矛先を向ける
昇華	衝動や願望を社会的に容認された方法で解消する	日常の不満や攻撃性をスポーツで発散する
同一化（同一視）	自分にとって好ましい人・理想とする人の特徴をとり入れて自分のものにする	好きなアイドルやモデルの、化粧や髪型を真似る
退行	困難な事態に直面した際、未熟な行動によって当面の困難を避けようとする	弟や妹が生まれた際に、両親の愛情が自分から移ってしまうことを恐れ、おねしょなどをして世話をやかせる

▶ **精神分析療法** 精神分析療法では、無意識の世界にある葛藤や不安を、防衛せずに意識化（洞察）することができれば、過剰防衛によって起こる上記のような症状も解消されると考えます。しかし、無意識にとどめておきたい葛藤や不安を意識化させようとすると、そうした治療そのものに対しても抵抗が生じます。これも自我の防衛の1つととらえることができます。精神分析療法では、こうした防衛機制をも治療の対象として扱います。つまり、これまでの人生において**身につけてきた（過剰な）防衛を意識化させること**で、適応的な反応へと修正していくのです。

ステップ3
精神分析療法の技法

▶ **自由連想法** ｜精神分析療法のもっとも基本的な技法として，自由連想法が挙げられます[16]。これは，頭に思い浮かんだことをそのまま言葉にしていく方法です。この際，意識的なコントロール（「こんなことをいったらおかしな人だと思われるかもしれないから，いわないでおこう」という判断や選択等）をおこなわないよう，治療者とクライエントとの間でルールを共有しておきます。治療者は，クライエントの語りを聴くなかで，話の流れを整理し，重要な出来事の事実関係を明確にしたり，無関係な部分から重要な部分を浮き彫りにしたりします（明確化）。また，話がくい違っていたり，不自然であったりする態度を指摘したりもします（直面化）。さらに，クライエントの語りや態度などから，それまで目を向けられなかった（意識できなかった）**無意識の葛藤や欲求を見出し，それをクライエントに伝えていきます**（解釈）。クライエントは，治療者の解釈により，自分の心をありのまま意識できるようになり（洞察し），自分自身をよりいっそう理解することが可能になります。

▶ **転移と逆転移** ｜精神分析療法では，クライエントの防衛機制に注目し，それを意識化させていきます。治療のなかで生じる防衛機制のうち，もっとも注目すべきなのが，転移です。これは，**ある特定の人物（親などの自分にとっての重要な他者）に向けられている感情が，治療者に向けられること**を指します。たとえば，幼少期に父親に対して抱いていた恐怖感を治療者に対して感じる場合，そこで転移が生じているととらえます[17]。治療者は，転移によって向けられた感情をとりあげ，解釈をしていきます。こうした働きかけを通じて，クライエントがこれまで経験してきた過去の感情体験を整理するとともに，「今ここ」での感情体験に焦点を当てていきます。

いっぽう，治療者からクライエントに対して生じる転移（逆転移）もあります。当初，逆転移は，治療者自身の未熟な無意識的感情であり，克服すべきものであるととらえられてきましたが，今日では，治療者自身の自己理解

---

16 海外ドラマなどで，寝椅子やベッドに横たわったクライエントが治療者と対話している場面を見たことがある人もいるでしょう。この横になった姿勢でおこなう治療は，精神分析療法において自由連想法をおこなう際に用いられてきました。現在では，椅子に座った対面法を用いて治療をおこなうスタイルが多くなっています。

17 転移は，恐怖や敵意，嫌悪，軽蔑といったネガティブな感情だけでなく（陰性転移），好意や依存，性愛感情などのポジティブな感情でも生じるとされています（陽性転移）。

や，クライエント理解に利用していこうというとらえ方がなされています。ただし，逆転移は治療者側に自覚されずにいると，治療者とクライエントとの関係構築に支障がおよぶなど，治療の妨げとなることもあります。そのため，スーパービジョンや教育分析[18]を通じて，治療のなかで起こるさまざまな感情の動きを把握する姿勢が重視されています。

▶**遊戯療法の展開** | 今日，精神分析の対象や方法はさまざまに展開されています。その1つが，S.フロイトの娘であるA.フロイトや，M.クラインに代表される遊戯療法（プレイセラピー）です。文字どおり遊びを用いた心理臨床的援助であり，言語によって思考や感情を表出すること（精神分析においては自由連想すること）が比較的困難である子どもを対象としています。治療効果としては，子どもが自己を思う存分表現することによるカタルシス効果（心の浄化作用）や，治療者から受容・共感されることによる安心感や自信の獲得などが挙げられます。遊戯療法を用いる際は，子どものみではなく，親（養育者）に対しても心理面接などの援助をおこなうことがあります。親子双方に働きかけることで，親子関係をより安定させ，子どもの問題の改善を促すことが期待されます。

3 クライエント中心療法

······ ステップ1 ······

人間性心理学理論

人間性心理学理論は，1960年代にアメリカで発展した理論です[19]。人間性心理学の父ともされるA.H.マズローは，人間ひとりひとりを"自己実現を目指して成長する存在"であるととらえました。自己実現とは，人が生まれながらにもっている可能性を最大限に発揮して，自己成長しようとする傾向を

---

18 スーパービジョンは，より知識や技能の熟達した先輩治療者から事例に関して助言や指導を受けることを指し，教育分析は，治療者自身の個人的な心理傾向や抱えている葛藤・課題を先輩治療者とともに整理・検討することを指します。
19 人間性心理学を，原語のままヒューマニスティック心理学とよぶこともあります。ヒューマニスティックとは，「人間らしいさま」などといった意味があります。この言葉にも表れているように，人間性心理学では，"人間が主体性や創造性を発揮し，人間らしく生きること"を志向します。

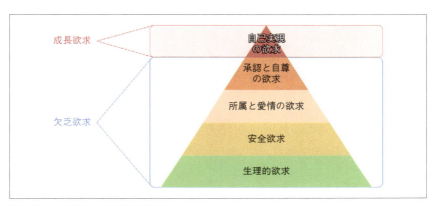

図 8-2 マズローの欲求階層説
生理的欲求から承認と自尊の欲求までは"欠乏欲求"とよばれる。下位の欲求が満たされると満足感が生じ、上位の欲求が生じるという性質をもつ。いっぽうで自己実現の欲求は"成長欲求"とされ、たとえ欲求が充足されてもそれで行動が終わるわけではなく、さらなる成長を目指して進み続けるという性質をもつ。

指します。この自己実現傾向が阻害されている状態では、精神に不調をきたしてしまいます。そこで心理療法では、そうした阻害要因をとり除きながら、本来の自己実現傾向をとり戻すことが目標とされます[20]。

▶ **欲求階層説** マズローは、いくつかの欲求段階を経て自己実現に向かうという欲求階層説を提唱しました（図8-2）。これによると、人間はまず、食欲・睡眠欲・性欲といった生きるために必要な生理的欲求が満たされることが必要になります。これが満たされると、安全や安定を求める欲求が現れます。それも満たされると、次は集団に所属したり他者から愛されることを求めるようになります。さらにそれらが満たされると、周囲に認められ、自信を得たいという欲求が芽生えます。そして、これらの欲求がすべて満たされたとき、初めて"自己実現の欲求"が出てくるのです。マズローは、自己実現をはたした人間は、自分や他者をありのまま受容し、自発的に行動し、ユーモアのセンスがあるといった特徴を有するととらえました[21]。

---

20 精神分析理論や行動主義にもとづく理論では、不適応状態にある人に焦点を当てていました。いっぽう、人間性心理学では、"人は本来健康的な存在である"という考えのもと、不適応をもたない健康な人に注目し、理論化している点が特徴的です。たとえばマズローは、優れた才能をもち活躍をしている人物や健康な大学生を対象に面接をしたり、調査をおこなったりして、そうした人物の特徴を研究しました。
21 マズローの理論は科学的検証が困難であり、また本理論と矛盾するデータが挙げられるなど批判もあります。本理論に則った治療アプローチの設定には限界があるといえます。

人間性心理学を代表する学者として，アメリカの心理学者，**C.R.ロジャース**も有名です。彼も，人間には本来自己実現を目指す傾向が備わっていると主張しました。しかし，自己実現をはたすための前提として，**生理的欲求のような下位階層の欲求の満足を設定していません**。この点で，マズローの欲求階層説とは異なります。ロジャースは，"人は誰でも，受容され安心できる雰囲気のなかであれば，自己を成長させる力を発揮することができる"と考えました。

---- ステップ 2 ----

クライエント中心療法の確立

ここからは，臨床心理学に大きな影響を与えた**ロジャース**の**クライエント中心療法**をとりあげます。ロジャースは20代のころから，虐待を受けた子どもの臨床に携わり，30代後半から大学教授としてカウンセリングの教育・研究をおこないます。そのなかで，彼は，指示的なカウンセリング（治療者がクライエントに対して解釈や指示を与えたりするアプローチ）に対する新たなアプローチとして"非指示的療法"を提唱します[22]。そこでは，「問題は何か」「どう解決するか」をもっともよく把握しているのはクライエントであり，治療者はクライエントに何かを教える（指示する）必要はないと考えます。むしろ，クライエントの体験に心を寄せて，その体験を受容・尊重することこそが治療者の仕事であるとしたのです。

▶ **自己概念と体験の一致** | ロジャースによると，人間のパーソナリティは**自己概念**と**体験**からなりたっています（図8-3）。体験とは，その時々で変化する感覚や感情であり，絶えず変化しています。いっぽう，自己概念とは，「自分はこうである，こうしたい，こうあるべきだ」など，自分に対する考えや評価を指します。その時々で変化する体験と自己概念がうまく重なると，人間はその体験に気づくことができます（①一致）。自分の経験を十分に気づいており，「体験に対して開かれた」適応的な状態です。

いっぽう，自己概念が柔軟に動かず，体験と重ならないと，不一致の部分

---

[22] 1950年代に，彼はそれまで用いていた"非指示的"という用語の代わりに"クライエント中心"という用語を使うようになりました。非指示的という用語が「治療者はカウンセリングにおいて何もしない」という誤解を招きやすかったのに対し，クライエント中心という用語は，"主人公はあくまでクライエントであり，治療者は，クライエントが自己実現に向かえるよう支える舵とり役である"という立場をより表しているといえます。

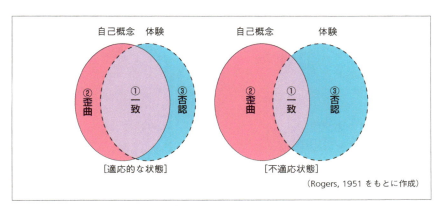

図 8-3 自己概念と体験との関係

が多くなります。②歪曲は，本当は経験していないのに「そうである」と思い込んだり，「そうあるべきだ」と決めつけている自己概念の領域です。③否認は，本当に体験していることなのに，それが自己概念にあわないので無視され，ありのままには受け入れられない体験の領域です。不一致の面積が多いと，周囲の期待や，理想とする自己概念にこだわり，現実（自分の本当の体験）に目を向けられなくなります。つまり，**理想と現実との間のギャップを受け入れられない，不適応状態ともいえる**でしょう。自分がもつ本来の能力を発揮する力，すなわち自己実現傾向も妨げられた状態となります。このような不適応状態の人に対して，クライエント中心療法では，自分の体験を，否認や歪曲なくありのままに受容できるよう援助することによって，**クライエントが自己概念の柔軟性をとり戻し，体験と一致することをサポート**していきます。

ステップ3

クライエント中心療法の技法

クライエント中心療法において，まず前提となるのは，クライエントとの間に信頼関係（ラポール）を形成することです。クライエントと治療者との間に，親密であたたかい対等な関係を構築することで，クライエントに安心感を与えることになります。そのうえで，治療者はクライエントがどのよう

な感じ方をしているのかに焦点を当て，耳を傾けます（傾聴）。また，相手の言葉をそのままの言葉で繰り返したり，クライエントの感情をそのまま反射して伝えていきます[23]。こうした技法により，治療者がクライエントを理解し，受け入れたということを，クライエントに伝えることが可能となります。

▶ **治療者の3つの態度** さらにクライエント中心療法では，治療者に対し，次の3つの態度を求めます。1つ目が純粋性です。これは，クライエントの前で，治療者が現実や自己を受容している状態，すなわち，体験と自己概念が一致している状態であることを指します。2つ目が無条件の肯定的な配慮です。「成績が優秀で，とてもよい子ね」「あなたはいつも人に優しいからすばらしいわ」といった，条件つきの評価的な態度ではなく，クライエントのすべての側面をあたたかく受容する態度を指します[24]。そして3つ目が，共感的理解です。クライエントの感情や考えなどを"あたかも"自分自身のものであるかのように感じとる態度を指します。"あたかも"という言葉にあるとおり，クライエントの感情の理解に努めながらも，自分の感情がそれに巻き込まれないようにすることも重要とされています。

こうした態度でクライエントの話を聞く環境を整えることにより，はじめは自己概念が硬く，自分の体験を受け入れることができなかったクライエントも，治療が進むにつれて，自己概念の柔軟性をとり戻し，「今ここ」における体験をありのまま認めることができるようになります。すると，物事の選択・決定などの行動も，自信をもって自発的におこなえるようになります。他者への関心も高まり，周囲と調和して生活することも可能になります。ロジャースは，こうした状態を十分に機能する人間ととらえました。

クライエント中心療法における理論は，対人援助に携わる多くの治療者に影響を与えてきました。とくに，**クライエントと治療者との関係性を重視している点**や，**クライエントを，"自己実現を目指して成長する存在"ととら**

---

[23] 反射によりクライエントの感情を返す際は，治療者の解釈や価値感を含めません。治療者が"鏡"となって，クライエントが表現した感情を返し伝えていきます。なお，"繰り返し"や"反射"の技法を用いることで，クライエントに「治療者は，私の話を聞いてくれている」という安心感が生まれやすくなります。また，自分の発言内容を返されることで，自身の問題やそれに伴う感情に改めて目を向け，整理することが促されます。

[24] 受容とは，「なんでもかんでも許容する」ことではありません。たとえば，クライエントから「あの人を殺してやりたい」という発言があった場合，「はい，わかりました。どうぞそうなさってください」と返すのは"許容"です。"受容"とは，今ここで感じていることを受け入れることを意味します（先ほどの例の場合は，「今のあなたの心のなかには，あの人を殺したいほどの憎しみがあるのですね」といった返答で表します）。決して，その行為を遂行することを認めているわけではありません。

える点，そして共感的理解をはじめとする治療者の態度にも注目している点などは，今日のさまざまな心理療法の基礎となっているといえます。

▶ **エンカウンター・グループの発展**｜ロジャースが1960年代後半から着手したエンカウンター・グループも，広く適用されている介入の1つです。これは，これまで気づかなかった自分の能力や，自分の周りの人々との"出会い（エンカウンター）"を通して，人間的な成長やコミュニケーションの改善を促すグループ活動を指します。

ファシリテーター（進行役）に支えられながら，自由な話しあいをおこなっていく"非構成的エンカウンター"と，用意された課題をおこない，そのなかで感じたことを互いに伝え合う"構成的エンカウンター"とに大別されます[25]。とくに後者は，課題の内容が調整でき，また短時間でもおこなえることから，教育現場などでもおこないやすいといえます。児童生徒への適用はもちろん，教育者や企業向けの研修など，多くの現場で用いることが可能です。

4 行動療法・認知行動療法

ステップ1

行動理論とは

臨床心理学における行動理論は，学習理論にもとづいて人の症状や不適応行動を理解していきます。不適応行動を含むあらゆる行動のしくみ（発生メカニズム）や変容法を検討する際も，それまでの経験，すなわち"学習"という観点を重視します。　学習心理学

▶ **行動療法**｜行動療法は，行動（学習）理論を基盤とし，症状や不適応行動の改善を図ることを目的としています。行動療法では，目に見えない無意識的な心の葛藤ではなく，目に見える"行動"の変容に焦点を当てます。そのため，目標が設定しやすく，面接の終結のめどが明確であるという利点があ

---

[25] 前者はベーシック・エンカウンター・グループともよばれ，ロジャースが開発しました。後者は日本の心理学者，國分康孝が開発しました。

ります。また，いつ誰がおこなっても同じ結果が得られるよう，実証的な裏づけをもつ手続きが多く開発されています。

行動療法の原理である"学習"の型には，古典的条件づけ（レスポンデント条件づけ）とオペラント条件づけ（道具的条件づけ）の2つがあります。**古典的条件づけでは，ある刺激に対する恐怖反応などが学習されます。**たとえば，J.B.ワトソンによるアルバート坊やの実験が有名です。アルバート坊やは，はじめ白ネズミをこわがることはありませんでした。しかし，白ネズミを見せるのと同時に大きな音を呈示することを繰り返すと（強化），最初は全然こわくなかった白ネズミをこわがるようになったのです。さらに坊やは，白ネズミだけではなく，ウサギやイヌ，サンタクロースのひげなど白い毛がフサフサしているものを見るだけでも同様の恐怖反応を見せるようになってしまいました（汎化）。古典的条件づけにもとづくこの実験によって，アルバート坊やの恐怖をひき起こす対象はさまざまなものに拡大していったことがわかります。 ◀ 学習心理学

いっぽう，**オペラント条件づけは，刺激により誘発される反応ではなく，より自発的に生じる行動に焦点を当てます。**たとえば，"授業中に大声を出す"という行動に注目してみましょう。ふだん，先生にかまってもらえず寂しい思いをしている子どもがいたとします。ある日の授業中，イライラしてつい大声を出したところ，それまで自分に注目してくれなかった先生が，「どうしたの？」と声をかけ，優しく背中をなでてくれました。"大声を出す"という行動の後に，その子にとって望ましい環境の変化がありました。この出来事以降，周囲からの注目を集めたいとき，授業中であろうともお構いなしに，この子は"大声を出す"行動を繰り返すようになりました。周囲からは「問題がある」ととらえられるこうした行動は，もしかしたらオペラント条件づけにより持続・強化されている可能性があると理解できます。

ステップ2

認知理論とは

行動療法に対して，「たとえその症状や不適応行動が消失しても，原因が残っている限り問題はまた起こる可能性がある」といった指摘がなされるようになりました[26]。こうした指摘を受け，行動理論に新たな理論を統合しよ

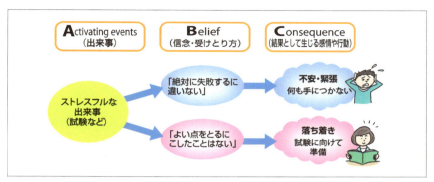

図8-4 エリスのABC図式の例

うという動きが生まれます。その新たな理論が，<u>認知理論</u>です。認知理論では，その人の"認知（信念や価値観など）"に着目し，それらが感情や行動にどのような影響をおよぼしているかを解明しようと試みます。この新しい理論の統合を背景に，行動と認知の両面からアプローチする<u>認知行動療法</u>が展開していきました。◀認知心理学

▶ **認知行動療法** ｜ 認知行動療法は，行動的技法と認知的技法を組み合わせて用いる治療的アプローチの総称です。ここでは，それまで行動療法で扱ってきた行動や情動の問題に加え，自分の首をしめるような信念（たとえば，「自分はいつも失敗してばかりいる」「次の試験も失敗するに違いない」といった過剰な思い込み）をはじめとする認知的な問題も治療の対象とされます。

　認知行動療法では，周囲からの刺激や出来事によって直接ひき起こされるのではなく，その刺激や出来事をどのように"認知"したかによって人の感情や行動が生じると考えます。この考えを，<u>A.エリス</u>は<u>ABC図式</u>としてまとめました（図8-4）。この図式によると，出来事（A）に対する受けとり方（B）を変えることで，その後の感情や行動（C）を変えることが可能となります。そこで認知行動療法では，不快な結果に結びつく**不合理なものの見方**を，**合理的なものに変容させる**ことを第一の目的とします。たとえば，ある学生が期末試験を目前に控え，「絶対に満点をとらねばならない」と強い思

26　この指摘に対し，行動療法では，「何か別の問題が生じても，それはあくまで別の問題である」「無意識の心の葛藤があるから別の問題が生じるわけではない」と考えます。どのような問題に対しても，クライエントが自らの力で解決できるように自己コントロール力や対処能力を獲得させること（新たな学習をさせること）を，治療の最終目標とする立場をとります。

いを抱いた結果，緊張して夜も眠れなくなっていたとします。これに対して，考え方を「よい点をとるにこしたことはない」に変えてみます。その結果として，強い緊張や不眠はどう変化していくのかを検討していきます。

▶**マインドフルネス** | 1990年代以降，マインドフルネスが注目を集めています。認知行動療法では認知の変容が目標とされていたのに対し，マインドフルネスでは，目の前で起こっている現実やそこからもたらされる思考や感情を，ありのまま見つめ受け入れる態度を重視します[27]。

マサチューセッツ医科大学名誉教授であるJ.カバット-ジンは，マインドフルネスを「意図的に，現在の瞬間に，そして瞬間瞬間に展開する体験に判断をせずに注意を払うことで現れる気づき」と定義しました[28]。マインドフルネスでは，ある出来事によって生じた不快な思考や感情に心をとらわれることなく（過去を振り返って落ち込み続けたり，未来を思って過度に不安になったりすることなく），「今ここ」で生じている出来事（現実）に目を向け，判断をせずに受け入れる態度が重視されます。こうした態度によって，現実に即した物事のとらえ方やより柔軟な行動の選択が可能となり，心身の適応も高まるとされています。

ステップ3

各療法における治療技法

▶**古典的条件づけによる技法** | 古典的条件づけの理論によると，ある反応が生じる場面で強化されない状態が続くか，その反応と相いれない別の反応を生じさせれば，問題となっている反応と刺激場面との結びつきは弱まると考えられます。そこで治療には，古典的条件づけにおける"消去"や"逆制止"の手続きが用いられます[29]。

まず，消去の手続きを用いた技法として，不安や緊張をひき起こす対象（刺激）に実際に直面させる現実的脱感作法があります。この技法には，不

---

27 「不快な感情を抱かないためにも，ネガティブなことを考えてはいけない」と躍起になっていると，余計にネガティブなことが頭に浮かび不快が高まってしまいます。マインドフルネスでは，たとえネガティブなものであっても，思考や感情を回避せずありのまま見つめ，受け入れることで，そうした思考や感情がより強まることはなくなり，現実に適応しやすくなるという考えにもとづいています。
28 Kabat-Zinn, *Clin Psychol-Sci Pr*, 2003
29 消去では，条件刺激のみを反復呈示することにより，条件反応が次第に弱くなることが期待されます。逆制止では，条件反応と同時には成立しない拮抗反応を条件刺激に対呈示すること（拮抗条件づけ）によって，条件反応の生起が弱まることが期待されます。

表8-2 不安階層表の例

	不安場面	SUD
A	大勢の前でスピーチをする	100
B	授業で自発的に手を挙げ，発言をする	90
C	少人数のグループワークで発言をする	75
D	まったく話したことがない友達に自己紹介をする	50
E	まったく話したことがない友達に声をかける	40
F	あまり話したことがない友達と話をする	35
G	大学で，あまり話したことがない友達にあいさつをする	30
H	友達数人と話をする	20
I	仲のよい友達と話をする	15
J	家族と話をする	10

安や恐怖の弱いものから段階的に直面させる<u>エクスポージャー法（暴露法）</u>と，いきなりいちばん強い恐怖や不安の対象に直面させる<u>フラッディング法</u>があります。

また，逆制止を用いた技法としては，J.ウォルピの<u>系統的脱感作法</u>があります。ここではまず，①不安を感じる場面や対象を点数化し[30]，点数順に並べた不安階層表を作成します（表8-2）。次に，②不安と相反する状態をつくり出すため，リラクセーション技法を獲得します。続いて，③リラックス状態をつくったうえで点数のいちばん低い不安場面をイメージします。④イメージをしても不安が喚起されずリラックスできるようになったら，その次に点数の高い場面で③をおこないます。③と④を繰り返し，最終的に点数のいちばん高い場面でもリラックスできるよう目指します。

▶ **オペラント条件づけによる技法** ｜ オペラント条件づけの理論によると，不適応行動の後にはその人にとって不快な刺激を随伴させ，適応的な行動の後には快刺激を随伴させれば，問題は解決に向かうと考えられます。そこで治療には，行動が生起した後の"強化"や"罰"を随伴させる手続きが用いられます[31]。前者は望ましい行動を増やす際に，後者は望ましくない行動を減らす際に，おもに用いられます。

---

30 不安階層表における点数を，SUD（subjective unit of disturbance：主観的障害単位）とよびます。
31 強化には"正の強化（快出現の環境変化）"と"負の強化（不快消失の環境変化）"があり，いずれも行動の頻度は増加します。また，罰には"正の罰（不快出現の環境変化）"と"負の罰（快消失の環境変化）"があり，いずれも行動の頻度は減少します。

望ましい行動を増やす技法としては，シェイピング法やトークン・エコノミー法が代表的です。シェイピング法では目標行動までの道のりを細分化し，スモールステップで段階的にできるようにしていきます。トークン・エコノミー法では目標行動を遂行できたら報酬としてもらえるトークン（代用貨幣：たとえば，シールやスタンプなど）を集め，本人が望む強化子（たとえば，ほしかったお菓子など）と交換します。

　いっぽうで，望ましくない行動を減らす技法としては，タイムアウト法やレスポンスコスト法が代表的です。望ましくない行動が生起した場合に，タイムアウト法ではそれまで得られていた快事態（たとえば，テレビのある部屋など）から一定時間遠ざけられ，レスポンスコスト法ではあらかじめ定められたルールにもとづき代償（コスト：たとえば，罰金など）が課せられます。

　このほかの技法としては，たとえば，A. バンデューラの社会的学習理論にもとづくモデリングがあります。この技法は，他者（モデル）が強化を受けている様子を観察するだけでも間接的に強化を受けるという"代理強化"の原理を利用します。モデリングは，学習者に直接強化をするのではなく，モデルの観察という認知機能に働きかけるという点で，行動的技法と認知的技法の特徴を組み合わせた手法であるともいえます。 学習心理学

▶ **認知行動療法における技法**｜認知行動療法は，成人の精神障害への適用はもちろん，子どもの不適応行動の変容や犯罪者の処遇にも適用が試みられるなど，その範囲を広げています。認知行動療法における代表的な心理療法には，エリスの論理療法（理性感情行動療法），A.T. ベックの認知療法などが挙げられます[32]。

　①論理療法：前述したABC図式の考え方をもとに，認知の変容（認知的再体制化）を目指します。具体的には，問題の背景にある不合理な信念（認知）を同定し，それを"論駁（D：Dispute）"することにより，治療効果としての合理的な信念（E：Effective rational beliefs）をひき出していきます。ABC図式に，（D）と（E）を加え，ABCDEモデルとよばれています。

　②認知療法：うつ病などの問題をひき起こしやすい考え方の癖として，認

---

[32] 論理療法と認知療法の違い：論理療法では，ABC図式に関する心理教育をおこない，問題の背景にある不合理な信念を同定し，それに代わる合理的な信念を検討します。その際，治療者から論駁がなされ，問題が生ずる場面で実際に合理的信念を使用する宿題が課される場合もあります。認知療法でも，不適応な思考（自動思考）を明らかにし，それを適応的・合理的な思考に置き換えることを目指しますが，治療者はクライエントを説得するのではなく，クライエントが自ら気づき，置き換えられるよう促す質問をすることを基本とします。

知のゆがみ（推論の誤り）に焦点を当てます。たとえば，幼少期から「何においても失敗は許されない。失敗すれば恐ろしいことになるだろう」という強い信念（スキーマ）をもっている大学生がいたとします。成績も伸びず，就職活動にも失敗したこの人は，「自分の人生はもう絶望的だ」という不快な考えにとらわれ（**自動思考**），気分の落ち込みや意欲の低下などの抑うつ症状がみられるようになりました。認知療法では，この自動思考や抑うつ症状の背景には，「物事を成功か失敗か（白か黒か）のどちらかでのみ考える」「自分の失敗を過大に評価する（大げさに考える）」といった考え方の癖（認知のゆがみ）があるととらえます。そこで治療では，不快な気分が生じたときに，どのような自動思考が浮かんできたのかに目を向け，さらに，それをひき起こしているスキーマや認知のゆがみを検討し，適応的なものへと修正していきます。

▶ **マインドフルネスを用いた治療プログラム** | MBSR（mindfulness-based stress reduction：マインドフルネス・ストレス低減法）やMBCT（mindfulness-based cognitive therapy：マインドフルネス認知療法）などが開発され，痛みやストレスの緩和ケア，うつ病の再発抑止，依存症治療，トラウマ治療，更生保護などで適用されています。医療現場はもちろん，近年では，福祉や司法，産業にかかわる現場などでもとり入れられており，今後のさらなる発展が期待されています。

5 そのほかの臨床心理学的アプローチ

---- ステップ1 ----

集団心理療法

個人でおこなう心理療法に対して，集団心理療法は，治療的に組織化された集団の場を利用する心理療法です。これまで見てきた精神分析や認知行動療法なども，集団でおこなう場合は集団心理療法としてとらえることができるでしょう[33]。

---

33 すでに紹介したエンカウンター・グループも，集団心理療法の1つです。

▶ **心理劇** | 集団心理療法にはさまざまな種類があります。たとえば，**心理劇**（サイコドラマ）は，J.L. モレノにより提唱された集団心理療法の1つです。守られた集団のなかで，クライエントは，自らの悩みや問題に関連した即興の劇を演じます。集団には舞台が設けられ，そのなかで，演技者たちは自らの役を演じます。そのほか，主役に協力して劇の進行を促進する補助自我，劇を鑑賞する観客といった役割も，クライエントらが担います。治療者は，全体を把握し劇の進行に責任をもつ監督役を務めます。

心理劇では，単に劇を演じるだけでなく，主役となったクライエントの悩みや問題を参加者全員で分かちあう**シェアリング**をおこないます。こうしたやりとりを通じて，参加者たちは，自らに目を向け，より深く理解をする機会を得ます。また，他者の演技やシェアリングで述べられた感想を見聞きすることで，他者を理解し受け入れる体験を促す効果も期待されます。

▶ **家族療法** | **家族療法**も，家族という集団に注目をして，悩みや症状を理解していく集団心理療法の1つです。家族療法では，**ある個人に現れた症状や問題は，その人だけが抱えているものではなく，家族間の相互作用が影響している**と考えます。つまり，家族という1つのまとまりがうまく機能していないと（たとえば，家族メンバー間のやりとりがうまくいかないなどの問題があると），メンバーのなかでもっともその影響を受けた個人になんらかの症状が現れると考えます[34]。そこで，家族という集団に働きかけ，その機能を回復することを目的に，介入をおこないます[35]。

家族療法は，統合失調症や摂食障害等の患者およびその家族に適用され，効果を発揮しています。そのほか，家族からの影響が大きい子どもの精神症状（不安障害やうつ病など）や問題行動などにも有効です。また，虐待や夫婦間暴力といった家族にかかわるさまざまな問題に対処する際にも用いられています。

---

[34] 家族療法では，症状や問題を呈している個人を IP（identified patient）とよびます。家族全体が抱える問題を代表している人物，"患者とみなされている人"を意味する言葉です。

[35] 介入の際に用いられる技法のうち，代表的なものが"リフレーミング"です。ある事柄（家族の行動や家族間の関係性など）に対する意味づけを変化させる方法を指します。たとえば，息子の行動に対して「いつも家でダラダラしている」という否定的な意味づけをしている母親に，「息子さんにとって，家は安心でき，くつろげる場なのですね」と新たな（多くの場合，肯定的な）意味づけを提示していきます。

ステップ 2

身体感覚を利用したアプローチ

　臨床心理学的アプローチと聞くと，「心のなかの悩みや問題に働きかける」ととらえられがちです。しかし，実際の心理療法では，身体に焦点を当てた働きかけをおこなうことも少なくありません。

▶ **自律訓練法** | ドイツの精神科医J.H.シュルツによって提唱された自律訓練法は，自己暗示（「両腕両脚が重たい」「両腕両脚があたたかい」など）を用いて，全身の緊張をほどいていく（実際に力が抜けたときの重さやあたたかさを感じていく）技法です[36]。心身の状態を自分でうまく調整できるようにするリラクセーション法の1つといえます。

▶ **漸進的筋弛緩法** | リラクセーション法としては，アメリカの精神生理学者E.ジェイコブソンにより提唱された漸進的筋弛緩法も有名です（図8-5）。これは筋肉の緊張と弛緩を繰り返しおこなうことにより，身体のリラクセーションを導く技法です。身体をほぐすために，数秒の間，意図的に筋肉を緊張させます。はじめは両掌から，しだいに上腕，背中，肩，首，顔，そして腹部や足など，筋弛緩をおこなう範囲を広げていきます。順を追って少しずつ範囲を広げていくという意味で，名前に"漸進的"という言葉がついています。

▶ **動作法** | 日本の臨床心理学者である成瀬悟策は，ある特定の動作課題を通して身体を意図的に動かしていく動作法を提唱しました。そのなかで，自らの心身へ気づきを向け，緊張がほぐれる感じなどを味わいます。また，本技法は，身体感覚を通して，援助者（動作を援助する他者）と体験を共有する機会にもなります。動作法は，はじめ脳性麻痺児童の動作不自由を改善することを目的に開発されましたが，今日では，その適用範囲を広げ，教育現場等におけるストレス・マネジメント法の1つとしてもとり入れられています。

---

[36] なぜ，自己暗示文を心のなかで唱えるだけで，身体が重くなったりあたたかくなったりするのでしょうか。これは，古典的条件づけの理論で説明できます。たとえば，お風呂に入ると，身体が実際にあたたまります。このときに，一緒にお風呂に入っている人（子どもにとっての親など）から「あたたかいね」と繰り返し声をかけられます。すると，"「あたたかい」という言葉"と"あたたかい感覚"との間に，新たな結びつきが生じます。すなわち，実際にお風呂に入らなくても，言葉（自己暗示文）を呈示しただけで，その言葉が示す身体感覚がもたらされるようになるのです。
　なお，自己暗示文を唱える際は，「両腕を何としてでもあたためなければいけない！」と意気込むのではなく，その時々の心身の状態を受け入れるような態度（受動的注意集中）を向けることが重要となります。

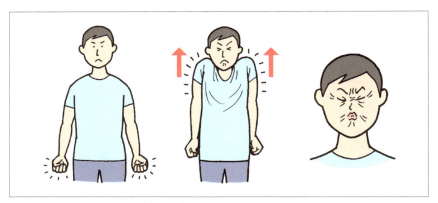

図 8-5　漸進的筋弛緩法（簡易版）
（準備）椅子に腰かけた状態でも，仰向けに寝転がった状態でもできる。いずれの姿勢も，背筋を自然に伸ばして一息深呼吸をしてからおこなう。
(1) 握りこぶしをつくり，両掌をぎゅーっと握る（5～10秒）。その後，パッと力を抜いて脱力した感覚を味わう（約15～20秒）。(2) 両腕，両肩，首も同様に，緊張と弛緩を繰り返す。(3) 目をぎゅっとつぶり，奥歯をかみしめ，口やほほにも力を入れる。顔の各パーツを中央に寄せるようにして，顔全体を緊張させたら，一気に脱力する。脱力に伴い，口がぽかんとあいてもよい。

▶ **その他の技法** ｜ そのほか，身体を用いたアプローチとしては，EMDR（eye movement desensitization and reprocessing：眼球運動による脱感作と再処理法）やヨーガなどが注目されています。EMDRは，一定のリズムに従って目を左右に動かすことで，トラウマに関連する記憶を処理することを目的としています[37]。またヨーガは，マインドフルネス・トレーニングとしてプログラムに導入されるなど，心理療法のなかでも用いられるようになってきました[38]。

これらの技法のなかには，個別での適用はもちろん，集団で実施されるものもあります。技法を通して気づいた心身の変化に関して他者とシェアリングすることで，自己理解・他者理解が深まり，また他者との関係の質が改善することも期待できます。

---

[37] EMDRでは，トラウマ関連記憶を想起させた後，左右方向の眼球運動を導きます。そのときに気づいたことをクライエントから聴取し，その気づきに焦点を当てて，また眼球運動をおこないます。記憶に伴う否定的な自己評価に代わり，肯定的な自己評価が強まるまで眼球運動と聴取を繰り返していきます。技法の実施には，訓練を受けた専門家による見立て・介入が重要となります。

[38] ヨーガにおける身体的エクササイズや呼吸法そして瞑想を通して，「今ここ」における経験（身体感覚や思考や感情など）に受容的な気づきを向けていくマインドフルネス・ヨーガがあります。

5 そのほかの臨床心理学的アプローチ

ステップ3

なぜ"集団"でおこなうのか，なぜ"身体"を扱うのか

集団心理療法および身体的アプローチは多くの現場で活用されています。ステップ3では，なぜ個別ではなく"集団"で心理療法をおこなうのか，そして，なぜ"身体"に注目し働きかけるのかを解説します。

▶ **集団心理療法の意義**｜集団の場を利用した心理療法では，治療者とクライエントの一対一の関係というよりも，集団メンバーどうしの関係がクライエントひとりひとりに影響を与えていきます。たとえば，集団のなかで発言したり行動したりすることは，**自分を振り返る機会**となります。また他者の言動を見聞きすることで，**自分を見つめなおしたり，新しい行動を学習し練習すること**を促します[39]。そのほか，集団を活用することで，自己主張を受け入れられたり，あるいは互いに励まし助けあったりといった経験が生まれます。こうした他者とのやりとりは，クライエントに**安心感をもたらし，また自尊心を高める**ことにもつながります。

実際の集団心理療法において上記したような効果が発揮されるためにも，治療者は適切な働きかけをおこなう必要があります。具体的には，まず安心・安全な集団の場を確立することが求められます。実際のセッションでは，中立的な立場から集団の動き（メンバーどうしのやりとりや，メンバー個人の思考・感情の動きを含む）に関心を払いながらセッションを進めていきます。もし集団内で不安が高まったときは介入し，安定した場を維持することも大切です。こうした働きかけに支えられながら，メンバーどうしのやりとりは促進し，クライエントにも変容がもたらされるのです。

▶ **身体的アプローチの意義**｜身体的なアプローチは，身体を動かしその感覚を観察することが大きな特徴の1つです。とくに**リラクセーション法**などは，言語的な介入が難しい低年齢の子どもでも実施できる技法が開発されており，学校や小児医療機関などの幅広い領域で適用されています。

また，**EMDR**や**ヨーガ**をはじめとする技法は，**PTSD（post traumatic stress disorder：心的外傷後ストレス障害）**の治療としても，その効果を発揮しています。虐待をはじめ，長期間にわたり慢性的にトラウマを受けた人

---

[39] たとえば，集団認知行動療法では，他の参加者の考え方を聞くことにより，自身の考え方の癖（認知のゆがみ）に気づくことができるといった効果が期待されます。うつ病などの精神疾患に対する集団認知行動療法の有効性は認められており（中島・奥村，集団認知行動療法実践マニュアル，2011），日本においても，医療や司法などのさまざまな領域で適用されています。

の多くは，身体を常に緊張させています（過覚醒状態）。こうした身体の緊張は，過去のトラウマに関する記憶をさらによび起こさせ，当時と同じような感情や思考（不安や恐怖といった不快感情や，「また災難が起こるに違いない」といった破局的な思考など）をもたらすと考えられます。まさに，「今ここ」での生活に対する安心感が失われた状態です。これに対し，ヨーガなどの身体感覚を用いたアプローチでは，「今ここ」において自らの身体が感じていることへの気づきが促されます。安心・安全な環境下において上記のような働きかけをおこなうことで，**"現在（今ここ）は，トラウマを受けた過去とは異なり，快適で安心できる場である"ということを，身体を通して実感させることが可能となります**[40]。

このように，身体的なアプローチは，介入が急務とされるPTSDなどの症状にも適用されています。今後も，身体を用いたアプローチの適用範囲はより広がっていくでしょう。

図版引用文献一覧

図8-3 Rogers, C. R. (1951). A theory of personality and behavior. In *Client-centered therapy, Part III* (pp. 481-533), Boston: Houghton Mifflin Co.
伊東博 編訳（1967）．ロージァズ全集8 パースナリティ理論，岩崎学術出版社，pp. 89-162，第2図，第3図．

40 相馬・駒村・越川，マインドフルネス研究，2016

第9章 発達心理学 ── 色とりどりの生涯の歩み

1 発達心理学とはなにか
2 胎生期・乳児期
3 幼児期
4 児童期
5 思春期・青年期
6 成人期・老年期

（相馬花恵）

1 発達心理学とはなにか

ステップ1

発達とは,発達心理学とは

　人間は,生まれてから死にいたるまで絶えず変化し続けます。身長や体重の変化はもちろん,ハイハイから歩行へといった運動能力の変化もみられます。また,言葉をおぼえ,使用し,物事を考えたりする認知能力にも変化が生じます。そして他者との交流を通して相手を思いやる気持ちが芽生えるなど,社会性にも変化が起こります。こうした生涯にわたる変化は,すべて**発達**ととらえることができます。**発達心理学**とは,これらの変化（発達）を対象に研究をしていく学問です[1]。

ステップ2

人間はどのように発達していくのか

▶ **発達段階と発達課題** ｜ 人間は,飛び級するように,いきなり子どもから大人になるわけではありません。生涯にわたり各**発達段階**を1つずつ経ながら発達をしていきます。アメリカの精神分析家である**E.H.エリクソン**は,人間の生涯を8つの段階に分け,各発達段階に特有の"**発達課題**"があると提唱しました[2]（**表9-1**）。課題を達成することで,新たな能力が身につき,精神的に成長していきます。いっぽうで課題が達成されないと,それ以降の段階での発達に影響がおよびます。たとえば,乳児期において養育者との間に**基本的信頼感**が構築されず不信感が生じた場合,幼児期以降の発達段階において対人関係上の問題を起こしやすくなる可能性が考えられます。

　しかし,これらの発達課題はあくまでも目安にすぎません。たとえある段階において,特定の発達課題が達成されなかったとしても,その後の経験や環境からの影響によって,問題の発生や悪化を防ぐことも可能です。たとえ

1　発達心理学では,子どもから大人への変化だけでなく,大人になってから起こる変化にも注目します。受精から死ぬまでの一生涯を研究の対象とするので"生涯発達心理学"ともとらえられています。
2　Erikson, *Childhood and Society*, 1950

表9-1 エリクソンの心理社会的発達段階と発達課題

発達段階	発達課題	内　容
乳児期	基本的信頼 vs. 不信	周囲（母親をはじめとする養育者を含む）に対して信頼感・安心感を抱けるか否か
幼児期前期	自律性 vs. 恥, 疑惑	排せつなど基本的生活習慣を身につけていくなかで, 自律性を身につけることができるか否か
幼児期後期	自主性 vs. 罪悪感	自ら周囲に働きかけたり, 積極的に自己主張できるか否か
児童期	勤勉性 vs. 劣等感	学校教育等において, 知識や技能を習得し, 仲間関係を構築することができるか否か
青年期	同一性 vs. 同一性拡散	「自分がどのような人間か」という問いに答え, 自我（アイデンティティ）を確立させることができるか否か
成人初期	親密性 vs. 孤独	周囲の仲間や異性とのかかわりを通して, 親密な人間関係を築けるか否か
成人期	生殖性 vs. 停滞	子どもや後輩など, 次の世代を育てていくことに関心をもつか否か
成熟期	統合性 vs. 絶望	自分の人生を振り返り, 肯定的にまとめあげることができるか否か

ば, 乳児期に養育者との間で信頼関係が築けなくとも, 幼児期以降の発達段階において信頼できる他者と出会い, 良質な関係を築くことができれば, その後の対人関係も安定してくることが考えられます。

▶**発達の道筋**｜発達はひとつひとつ段階的に進みます。いっぽう, 身体的な発達に着目すると, その道筋には, いくつかの特徴があります。まず, "**頭部から下部へと発達する**"ことです。赤ちゃんは生後1カ月くらいで頭をもち上げることができるようになり, その後, 首や肩がしっかりしてきます。さらに成長すると, 腰や脚が発達し, 立ったり歩いたりできるようになります。

次に, "**中心から末端へ発達する**"ことです。胴体の発達によって寝返りができるようになり, その後, 肩や腕, 手, 指先へと順に発達するにつれて, 腕を振り回したり, 掌で物をつかんだり, 指を使って物を積み上げることができるようになります。

さらに, "**身体の各部分は異なる時期と割合で発達する**"ことも特徴の1つです。R.E.スキャモンは, 20歳時点での発達の程度を100%とし, それまでの各時期における成長を, 4つの型に分けてとらえています（図9-1）。

そして最後の特徴が, "**発達には個人差がある**"ということです。発達の順序やスピードには, 遺伝的な影響や, 生活する環境, そしてそれまでの経

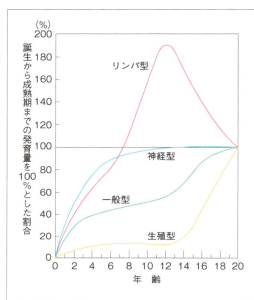

図9-1 スキャモンの発達曲線

験などが深くかかわっています。ひとりひとりの発達に目を向けて、その人の個性を理解する姿勢が重要となります。

> ステップ3

個人差をもたらす要因（発達の規定因）

　人間の発達上の個人差に影響をおよぼす要因（発達の規定因）として、古くから"遺伝論"と"環境論"の2つの間で論争が繰り広げられてきました。まず遺伝論では、"発達を規定するのは遺伝である"と主張します[3]。その代表的な研究者が、F. ゴールトンです。彼は、さまざまな優秀な人物の家系を調べ、同じ血統に多くの優秀な人物が出ていることを発見しました[4]。そこで優れた才能は遺伝することを主張したのです[5]。　パーソナリティ心理学

3　遺伝論を主張する研究としては、一卵性双生児を対象としたA.L.ゲゼルらの実験も有名です（Gesell & Tompson, *Genet Psychol Monogr*, 1929）。

4　遺伝論では、犯罪傾向や精神障害を患う傾向もまた、同一家系に受け継がれると主張されました。

図 9-2　遺伝と環境の相互作用の例
たとえば，生まれながらに（遺伝的に）内気な子どもは，親に影響を与える（親としての自信を失う，子どもにいら立ちを感じるなど）。いっぽう，夫婦間の関係がよくないといった環境もまた，子どもの発達に影響を与える。これらの影響は互いに作用しあい，子ども側の問題（内気さ，なじみにくさ）や，家庭環境の緊張が，より過酷なものとなることがある。

　いっぽうで，同一家系に属する人々は，同じような環境のもとで生活をしています（経済的な豊かさの程度も似ていることが多いでしょう）。こうした環境が発達におよぼす影響に注目したのが，**環境論**です。"発達を規定するのは環境である"という考えは，アメリカの心理学者であり行動主義者でもある **J.B.ワトソン** の研究からうかがえます。彼は，生まれ育った環境や経験こそがその人のパーソナリティを規定する，という考えをもっており[6]，実際に赤ちゃんの恐怖反応を恣意的なものに結びつけることが可能なことを実験的に示しました。

　しかしながら，生後，さまざまな環境に身を置き，さまざまな経験を経てもなお，大人になってからもある程度変化せずにみられる行動的な特徴もあります。こうした特徴は，**気質**としてとらえられ，研究されてきました[7]。

　では，遺伝論と環境論，この2つの論争は，現在どのように落ち着いたのでしょうか。それは，"**遺伝も環境も**"という考え方です。遺伝と環境の双方の影響を認め，2つの**相互作用**から発達を理解しようという考え方が中心になっています（図9-2）。

5　じつは，ゴールトン自身もとても優秀な学者でしたが，その家系には彼以外にも優秀な人物が多数存在したといわれています。たとえば，進化論で有名なC.R.ダーウィンは，彼のいとこでした。

6　ワトソンの有名な言葉に，次のものがあります。「私に，健康で発育のよい1ダースの子どもと，彼らを育てるために私が自由に設定できる環境とを与えてほしい。そうすれば，その子らを訓練して，その子らの才能や好みなど遺伝的要因とは関係なしに，医師や，法律家，芸術家，さらには，こじき，泥棒まで，さまざまな人間に育てあげてみせよう。」

このように，ある問題に目を向ける際は，遺伝だけ，環境だけではなく，それらの相互作用に注目をして，理解を深める必要があります。「内気な性格の子どもが悪いのか？　不仲にある親が悪いのか？」といった，悪いもの探しをするのではなく，「どういう相互作用が起きているのか？」「もしそこで悪循環が生じているとすれば，どうやってそれを変化させることができるのか？」といった視点が重要といえるでしょう。

2 胎生期・乳児期

ステップ1

胎生期・乳児期の発達の様相

▶**胎生期**｜受精から約280日（誕生を迎えるまでの時期）を**胎生期**とよびます。妊娠0～3週目ごろまでに，卵管の途中で受精した卵子が子宮にたどりつき，胎盤が形成されはじめます。この胎盤からへその緒を通じて，母体の栄養を受けとります。成長とともに，脳をはじめとするさまざまな器官が発達し，それとともに五感も発達していきます。五感のうち，触覚はもっとも早く発達し[8]，嗅覚，味覚，聴覚[9]，最後に視覚と続きます。なお，視覚に関して，大人と同じように目が見えるようになるのは生後1年ほど経ってからといわれており，生後間もなくして視覚をうばう（眼を遮蔽する）と，眼が悪くなりやすくなることが知られています。視力が十分に発達していない状態で生まれてくるため，乳児はほかの感覚（とくに触覚）をフル活用して，

7　A.トーマスとS.チェスによると，生後2～3カ月になれば，9つの気質（身体活動の活発さや，環境の変化に対する慣れやすさなど）に違いが現れ，さらにその気質の違いは10年後も65％の子どもに持続している，といいます。

8　妊娠18週目ごろには，お腹のなかで指しゃぶりをする様子が確認されます。自分の身体に触れ，その感覚で"自分の身体"を理解するための行為と考えられています。

9　妊娠24週目ごろには，外界の音が聞こえるようになります。ただ，お腹のなかの赤ちゃんは羊水に浮かんでいるので，はっきりと音を聞きとることはできません（ちょうどプールに潜って外の音を聞いている状態）。それでも，優しい口調で声をかけてあげたり，お母さんもリラックスできるような音楽を聞かせてあげることは，赤ちゃんにとって心地よいことなのかもしれません。「△△というクラシック音楽を聴かせるとよい」といった胎教の効果は，科学的に証明されているわけではありませんが，お母さんにとっても赤ちゃんにとっても，心地よい音を聞きながら胎生期を過ごすことは大切でしょう。

周囲の物や自分の身体を知ろうとします。おもちゃや自分の身体（指など）といった，食べ物以外のものも口に入れるのは，そうした行動の1つといえます。 知覚心理学 学習心理学

▶**乳児期**｜生まれてから1カ月までは新生児期，それ以降から1歳までは乳児期とよばれます。これらの時期を通して，身長・体重はともに急成長し，身体の動きも急激に発達します。

　生まれたばかりの赤ちゃんは，一人で歩くことはもちろん，自分の頭を支えることもできません。しかし，生まれたばかりの赤ちゃんは，掌を指で触れるとぎゅっと握りしめたりという，この時期特有の動きをみせます。これらの行動は，生得的であり，意図を介さない"反射"にもとづいているため，原始反射とよばれます。原始反射には，掌に触れたものを握りしめようとする把握反射のほかにも，さまざまな種類があります。そのうち，唇に触れたものに吸いつく吸てつ反射は母乳を吸うために必要な反射です。これらの原始反射は，4カ月前後から消失をはじめ，その後は，赤ちゃん自身の意思による随意運動へと変化していきます。 学習心理学

　また，生まれたばかりの赤ちゃんは，大人の表情を模倣しているかのように表情を変えることがあります。こうした反応は新生児模倣とよばれ，議論の対象となってきました（**図9-3**）[10]。近年行われた大規模な研究では，相手の表情を模倣する現象は，新生児期には見られないことが示されています[10]。

　いっぽうで，こうした特定の刺激に対して起こる反応とは別に，自発的に生じる動きもあります。自発的微笑（新生児微笑）とよばれるものです。生まれたばかりの赤ちゃんでも，目じりを下げ，口角を上げて微笑んだような表情をします。しかしこれは，特定の刺激によってひき起こされる反射ではありません[11]。その点で，先に見てきた原始反射や共鳴動作とは異なります。しかし，"大人を自分のもとへひき寄せる"，"周囲の大人とかかわる"という点では，把握反射や共鳴動作と同じ働きもつといえるでしょう。

　このように，赤ちゃんは何もできない存在ではなく，周囲の大人（母親を

10　Oostenbroek et al., Curr Biol, 2016. なお，対象の表情の模倣は，生後6～8か月ごろに生じる可能性が示唆されています。生後8～10カ月ごろになると，大人の表情を単に模倣するだけではなく，表情から感情を読みとる能力がついてきます。たとえば，見知らぬ人や見慣れないものに遭遇したとき，身近にいる親の顔をうかがいます。親がニコニコしているときは，赤ちゃんも安心して初めての人・ものに近づきますが，「ダメ！　危ない！」とこわい表情をすると，ピタッと動きを止めてしまいます。このように，他者（大人）の表情を見てその感情を読みとり，どのように行動するかを判断することを社会的参照といいます。

11　生後2～3カ月くらいになると，特定の刺激（とくに，人）に対し微笑するようになります（社会的微笑の開始）。

たとえば，新生児の前で大人が舌を出すと，赤ちゃんも同じように舌を出す現象が知られていました。しかし今日では，本現象に確固たるエビデンスはないことが指摘されています。
新生児模倣をはじめとする乳幼児研究の再現性に関する問題は，森口（心理学評論，2016）が参考になります。

図 9-3　新生児模倣の例

はじめとする養育者）に働きかけ，ひき寄せるために生まれもった能力があります。こうした赤ちゃんからの信号に対して，養育者も赤ちゃんに声をかけたり，微笑んだり，触れたりして応えます。このようにして，**赤ちゃんと養育者との間に，相互作用が生まれる**のです。

こうしたやりとりを通じて，赤ちゃんと養育者との間に情緒的なきずな，すなわち，**愛着（アタッチメント）**が形成されます[12]。イギリス出身の精神分析学者 J. ボウルビィは，愛着理論を提唱したことで知られています。

赤ちゃんは，養育者への愛着がしっかりと形成されると，次第に外の世界にも興味を示しかかわりはじめるようになります。しかし，まだ幼い子どもにとって，母親のもとから離れることは大変不安です。そこで，何かこわいことがあっても「ここに来れば安心」と思える心のよりどころが必要になります。発達心理学者である **M.D.S. エインズワース**は，こうした存在を子どもにとっての**安全基地**と位置づけました。**母親を安全基地として外の世界を探索することで，子どもの運動・認知能力は発達していきます**。

---- ステップ 2 ----

胎生期・乳児期の母子の健康

▶ **胎生期：喫煙・飲酒がおよぼす悪影響**｜喫煙や飲酒といった母親の生活習慣は，母体から栄養を受けとる胎児の健康に大きな害をもたらします。たとえば，母親が喫煙している場合，ニコチンの作用により，胎盤の血管やへその緒，胎児の血管が収縮し，血流量が減少します。その結果，**酸素や栄養の**

---
[12] 生後 7〜8 カ月くらいからはじまる人見知りは，愛着の対象となる養育者以外の人に対する不安の現れであるいっぽう，自分を守り育ててくれる養育者との間にしっかりと愛着が形成されている証拠ともいえます。

供給が低下します。さらに，高濃度の一酸化炭素が胎児の血中に移行するため，胎児はさらに酸欠状態になります。その結果，流産や早産，周産期死亡[13]の確率が上昇し，低出生体重児[14]が生まれる確率も上昇します。ほかにも，乳幼児突然死症候群[15]や奇形などの先天異常，血液の悪性腫瘍といったさまざまな障害が生じる可能性が高まることが知られています。

また，妊娠が明らかになった以降も母親が飲酒し続けた場合，胎盤からへその緒を通じてアルコール分が胎児を直撃します。肝機能が成熟していない胎児は，アルコールを分解できず，さまざまな障害をひき起こします。その1つに，身体的発育障害，顔面の形成不全，中枢神経障害を特徴とした胎児性アルコール症候群があります。

▶ **乳児期：母性的養育の喪失がおよぼす影響**　乳児期に母子間で愛情のあるやりとりがなされないと，「自分は他者から愛されている」「自分がいるこの環境は安心できる」という周囲に対する信頼感（基本的信頼感）を獲得することができません（p.237，表9-1）。

とくに，母性的養育が欠如した状態はマターナル・デプリベーションとよばれ，子どもの不安感や孤独感を増大させたり，生きる意欲を低下させるなどの影響をもたらします。このほかに，心身の発達の遅れや，免疫力の低下による死亡率の増大といった影響も指摘されています。こうした傾向は，母親から離れ，施設で育てられた子どもに多くみられたことから，**ホスピタリズム（施設症）**として知られていました。しかし今日では，生活の場（家庭か施設か）にかかわらず，愛情あふれた母性的な養育環境が失われた状態で育てられた場合に起こるとしてとらえられています。

13　周産期は妊娠22週以降から生後満7日未満までの時期です。"周産期死亡"という場合，妊娠満22週以後の死産と早期新生児死亡をあわせたものを指します。
14　生まれたときの体重が2500g未満の場合を指します。喫煙による影響のほか，妊娠中の無理なダイエットなどによる影響も指摘されています。なお，1000g未満で生まれた場合は超低出生体重児となります。
15　睡眠時に突然無呼吸状態となり，死亡にいたることを指します。たばこに含まれる有害物質により，脳の呼吸中枢に影響がおよび睡眠時無呼吸を起こす頻度が上がることが指摘されています。

ステップ3

母子ともに健康であるために

▶ **胎生期** ｜ お腹のなかに赤ちゃんを宿している期間は，いかに"**母子の健康を保つか**"が重要となります。たとえ喫煙の習慣があったとしても，妊娠したことがわかってからすぐに禁煙すれば，出生時の体重や早産率などにおよぶ危険性は減少するといわれています。

飲酒に関しても同様です。胎児性アルコール症候群は，妊娠中にほぼ毎日飲酒をしている場合に起こるとされています。いっぽうで，妊娠がわかった際に，ただちに飲酒をやめることで，胎児への影響はかなり抑えられるといえます。

▶ **乳児期** ｜ 乳児期では，母親をはじめとする養育者との間に愛着を形成し，愛情あふれた関係を築くことが重要となります[16]。乳児と養育者との関係づくりに際して，**乳児ひとりひとりに触れたり抱きしめたりする身体的な触れ合い（スキンシップ）**は，古くから注目されていました。アメリカの心理学者，H.F.ハーロウのアカゲザルの赤ちゃんの実験は，このスキンシップの重要性を示す研究の1つです（**図9-4**）[17]。

養育者とのあたたかなスキンシップは，乳児にやすらぎや心地よさをもたらすだけでなく，周囲への信頼感・安心感の基盤を形成する働きをもつととらえられます。「他者は，自分の要求に応じてくれる」「自分は，他者から受け入れられている」といった，養育者との関係のなかで形成される心のなかのイメージを，ボウルビィは，**内的作業モデル**と提唱しました[18]。

また，スキンシップの効果は，乳児にのみ現れるわけではありません。母子間のスキンシップに着目した研究では，継続してスキンシップをおこなうことにより，母子間の相互作用が促進したり，母親の育児に対する不安が改

---

16 なお，たとえ実母と離れて生活をする場合でも，施設内であたたかな養育環境に包まれれば，先述したホスピタリズムは最小限に抑えることができます。実親と離れて暮らすことが，ホスピタリズムの発症要因ではないのです。
17 その後もアカゲザルを観察しつづけたところ，人形に育てられたアカゲザルたちは，集団になじめなかったり攻撃的行動の問題が多くみられました。やわらかい肌触りは，確かに安心感をもたらし，養育者との愛着を形成するうえで重要な役割をはたします。しかし，単に肌触りがよければよいというものではありません。乳児の健全な発達を促すためには，養育者とのあたたかいスキンシップや，それに伴う社会的なやりとり（アイコンタクトや，発話による応答など）が必要になるといえます。
18 内的作業モデルが形成されることにより，年齢とともに，スキンシップがなくても安心感が保たれるようになります。これにより，養育者のもとを離れて，家庭外（幼稚園・保育園・学校など）で生活することが可能となっていきます。

①生後間もないアカゲザルの赤ちゃんをハードマザー（むき出しの針金で作られた人形）とソフトマザー（やわらかい布でくるまれた人形）がいる環境で過ごさせる。②片方のグループは，ハードマザーに取り付けられた授乳装置からミルクを飲む。もういっぽうのグループは，ソフトマザーからミルクを飲む。

↓

2つのグループの子ザルの様子を観察すると，どちらの母親からミルクを飲んでいるかにかかわらず，空腹時以外の大半の時間をソフトマザーと一緒に過ごした。また，何か恐怖を感じるようなことが起こると，ソフトマザーに抱きついた。

(Harlow, 1958をもとに作成)

図9-4　ハーロウのアカゲザルの実験

善したりするなどの効果が指摘されています[19]。ここから，**養育者と乳児の双方の健康を維持・促進するうえで，日々のスキンシップは有効な手段の1つである**ことが示唆されます。

3 幼児期

ステップ1

幼児期の発達の様相

　1歳から小学校入学前（6歳）までの時期を<u>幼児期</u>といいます。骨格や筋力の発達だけでなく，胃や心臓，肺などの内臓系，さらに，脳も成熟してくる時期です。

▶ **言葉の発達**｜①言葉の土台：泣き声がおもな発声であった新生児期を経て，生後2～10カ月ごろになると<ruby>喃語<rt>なんご</rt></ruby>がはじまります。「アー」「ウー」といった母音を中心とした音声からはじまり，次第に「ダダダダ」「ナンナン」

19　渡辺，母性衛生，2013

など複雑なものになっていきます。喃語は，声を出して耳で聞くことを楽しむという，赤ちゃんにとっての遊びの1つとしてとらえられていますが，やがて生後8〜12カ月ごろになると，なんらかの意図をもった発声がみられるようになります（ジャーゴン）。こうした土台を経て，コミュニケーションの手段としての言葉が発達していきます。

②**言葉のはじまり**：1歳前後になると，初語（子どもが最初に発する言葉）がみられます。多くは「マンマ」や「ワンワン」などのように1つの単語であり，一語文とよばれます。単語でありながら，文としての機能ももつ点が特徴的です[20]。

一語文の開始とともに，言葉と身ぶりによる表現が組になった発話の頻度が増大します。この身振りの代表が指さしです。この指さしや子どもの視線をたどって，大人が子どもと一緒に同じ対象を見ることを共同注意といいます。たとえば，子どもが「ブーブー」といいながら車を指さし見つめている際に，親も一緒にその車を見て，「ブーブーって走ってるね。車かっこいいね」と語りかけたりします。こうしたやりとりを繰り返すうちに，子どもは親の言葉を真似るようになり，新しい言葉を獲得していきます[21]。

③**語彙の爆発**：1歳半から2歳ごろになると，言葉の数が急に増え（**語彙の爆発的増加期**），さらに，単語を組み合わせて，「パパ，イッタ」などの二語文がみられるようになります。2歳半から3歳ごろには語彙がさらに増加し，ある程度文章を構成した話ができるようになります。3歳から4歳ごろは，話し言葉が一応完成する時期です。このころから，相手の言葉を聞いて自分が話すことができるようになります。さらに4歳から5歳くらいになると，**思考のための道具としても，言葉が機能しはじめます**（問題解決のために言葉を使って考えたり，イメージしたりする，など）。 ◀ 認知心理学

▶ **自我の芽生え** ｜ 語彙が増えはじめる2歳前後になると，「○○しなさい」というと「イヤ」と拒否をしたり，それでも思いどおりにならないと泣きじゃくったりと，それまでは親のいうことを素直に聞いていたのが嘘のように態度を変えます。第一反抗期のはじまりです。親は，こうした子どもの変化にショックを受けたり不安が生じたりするかもしれません。しかし，自分

---

20 たとえば，「マンマ」は，『マンマ（ママ）こっちを見て！』などという意味をもちます。その単語がどのような意味をもち，文として機能するかは，そのときの状況などから読みとる必要があります。
21 生後9カ月ごろから，赤ちゃんもまた，相手の視線や指さしなどを利用して相手と同じ対象を見ることができるようになります。これは，単に他者と同じ方向に視線を向けるだけでなく，対象を介して，意図や感情を共有できるようになることを意味します。

のいい分を通そうとしたり，何でも一人でやりたがったりといった言動は，自我の芽生えの証です。自分を意識し，そしてその思いを言葉や行動で主張する力がついてきたからこそ，これまでとは異なる言動がみられるようになるのです[22]。

▶ **遊びの発達**｜一口に遊びといっても，その遊び方は認知能力の発達（p.250参照）など，さまざまな成長に伴い変化していきます。乳児期は，周囲のものを見て，手で触れて，口に入れて…といった感覚を楽しむ遊びが中心です。周囲の大人が見守り，サポートをしながら，さまざまなものの感覚を味わい楽しむ経験を積みます。

幼児期に入ると，表象（イメージ）を用いることが可能となります。それに伴い，頭のなかでイメージしたものを，何かに見立てて動かすことによって表現する象徴遊びがみられるようになります。たとえば，積み木をバスに見立て，自分も「ブーブー」といいながら積み木を動かして遊びます。

3歳以降になると，**言葉を用いた他者とのやりとり**が盛んになります。この時期から，象徴遊びに物語が加わったごっこ遊びがみられます。砂をご飯に見立てるだけでなく，それを用いながら，**記憶している**家族の食事の風景を演じるのです。はじめは，日常場面の再現（家族ごっこ）が多くみられますが，5歳前後になると，役割のバリエーションが増えたり，場の設定やストーリーが創造性豊かなものになったりとその内容も変化していきます。

5歳以降になると，役割やルールを決め，それを守りながら**集団で遊ぶ**ようになります。こうした集団での遊びを通して，コミュニケーション能力や**ソーシャルスキル**[23]，そして感情のコントロール力も養われていきます。この時期の子どもにとって，遊びはまさに"学びの場"といえるでしょう[24]。

---

22 一見，反抗的に見える態度も「成長している証」ととらえ，あたたかい見守りの姿勢をもつことが大切です。いっぽうで，子どもが何か主張してきても聞く耳をもたず，要求を抑えつけたり，逆に，なんでもかんでも子どもの要求に応えてやるといった極端な対応は，適切とはいえません。子どもの「一人でやりたい」という気持ちを受け入れながらも，自他を傷つけるような言動に対しては「ダメなものはダメ」とはっきりと伝えることも必要です。

23 対人関係や集団行動を上手に営んでいくための技能（スキル）を指します。たとえば，一緒に遊ぶ友達と意見が食い違ったときに調整していく力や妥協点を探す力などがあります。

24 ほかの人にも心があることを理解し，ほかの人の行動から心の動きを読みとるためには"心の理論"が必要になります。心の理論は4歳ごろから発達が顕著になるといわれていますが，これもほかの子どもとの遊びを通したかかわりのなかで発達していくものといえるでしょう。

ステップ2

幼児・児童虐待

　幼児期以降，運動能力や言葉の発達とともに，対人関係もさらに広がっていきます。こうした他者との関係を発展させていくためにも，家庭における養育者との愛着がしっかりと形成されている必要があります。

　しかし近年，本来なら愛着対象となるはずの養育者から虐待を受ける子どもの増大が問題視されています。ここでいう虐待とは，**親または親に代わる養育者（児童福祉施設職員や里親など）が，故意の有無にかかわらず子どもの人権を侵害する行為で，かつ，子どもが望まない行為**を指します。児童相談所での虐待対応件数は，年々増加の一途をたどっています（**図9-5**）。

　虐待は身体的虐待，心理的虐待，性的虐待，ネグレクトの4つのタイプに分けられます。このうち，近年その増加が指摘されているのが心理的虐待です。増加の要因として，DV（domestic violence）がある事案について，警察からの通告が増加したことが挙げられます[25]。また，身体的虐待やネグレクトは，乳幼児期における生命の危機が大きいといわれています。さらに，

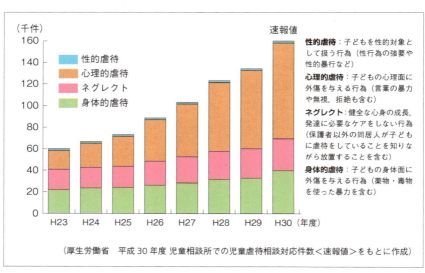

図9-5　児童相談所における児童虐待相談対応件数

25　DVとは，「配偶者や恋人など親密な関係にある（または関係のあった）者から振るわれる暴力」を指します。たとえ子ども本人に向けられた暴力でなくても，DVの問題がある家庭に育つということは，それを目撃しているか否かにかかわらず，子どもの心に著しい傷を与えるとして，心理的虐待ととらえられるようになりました。

性的虐待は，他の虐待に比べて表面化しにくく，子ども自身もその事実を否認することがあるため，発見が非常に難しく，長期化しやすい虐待といえます。

▶ **虐待の要因** | 虐待が生じる要因として，親・養育者に関する要因，子どもに関する要因，養育環境に関する要因の3つの視点をもつことが大切です。親・養育者に関する要因には，育児に対して不適切な認識をもつ（暴力肯定感，「子どもは自分のもの」という価値観など），精神障害やアルコールなどの依存症をかかえている，そして親自身が被虐待経験者である[26]，などが挙げられます。また，子どもが発達上の問題をかかえていたり，癇癪もちでなだめにくいなどの特性がある場合には，育児の負担が大きくなり虐待につながることもあります。また，夫婦間が不仲であったり，地域や親族から孤立した育児環境におかれているような状況も，虐待が生じる要因として挙げられます。このような要因が重なり，家庭内のストレスが高まり，かつ適切なサポートが得られにくいという場合に，虐待が起こりやすくなります。

────── ステップ3 ──────

虐待への介入：適切な愛着関係の形成

虐待は，子どもの脳の構造や機能に影響を与え，身体的・知的発達の遅れをひき起こす場合があります。安心感が失われたことによる不安の増大，自信の低下なども特徴的です。「いつまた危険が襲ってくるかわからない」という思いから，身体の緊張が抜けなかったり，衝動性が高くなったりする場合もあります[27]。

こうした幼児・児童虐待に対して，まずは**虐待を早期に発見する**ことが重要です。虐待のサイン（身体のアザや傷，適切な養育の欠如など）に気づいたら，**児童相談所**などの機関に連絡をする必要があります[28]。

また，虐待を受けた子どもへのアプローチとしては，まず"安心感を回復"させることが重要となります。専門機関において，**認知行動療法**をはじ

---

26 被虐待経験をもつすべての親が，虐待を繰り返すわけではありません。"親になるまでの間にどのような人間関係を築いてきたか"，"自分をサポートしてくれる他者に出会えたか"，"現在の育児状況において，子育てをサポートしてくれる資源があるか"など，さまざまな要因が，虐待の連鎖に関係しているといえます。
27 こうした症状が適切に治療を受けないまま放置されると，将来にわたってPTSD（心的外傷後ストレス障害）として残る場合もあります。常に緊張がとれない過覚醒状態や，過去のトラウマ（虐待を受けた経験）が繰り返し思い起こされるフラッシュバックのような症状もみられやすくなります。
28 2015年7月から，児童相談所全国共通ダイヤルは"189（いちはやく）"という3桁の番号になりました。子どもや養育者のSOSをいちはやくキャッチするという意味が込められています。

めとする心理療法を受けたり，適切な養育環境のなかで生活をし，他者とかかわる経験を積むことで，「今，自分は安全な場所にいて，安心してよいのだ」ということを，心身を通して実感させます。 ◀・臨床心理学

虐待者である養育者への働きかけとしては，心理教育や心理療法をおこないながら，子育てのスキル[29]を伝えたり，養育者自身の心的な問題を整理したり，孤立した育児にならないよう育児環境を調整したりします。

児童期

ステップ1

児童期の発達の様相

6歳から12歳ごろを児童期といいます。小学校に入学し，次第に物事を論理的に考える力がついてくる時期です。また，学校を中心とする仲間関係を構築する時期でもあります。

▶ **認知能力の発達** | スイスの心理学者であるJ.ピアジェは，子どもの認知能力（物事をとらえる力など）の発達について研究をおこないました。人は乳児期から認知能力を有しており，さらにそれが段階的に発達するとして，認知能力の発達段階理論を提唱しました（表9-2）。 ◀・心理学の歴史

ピアジェによると，児童期は**具体的操作期**にあたります。"保存の概念（加減などの処理がなされていない限り，物の性質は変わらないという概念）[30]"が獲得されるなど，論理的思考も身についていきます。しかし，こうした論理的な考え方ができるのは，目の前の具体的な物事に限られています。小学校入学時，おはじきなどの具体物を用いて算数の勉強をした人も多いでしょう。架空の出来事や**抽象的**な物事を論理的に思考できるようになる

---

29 PCIT（parent-child interaction therapy：親子相互交流療法）やCARE（child-adult relationship enhancement：子どもと大人のきずなを深めるプログラム）などが活用されています。子育てスキルを習得するとともに，子どもとの愛着関係を回復させることを目的としています。

30 同じ形の容器を2つ用意し，同量の水を入れます。片方だけ，背が高く細長い容器に水を移し替えました。すると，移し替えた容器では，もとの容器よりも水面が高くなります。この様子を見た幼児は，移し替えた容器内の水量が「多くなった！」ととらえます。いっぽう，7歳児では，どちらの水も「同じ量だ」と答えます。"違う容器に水を移しても量は変わらない"ことを理解しているのです。

表9-2　ピアジェによる認知能力の発達段階理論

	時期名（年齢）	特　徴
乳児期	①感覚運動期 （0〜2歳）	感覚（触覚・視覚・聴覚など）と運動（物に手を伸ばしてつかむ，握るなど）を用いて，外の世界を認識していく。
幼児期	②前操作期 （2〜7歳）	前期（2〜4歳）に言葉とイメージ力が発達し，後期（4〜7歳）になると直感や見た目などを頼りに思考する力がつく。また，人間と同様に事物（無生物）にも命があるとするアニミズム的思考がみられる。
児童期	③具体的操作期 （7〜12歳）	具体的に経験や体験ができるものであれば，見かけに左右されず，論理的に理解できるようになる（保存の概念の獲得）。また，他者の立場に立ったものの見方・考え方ができるようになる。
思春期	④形式的操作期 （12〜15歳）	抽象的思考（文章や数式など）を用いて，物事をとらえ，判断することが可能となる。

のは，思春期に相当する形式的操作期に入ってからといわれています。

　また，幼児期までは，自分の立場（視点）からしか物事をとらえることができず，別の視点に立つことが難しいことが知られています（自己中心性）。いっぽう，児童期に入ると，この自己中心的な考え方から，さまざまな視点で物事を考えられるようになります。そのため，立ち位置が異なれば，自分が見ている風景と他者が見ている風景も異なることも理解できるようになります。

　上述したピアジェの理論は，「子どもの能力を過小評価しすぎている」「文化や社会の影響を軽視している」といった批判を受けながらも，認知発達の研究に大きな影響をおよぼしてきました。詳細な観察データ[31]から，子どもを「積極的に周囲（環境）に働きかけ，理解しようとする学習者」ととらえ，独自の認知発達理論を体系化したという点で，ピアジェの功績は大きいといえます。

▶ **仲間集団の変化** ｜ 小学校入学を機に，子どもたちの交友関係も広がります。とくに，小学校高学年にあたる児童期後期には，同一の活動（遊び）をおこなう同年齢児の集団（ギャング・グループ）を形成します。その後，ピアジェのいう形式的操作期（表9-2）の段階に入り，抽象的な思考が可能になるにつれて，内面的な互いの類似性を言葉で確認し合い，自分たちが同質であることを重視する集団（チャム・グループ）が出現します。やがて，互いの相違点を認め合い，自立した存在として尊重し合うピア・グループへと

31　ピアジェは，自分の子ども3人を詳細に観察することによって，独自の理論を提唱しました。

変化していきます。

　児童期以降の交友関係を把握することは，いじめや不登校などの学校生活における問題や，子どもの心的健康を検討するうえで重要といえます。J.L. モレノにより提唱された**ソシオメトリック・テスト**[32]は，仲間集団における人間関係の構造を測定するために活用されています。

ステップ 2

発達障害

　発達していくなかで，特定の領域に発達の遅れや偏りがある状態を**発達障害**といいます。おもに先天的な脳の機能障害が影響していると考えられています。決して，本人が怠けていたり育て方に問題があって生じているわけではありません。発達障害には，**知的障害**，**自閉症スペクトラム障害（ASD）**，**注意欠如・多動性障害（ADHD）**，そして**学習障害（LD）**などさまざまなものがあります（**表9-3**）。なお，上記の障害は単独で現れることもありますが，たとえばADHDとLDが併発する場合もあります[33]。

ステップ 3

発達障害児の理解とアプローチ

■ **教育現場における配慮** | 発達障害をもつ児童へのアプローチの場は，おもに学校になるでしょう。日本では，**特別支援教育**[34]の導入により，障害のある児童ひとりひとりのニーズを理解し，それに応じた指導および支援をおこなうことの必要性が注目されています。

　たとえば，予定の変更に強い抵抗を示す子どもに対しては，時間割や物の配置などを変更する際に，そのことを早めに伝えて心の準備をさせておくといった配慮が考えられます。また，注意散漫になりやすい子どもには，集中しやすい学習環境を整えることが重要です（p.254，**図9-6**）。ほかにも，読み書きなどの学習の遅れや困難さへの対応として，タブレット型端末を利用

32　モレノは，集団心理療法の1つである心理劇を提唱したことでも知られています。
33　ADHDの子どもの約20〜25％がLDを併発しているという指摘もあります（Tannock & Brown, In Attention deficit disorders and comorbidities in children, adrescents, and adults, 2000）。
34　特別支援教育の対象は「障害のある幼児児童生徒」です。すなわち，児童だけでなく，幼児や中学生，高校生もその対象となります。

表9-3 発達障害の種類とおもな特徴

種類	おもな特徴
知的障害 (Intellectual Disability)	・同年齢の子どもと比べて，全般的な知的機能に明らかな遅れがある ・それに伴い，日常生活に適応する力（コミュニケーションにおける言語理解力や表現力，学力，自己管理能力，集団適応力など）に制限がある
自閉症スペクトラム障害 (ASD：Autism Spectrum Disorder)	・社会的コミュニケーションや対人的相互関係の形成・維持が苦手 　▷他者と感情を共有することが苦手，視線が合わない，相手の身ぶりから状況を読みとることが苦手，など ・行動や興味が限定され，反復的である 　▷ひたすら同じことを繰り返す遊び，相手の言葉を繰り返すオウム返し，変化・変更への抵抗，感覚刺激に対する過敏さまたは鈍感さ，など
注意欠如・多動性障害 (ADHD：Attention Deficit/Hyperactivity Disorder)	・以下の症状を特徴とする 　▷不注意：外からの刺激によってすぐに気が散る，必要な物をなくす，など 　▷多動性および衝動性：常に体のどこかを動かしている，着席が求められる場面で離席し歩き回る，順番を待つことが難しい，指示が終わる前に行動に移ってしまう，など ・不注意優勢型，多動・衝動優勢型，混合型の3つのタイプがある
学習障害 (LD：Learning Disorder)	・知的な遅れはみられないが，"読む，書く，計算する"などの領域において，その習得と使用に著しい困難を示す（＊） ・知的障害など，他の障害によってはうまく説明されない ＊1999年の文部科学省の定義では，上記3つの領域に加え，"聞く，話す，推論する"領域における困難も含まれている。（文部科学省，学習障害児に対する指導について（報告），1999）

（American Psychiatric Association, DSM-5, 2013をもとに作成）

した支援も導入されています[35]。個々の児童生徒にみられる学習の具体的な困難さを特定し，ひとりひとりに応じた最適な学習環境や教材，学習法の工夫を考案していくことが求められます。

▶**二次障害とその対応** たとえばADHDの子どもは，脳の前頭葉の機能不全から，行動抑制の障害（コントロールの難しさ）があると考えられます。しかし，表に現れる不注意や多動，衝動といった特徴から，「わがままで乱暴な子」と周囲からとらえられてしまい，叱責や非難の対象にもなりやすいです。こうした周囲の誤解や無理解は，子どもの自信や課題に対する意欲を喪失させ，逆に不安や落ち込みを増大させやすくなります。時には，心のストレスが，他者への反発や攻撃として表出したり[36]，不登校やひきこもりといった問題として現れる場合もあります。もともとの発達上の障害（一次障

---

35 橋本，教育心理学年報，2016
36 大人の指示や要求に対して，わざと無視したり，逆らったり，大人をいら立たせることをしたり，挑発的な行動をとったりといったことが持続する場合，"反抗挑戦性障害"と診断されることがあります。それに対し，何ら介入もされず，不適切な養育を受けるといったさらなる要因が加わることにより，行動様式がさらに深刻化し，暴力を振るったり破壊行為を起こしたりする"素行障害"へと移行することもあります。

図9-6 草のなかにいる動物は？（集中しやすい学習環境づくり）
(a)は，たくさんの情報が提示されているため，そこから重要な情報（動物）に焦点を当てるという選択的注意が困難になる。(b)はよけいな情報がない（片づけられている）ため，選択的注意が弱い子どもでも，容易に動物を見つけることができる。教育現場においても，子どもが集中しやすいように，よけいな刺激が入りにくい前列中央の席にするなどの配慮が求められる。

害）に対して，こうした二次的な問題を二次障害といいます。こうした二次障害を防ぐためにも，まずは，発達障害を早期に発見し，周囲が正しく理解することが求められます。

5 思春期・青年期

ステップ1

思春期・青年期の発達の様相

12〜13歳から22〜23歳くらいまでを青年期とよびます[37]。このうち，青年期の前半（12歳から16歳くらいまで）は，児童期から青年期の移行期と

---

[37] 青年期の明確な基準を定めるのは難しく，近年では，高学歴化や就業難などを背景に，青年期が延長しているという議論もあります。

して，思春期とよばれることもあります。

▶ **思春期** | 中学校入学前後を機に，身体に男性らしさ，女性らしさが現れるようになります[38]。こうした思春期にみられる男女の性的特徴を，**第二次性徴**といいます[39]。身体の変化に伴い，男女とも14歳ごろから性的な関心を抱くようにもなります。

こうして身体が大人へと変化していくと，自分自身に関心が向くようになります。認知能力の発達（p.251，表9-2）も伴い，抽象的な思考ができるようになると，実際には見ることができない自分の内面（人生観，価値観，理想的な自己像など）についても考えるようになります。自分の考えと，社会（とくに親や教師など周囲の大人）との間に矛盾や葛藤を抱くようにもなり，批判的・反抗的な態度がみられやすくもなります（**第二反抗期**）。

▶ **青年期** | 青年期に入ると，周囲から子ども扱いをされなくなるなど，それまでとは異なる扱い方をされます。中学から高校，大学と所属団体を移り変わることも，大きな変化といえるでしょう。交友関係が広がるとともに，友達との関係や恋愛の悩みも生まれてきます。さらに，進学や就職など，将来進む道を選択する際にも，悩みを抱くことが多いです。

このように，青年期はさまざまな変化に直面し，また多くの悩みを抱きます。そのなかでも，"社会で生きていく自分という存在"に関する悩み・疑問を抱くようになる点が特徴的です。「自分は何者だろう」「自分が存在する意味は何だろう」「この社会で自分は何ができるのだろう」と，さまざまな疑問が生じてきます。こうした疑問に対して答えを見出し，自分を統合する（一人の人間としてまとめあげようとする）心の働きを**アイデンティティ**（**自我同一性**）といいます。アメリカの精神分析家である**E.H.エリクソン**は，自身の発達理論の鍵となる概念として，アイデンティティを提唱し，その確立を青年期の重要な課題としました（p.237，表9-1）[40]。アイデンティティが確立することにより，たとえ苦手なことや失敗することがあっても，自己嫌悪や劣等感にふり回されず，自分らしさを認めることが可能になります。また，対人関係や進路なども主体的に選択し，責任をもって行動することにもつながるといわれています。

---

[38] 時代が進むにつれ，子どもの成熟が早まる現象（発達加速現象）が注目されています。この現象は，身長・体重・胸囲などの量的側面の加速（成長加速現象）と，初潮・精通など性的成熟や乳歯・永久歯の生еденいです。なお，近年は，先進諸国では発達加速現象は停止傾向にありますが，急速に経済が発展している後進国においては，逆に加速度が高まっているといいます。

[39] 生まれてからすぐにわかる男女それぞれの性器や生殖腺の特徴を"第一次性徴"といいます。

ステップ2

アイデンティティの拡散・摂食障害

▶ **アイデンティティの拡散** │ 青年期において，自分のやりたいことがわからなかったり，親などの周囲の人と意見が衝突してまとまらなかったりすると，アイデンティティが確立されず，アイデンティティの拡散状態となります。

アイデンティティが拡散した状態でいると，自己の将来に対して見通しや展望を見出せません（**時間的展望の拡散**）。また，物事にとり組むやる気ももてなくなると（**勤勉性の拡散**），自分が進む道の選択がさらに困難になります。さらに，自分に自信がもてず，対人関係を避けて孤立してしまったり，逆に極端に相手と親密になろうとして，適切な対人関係上の距離を保つことが困難になる場合もあります。

こうした状態は，青年期の多くの人が多少なりとも一時的に経験するものです[41]。しかし，上記の状態が長期間持続したり，程度がはなはだしい場合，その背景に，より重篤な精神障害を伴っている可能性も指摘されています[42]。

▶ **摂食障害** │ 思春期・青年期の心理的問題は，ほかにもあります。第二次性徴を迎えるとともに，自分の容姿への関心が高まる時期に問題になりやすいのが，過度に食べたり食べなかったりという摂食行動の異常（摂食障害）です。これは，食事をとりたがらない"神経性無食欲症"と，逆に極端に大量の食物をとる"神経性大食症"に大別されます。摂食行動の異常の背景には，体重への極端なこだわりや，ボディ・イメージのゆがみ，自己への否定的認知などがあります。やせていることを美の象徴とする社会的な風潮も深くか

---

40 アイデンティティを確立するための期間をモラトリアム期といいます。モラトリアムとは，借金返済までの猶予期間を指す経済用語ですが，それが転じて，"とり組むべき課題を先延ばしにする"という意味で用いられています。青年は，モラトリアム期という社会が与えてくれた猶予期間を有効に使うことにより，社会的責任や義務から免れた状態で，アイデンティティの確立に向けて試行錯誤することができるといえます。
なお，アイデンティティは青年期に確立されてから以降，一生変わらないわけではありません。成人した以降も，就職や結婚，出産などさまざまなライフイベントを経験するなかで，そのつど"自分"を見つめなおし，アイデンティティを再構築していきます。

41 アイデンティティが未確立の状態でいると，恋愛において，他者からの評価により自己のアイデンティティを定義づけようとする態度をとることがあります（大野，In 生涯発達心理学 第4巻 自己への問い直し：青年期，1995）。こうした他者との関係は必ずしも無駄なものではなく，むしろ，その後の親密な対人関係の形成の基盤になるともとらえられています。

42 谷・宮下，さまよえる青少年の心：アイデンティティの病理 発達臨床心理学的考察，2004

かわっていますが，幼少期に親や周囲の人間から体重や体型のことをからかわれたという経験も引き金になるといわれています。

摂食障害によりうまく栄養を摂取できないと，第二次性徴の遅れや月経周期の乱れ・停止，不妊症，骨粗しょう症だけでなく，うつ病をはじめとする精神障害などさまざまな問題が生じます。

ステップ3

揺れ動くこころに寄り添う

▶ 周囲の支えと自己開示｜青年期は心身ともに変化し，さまざまな悩みに直面しやすい時期です。とくに，ある選択を迫られ悩んでいるようなときは，友達をはじめとする周囲の人々が大きな支えになります。周囲に，自分が抱える問題や関心事を伝える（自己開示する）ことで，良好な精神的健康がもたらされることが指摘されています[43]。また，こうした周囲とのやりとりは，自分自身の長所や短所に気づく機会にもなるでしょう。

▶ 摂食障害のケア｜摂食障害は，摂食行動の異常とともに，ボディ・イメージのゆがみや否定的な自己認知をもつことを特徴とします。こうした特徴は，自己評価の低下や無力感，抑うつ，不安などをもたらし，その結果，さらに問題行動が重篤化するなど，悪循環が形成されやすいことが指摘されています。そこで，治療には，それぞれの症状に応じた介入が求められます。たとえば，摂食行動やその際に生じる恐怖感などに対しては，**モニタリング**（観察・記録）を用いて症状を客観的に評価できるよう促します。また，ボディ・イメージに対する不適切な認知や，否定的な自己認知に対しては，**認知行動療法**における**認知的再体制化**の技法などが用いられ，効果を発揮しています[44]。　臨床心理学

そのほか，心身の回復を目指して薬による治療がおこなわれる場合もあります。また，外来治療だけでは回復が困難な場合や，顕著で急激な体重減少がみられる場合，うつ病などの重篤な精神疾患の合併を伴っている場合などは，入院治療をおこなうこともあります。

摂食障害は，思春期・青年期特有の不安定さや家庭・学校での問題などが，発症の要因としてかかわっていることが少なくありません。**家族や学校**

43　余語，自己開示：語りの治癒力，2007
44　岡本ら，精神神経学雑誌，2010

関係者はもちろん，専門医の協力を得ながら，本人が治療を続けられるようサポートしていくことが大切です。

成人期・老年期

ステップ1

成人期・老年期の発達の様相

▶ **成人期** │ 20歳ごろから65歳ごろまでを**成人期**といいます。このうち，20代は大人の世界へ入る時期といえます。青年期に確立したアイデンティティをもとに，自分が選択した道（職業，異性，仲間，価値観，ライフスタイルなど）を進んでいきます。なお，生き方が多様化している今日，「どの道を進むか」という意思決定を求められる機会は一度きりではなく，20代以降も次々とおとずれます（図9-7）。

30代では，仕事に対する自信が育ってくるいっぽうで，結婚や出産などのライフイベントに伴い，新たな選択を迫られる時期です。たとえば，「このまま同じ会社で仕事を続けるか，転職をするか」に関する悩みは，男女ともに起こる可能性があります。こうした選択を経て，30代後半になると，結婚して家庭をつくったり，職場などでも自分より若い人の指導をする立場におかれるようになります。

40代から50代の中年期には，体力の低下や**生活習慣病**[45]の増加，**更年期障害**[46]など，身体面の変化が大きく現れやすくなります。また家庭内では，子どもの自立に伴い，"**空の巣症候群**[47]"に陥ることもあります。さらに職場では，昇進に伴うプレッシャーや仕事上での限界感・挫折感を認識するなどして，心的不適応に陥りやすくなります。こうしたさまざまな問題に直面するなかで，「自分の人生はこれでよかったのか」とアイデンティティを再度

---

[45] 代表的なものに，糖尿病，脳卒中，心臓病，脂質異常症，高血圧，肥満などがあります。
[46] 40代以降，男女の性ホルモン分泌量の低下が原因となる自律神経失調症に似た症候群（例：動悸，息切れ，異常な発汗，頭痛，めまい，顔のほてりなど）を指します。
[47] 子どもの自立に伴い，母親の役割を失った（ヒナがいない空の巣になった）不安定感が背景となって起こる，空虚感，無力感，抑うつ感などを指します。

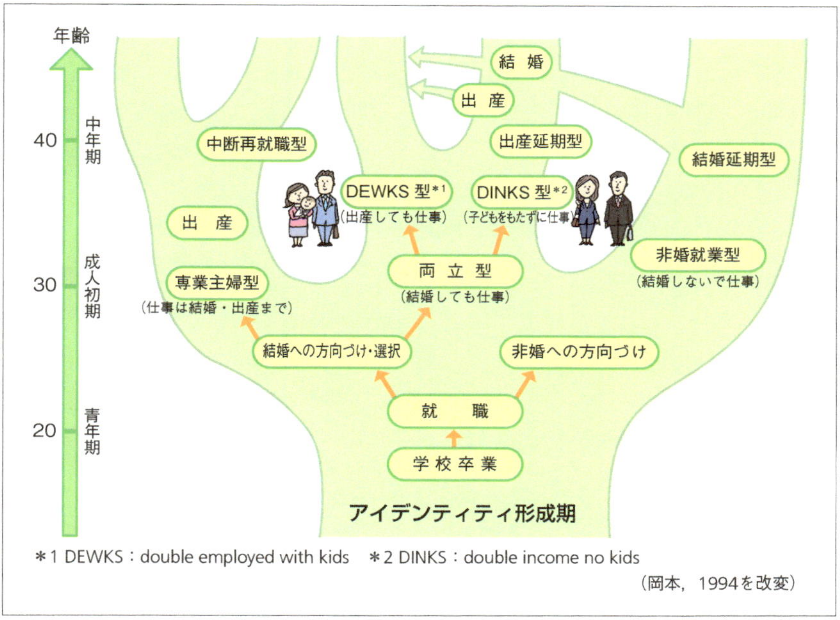

図9-7 現代女性のライフコースの木
図は、女性に焦点を当て、ライフコースを1本の木に見立てているが、女性に限らず、男性にとっても、今日は多様なライフコースの選択が可能になっているといえる。

見直すことになります。こうした自己内外におけるさまざまな変化に伴う心の揺らぎを中年期危機といいます。加齢に伴う身体の変化を認識しつつ、これまでの人生を振り返り、これからの生活や他者とのかかわり方などを修正していくことによって、アイデンティティを再確立することが求められる時期といえるでしょう。

▶ 老年期｜65歳以降の時期を、老年期といいます。体力はもちろん、視力や聴力といった感覚機能も衰えはじめ、高速度で多量の作業をおこなうことが求められる場面では苦労することが多くなります。また、記憶力の衰退なども目立ちはじめる時期です。いっぽうで、これまでの経験をふまえた問題解決が可能になるなど、高齢になったからこそできるようになることもあります[48]。

---

48 たとえば、新しい場面へ適応する際に働く能力（流動性知能）は加齢による低下が顕著ですが、過去の経験を適用して得た判断力や習慣（結晶性知能）は、高齢になっても維持されるという指摘もあります。また、語彙は70代を過ぎるまで増え続けることも知られています（板口・福澤、老年精神医学雑誌、2015）。

老年期に入ると，それまでの自分の人生を振り返るようになります。振り返った人生に，たとえ後悔するような出来事があったとしても，それも含めて「自分の人生なのだ」と肯定できると，自らの生きてきた道のりに意義を見出すことができます[49]。R.N.バトラーは，高齢者が自らの人生を振り返り，他者に語ることで自らを肯定し，人生を統合することをサポートする方法としてライフレビューを提唱しました。日本では，回想法として7～8人の小グループで施設入所者や認知症高齢者を対象にして実施されています[50]。

ステップ 2

成人期以降の発達上の問題

　成人期以降，就職，結婚，出産などさまざまなライフイベントを経験することは，人生に満足感を与えるいっぽう，心身に多くの負担をかけることになります[51]。とくに中年期に入り，自分の能力の低下や限界を目の当たりにすることは，それまで培ってきた自信を喪失させることにもつながります。

▶**うつ病** | こうした特徴をもつ成人期以降の時期において，うつ病の発症率の高さが問題視されています。うつ病は，日常生活に支障を来すほどの持続的で強い「抑うつ気分（気分の落ち込み）」または「興味・喜びの減退」を主症状とします[52]。気分への影響以外にも，行動，思考，身体といった各領域にさまざまな影響を及ぼします（図9-8）。

　厚生労働省の調査結果[53]によると，うつ病をはじめとする気分障害は，男女ともに35歳ごろから40代にかけて多くなります。先述した成人期以降に経験するさまざまな変化のなかでも，成果主義の職場におけるプレッシャー

49　いっぽう，「あのときこうしていれば…」などと，振り返った人生に納得できない部分が多く，それを受け入れられないと，自分の人生に絶望し，死に対しても恐怖を抱くようになります。
50　ライフレビューは，語りにより人生の統合を促すことを目的としているいっぽう，回想法は，QOLを高め，対人交流を促すことが目的とされるため，認知症高齢者にも適用が可能です。
51　出産に伴う心理的な問題の1つが育児不安です。子どもの成長発達の状態に悩み，母親が自らの育児に自信がもてないといったことから生じる強い不安を指します。多かれ少なかれ，多くの母親が子育てのなかで自然に抱いている感情の1つですが，この感情が強くなりすぎると，うつ病の発症や幼児・児童虐待などにもつながる可能性があります。育児不安の低減に向けて，周囲からのサポートを充実させたり，母親自らのストレス・マネジメント力を育成したりといった働きかけが求められています。
52　DSM-5において，うつ病とは，強い抑うつ気分や活動に対する興味・喜びの低下などの症状が，ほとんど一日中ほぼ毎日，2週間以上にわたって続いた状態を指します。
53　うつ病に加え，躁うつ病も含む気分障害の総患者数を調査した結果（厚生労働省，平成23年患者調査，2011）。

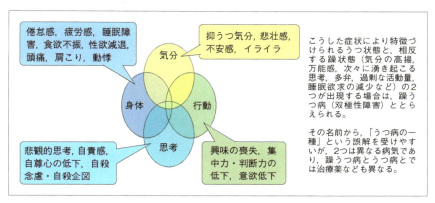

図9-8 うつ病の症状

や、家庭内の負担（家のローン・子育て）などが関係しているといわれています。また、女性の場合は、60～70代の時期にも再び多くなる点が特徴的です。配偶者に先立たれるなどして、一人で暮らしている高齢女性は、うつ病の発症リスクが高いと指摘されています。

うつ病は自殺につながりやすいことから、うつ病と自殺の双方に対する予防的アプローチが重要とされています。

▶ 認知症｜老年期を中心に問題となってくるのが認知症です。これは、一度正常に発達した知能が、なんらかの障害により病的に低下した状態の総称であり、その原因によってアルツハイマー型認知症や脳血管性認知症などのタイプに分けられます[54]。おもな症状としては、"記憶の障害（新しいことをおぼえることが困難になる、少し前に聞いたことであるにもかかわらず聞いたという体験自体が思い出せない、など）"です。また、"見当識障害（現在の日時や自分のいる場所がわからなくなる）"もみられます。さらに、食べ物以外のものを口にしてしまう"異食"や、些細なことで泣いたり笑ったりする"感情失禁"などがみられる場合もあります。

中年期以降になると、物忘れが多くなり、記憶機能が悪くなったことを自覚した際、認知症になったのではないかと不安に思う人もいます。しかし、

---

54 脳の神経細胞が死滅し、脳全体が萎縮することによって認知症の症状が現れるものを"アルツハイマー型認知症"といい、認知症のなかでもっとも多くみられます。男性より女性に多くみられ、数年から数十年かけて非常にゆっくりと進行していきます。いっぽう、"脳血管性認知症"は、脳の血管が破れたりふさがったりする脳卒中発作の結果、脳の血流に障害が起こり、脳が広範囲に壊死して、認知症の症状が現れます。全体的な記憶障害ではなく、一部の記憶は保たれている（まだら認知症）ことが特徴です。

「(約束をしたことはおぼえているが,)約束の時間を忘れてしまった」などは,年相応の物忘れとしてとらえられるでしょう。いっぽうで,「約束したこと自体を忘れてしまった」などと,体験そのものを思い出せないような場合は,認知症が疑われます。

ステップ3

うつ病・認知症へのアプローチ

うつ病へのアプローチ　うつ病や認知症は,いずれも早期発見が大切です。とくにうつ病の場合,症状を早期に発見し,適切に対処することは自殺予防のためにも重要となります[55]。図9-8のさまざまな症状は,心身が疲弊しているサインととらえられます。"食欲がない"や"眠れていない(眠れてもすぐに起きる)"といった**生活リズムの変化**などにも気づきを向けることが大切です。

身近な人がうつ病になった場合,どのように接すればよいでしょうか。まず何よりも,**心身ともに休養を与える**ことです。「やる気を起こせばできる」「気合いを入れれば頑張れる」といった励ましは避けます。また,集中力や判断力が低下している場合は,離婚や退職など大きな決断をすることは先延ばしにしたほうがいいことを伝えます。回復を焦ったり,うつ病になった自分を過度に責めるような言動がみられた際は,そうしたこころの揺れを受け入れながらも,「回復のために,今は自分の心身のエネルギーをためることを最優先にする」よう促します。また,「身体的不調やうつ状態がいつまでも続くのではなく,治療を受けることで次第に改善していく」ことを,本人および家族に理解させることも大切です[56]。本人そして家族が,うつ病を一

---

[55] 自殺に対する正しい理解をもつことも,その実行を防ぐことにつながるといえるでしょう。たとえば,自殺は本人が力尽きた状態のときよりも,むしろ心身のエネルギーが回復しはじめたころにおこなわれやすいです。また,「『自殺する』といっている人は自殺をしない」というのは誤解です。自殺の意思が語られた際,とくに自殺方法が具体的に語られた際は,実行する危険性が高いとして介入することが求められます。いっぽうで,たとえ自殺の意思が語られたとしても,「死ぬか生きるか」の間でこころが揺れている場合が多いです。そうしたこころの揺れを理解し,まずは本人の話を十分に傾聴する姿勢が求められます。そのうえで,医療機関や相談窓口に相談するようすすめてみましょう。

[56] 治療では,薬物療法や精神療法(認知行動療法など)がおこなわれます。とくに薬物療法では,正しく服薬を続けるよう治療へのモチベーションを維持させることが重要となります。調子がよい(悪い)からといって自己判断で薬を減らしたりやめたりせず,医師の指示に従いながら服薬を継続することが大切となります。なお,治療によって症状が一時的に落ち着いた後も,再発を抑えるために,しばらくは薬の服用が必要とされています。

人で抱え込まず，安心して過ごせるような環境づくりが求められるといえるでしょう。

▶**認知症へのアプローチ** ｜ 認知症の症状を呈する高齢者[57]に対しても，あたたかな態度で接することが求められます。とくに，「まったく思い出せない，わからない」状態に直面し不安を強く呈している際は，そうした本人の不安を理解し，軽減させることが求められます。間違った言動を否定したり，叱ったりするのではなく，まずは肯定して「わかってもらえた」という安心感を育むことが大切です。また，記憶能力が低下し，進行していくからといって，すべてが失われるわけではありません。**残された能力にも目を向け，それらを促していきながら，その人らしい生活を続けられるようサポートする**ことも求められます。さらに，病院や介護サービスなど，**適切なサービスを利用して，家族で抱え込まない体制づくり**をすることも大切です。

図版引用文献一覧

図9-1　Scammon, R. E. (1930). The measurement of the body in childhood. In Harris, J. A., Jackson, C. M., Paterson, D. G., & Scammon, R. E. (Eds). *The Measurement of Man*, Minneapolis: University of Minnesota Press, FIG. 73.

図9-4　Harlow, H. F. (1958). The nature of love. *American Psychologist*, 13 (12), 673-685, Figure 4.

図9-6　鳥居深雪（2009）．脳からわかる発達障害：子どもたちの「生きづらさ」を理解するために，中央法規出版．

図9-7　岡本祐子（1994）．現代女性をとりまく状況．岡本祐子・松下美知子 編．女性のためのライフサイクル心理学，福村出版，pp.12-21, 図1-2．

表9-3　American Psychiatric Association. (2013). *Diagnostic and statistical manual of mental disorders* (*5th ed*), Arlington: American Psychiatric Association.
　　　アメリカ精神医学会 編，髙橋三郎・大野裕 監修（2014）．DSM-5精神疾患の診断・統計マニュアル，医学書院．

---

[57] 認知症と誤診されやすい病気として，老年期のうつ病が挙げられます。両者ともに，記憶力の低下など共通する症状がみられるため，混合されやすいのです。うつ病と認知症では，おこなうべき治療や，周囲がとるべき対応法も異なるため，専門医による診察を受けることが重要となります。

第 10 章 神経心理学 ── 脳に宿ったこころの機能

1. 心と脳
2. 脳の構造
3. 失語症
4. 失認症
5. 失行症

（板口典弘）

1 心と脳

ステップ1

脳損傷と神経心理学的症状

　私たちの心の働きは，脳によって営まれています。この考えは，今後の研究によって覆される可能性はゼロではないものの，現在の科学においては通説となっています。それでは，もし脳が壊れたら，私たちの心の働きはどうなるのでしょうか？　この疑問を明らかにするのが，神経心理学という学問です。古典的な神経心理学のアプローチは，脳損傷部位とそれに起因する症状との対応関係を検討することにより，精神機能を脳に位置づけることでした。いっぽうで，現在の神経心理学的研究は，損傷部位と症状の対応関係にとどまらず，認知モデルを用いて神経心理学的症状が生じるメカニズムについて明らかにすることを目的としています。

▶ **高次脳機能障害** | 脳（中枢神経系）損傷によってひき起こされる症状のなかで，とくに「低次の感覚・運動機能の損傷に起因しない知覚・認知・社会機能などに関する後天的な障害」を神経心理学的症状あるいは高次脳機能障害とよびます[1]。たとえば，一次視覚野とよばれる脳部位が損傷すると，壊れた部位の位置に対応した視野の欠損が現れます。これは神経学的症状とよばれ，解剖学的なレベルでの説明が可能であるため，高次脳機能障害とはよばれません。これに対し，高次脳機能障害の1つである失語症は，「口を動かすための末梢的要因や全般的認知機能は正常であるにもかかわらず，喋るという目的をもった行為のみが選択的に達成できない状態」と定義されます。簡単にいうと，失語症を呈する患者は口を動かして物を食べることも唾を吐くこともできますが，"話す"という行為のみに障害が現れます。また，全般的な認知機能も保たれており，記憶などにも障害がないことが失語症の前提となります[2]。　知覚心理学　認知心理学

1　神経心理学的症状と高次脳機能障害の区別は曖昧で，混同して用いられているのが現状です。本邦では，前者は神経心理学（神経内科）が扱う対象としての症状を意識した文脈で，後者は心理学的・神経科学的な脳機能を背景にした文脈で用いられることが多いようです。ちなみに英語ではそれぞれ，neuropsychological symptoms, disorders of higher brain functionsという言葉が対応します。

▶ **脳損傷の原因** | 神経心理学的症状をひき起こす脳損傷の原因は，外傷，血管障害，神経変性疾患に大別されます。まず，外傷性脳損傷とは，頭を誰かに殴られるなどの衝撃によって，直接的あるいは間接的に神経細胞がダメージを受けることを指します。つぎに，血管障害性脳損傷とは，一般には脳卒中とよばれることが多い現象であり，おもに脳梗塞と脳出血の2つの原因によって生じます。脳梗塞は血管が詰まることです。これによって，その部位より先へ血液が供給されなくなり，神経細胞が死んでしまいます。脳出血とは血管が破れて出血することです。脳出血が起きると周辺の神経細胞が圧迫されるなどして，機能しなくなってしまいます[3]。最後に，神経変性疾患では，パーキンソン病やアルツハイマー病のような神経系の病気により神経細胞が正常に機能しなくなります。これら3つの原因の他にも，脳腫瘍，てんかん，脳炎などによっても脳損傷は生じることがあります。

▶ **機能局在** | 神経心理学では，脳のある部位に特定の機能があることを前提としています。このような考え方は機能局在論とよばれます。しかしながら，この考え方は長い間主流ではありませんでした。現代の機能局在論的な脳のとらえ方にいたる流れを築いた人物として，ドイツの医師F.J.ガルという人物がいます。1800年ごろ，ガルは骨相学という学問を提唱し[4]，以下の6点を主張しました。 心理学の歴史

1. 脳は精神の器官である
2. 精神は複数の異なる能力によって構成されている
3. それぞれの能力は別々の脳の器官に存在する
4. 器官の大きさはその能力の強さを反映する
5. 頭蓋の形は器官の発達の仕方によって決まる
6. 頭蓋の形は心理学的な要素の指標となる

これらの主張のうち，4〜6番は現在では否定されています。骨相学が当時も今も疑似科学であるとみなされているのは，占いや手相などに似た4〜

2 　加齢による認知能力や記憶能力の低下は，ある意味で"正常な発達"によるものですので，神経心理学的症状とはよびません。

3 　脳梗塞では細胞が酸素不足で死んでいきますが，脳内には痛みの神経が存在しないため，一般的に，痛みはあまりありません。いっぽうで脳出血の場合は，流れ出た血が頭蓋表面の痛みの神経を圧迫するため，痛みを伴います。とくに，クモ膜下出血とよばれる頭蓋表面に近い膜の中での出血は，金属バットで頭を殴られたような痛みをもたらすといわれています。

4 　ガルは解剖学・神経生理学において優れた業績を残しており，その知見にもとづいて誕生したのが骨相学です。骨相学はphrenologyの邦訳ですが，phren-という接頭辞は精神という意味なので，心理学あるいは精神学と訳すのが正確です。また，ガル自身はphrenologyという言葉は用いずに，cranioscopy（頭蓋観察論）やorganology（器官学）という言葉を用いていました。

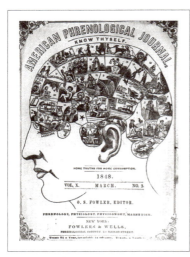

図10-1 ガル以降の骨相学者らによって設立された骨相学雑誌の表紙

6番の主張があったからでしょう[5]（図10-1）。しかしいっぽうで，心的活動を自立した下位要素に分解し，それらを別々の脳部位に局在させるという考え方は，現在の科学ではほぼ常識となっています。このようなガルの主張は，"こころ"を複数のサブシステムに分解し，それらを大脳皮質に結びつけた点で画期的でした。

▶ **乖離** | 神経心理学では，脳部位と脳機能との対応（機能局在）を検討する際に，乖離という現象を重視します。乖離とは，脳損傷によって，ある機能は失われるいっぽうで，ほかのある機能は保たれるという状況を指します。たとえば，相貌失認という症状では，自身の顔も含め，人の顔の再認や弁別ができなくなります。しかし，その顔がどのような感情を表出しているかを認識することはできます。これは，顔の認知と表情の認知が独立な機能であることを示す1つの証拠として扱われます。

しかし，このような1つの症状による乖離（single dissociation）だけでは，本当に顔の認知と表情の認知が別々の脳部位で処理され，独立に障害されうるかどうかはわかりません。もしかすると，顔の認知よりも表情の認知のほうが簡単であり，顔の認知へのダメージが顕著に現れているだけかもしれません。このような問題を解決するのが，**二重乖離**（double dissociation）という現象です。すなわち，顔の認知はできて表情の認知ができない症状とは別に，表情の認知はできるけれど顔の認知はできない，という逆の症状をみつけることができれば，顔の認知と表情の認知の2つの機能は，それぞれの脳損傷部位の働きに依存しない機能であることが証明できます（図10-2）。図10-2でいうと，AとBの脳部位が，それぞれの機能と対

---

[5] ガル以後の骨相学者たち（J.G. シュプルツハイムなど）によって，当初の学問の主張や能力の詳細は世俗に受け入れられるものに変更されていきました。

[6] ここで注意しなければいけないのは，Aの脳部位が顔認知の処理をすべて担っているということではない点です。脳損傷による二重乖離は，あくまで機能の場所独立性を示すものであって，脳部位と機能の一対一の対応関係を示すものではありません。

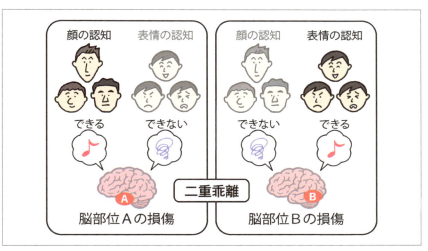

図10-2 神経心理学における二重乖離

応していることが支持されます[6]。神経心理学では，このような乖離の知見を積み重ねることにより，どのような機能が脳のどこに局在するのかを明らかにしてきました。

ステップ2

フィニアス・ゲージ

　1848年，フィニアス・ゲージという25歳の建設工事現場監督は，有能な若者として知られていました。彼の仕事は，鉄道敷設のために邪魔になる岩を火薬によって爆破することでした。岩を壊すには，岩の下の地面に深く穴を掘り，火薬と砂を詰める作業が必要です。ゲージは，長さ約1 m，重さ約6キロの鉄の棒で穴をつつき，砂を固めようとしました。しかし，火薬の上に覆いかぶさっているはずの砂がまだ用意されておらず，鉄棒は火薬を直接叩いてしまいます。その瞬間，激しい爆発とともに，鉄棒はロケットのように穴から発射されました。鉄棒は，ゲージの**左頬から入り頭蓋を貫通**した後，30 mほど離れた場所に落ちました。彼はその後，しばらく倒れていましたが，仲間の助けを借りて立ち上がりました。このとき，彼の意識は清明

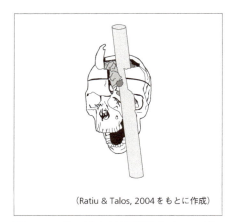
(Ratiu & Talos, 2004 をもとに作成)

図10-3　ゲージの鉄棒貫通のイメージ

で，会話もできました。鉄棒の先端がとがっていたことが，損傷の程度を軽くしたと考えられました。しかし，鉄棒はゲージの<u>前頭葉</u>をえぐりとっていきました。事故の数時間後に彼は傷の治療を受けましたが，そのときには彼は医師に事故の状況を克明に話すことができました。

▶ **人格の変容**｜「ゲージはもはやかつてのゲージではない」。これは，ゲージが事故から回復して何週間か経った後，彼の同僚たちが言った言葉です。ゲージの左目は失明していましたが，右目の視力は完全に保たれ，道具を扱うことができ，足どりも言葉もしっかりしていました。しかしながら，しばらく経つとある問題が生じてきました。すなわち，頑固で気まぐれになり，同僚たちへは敬意を払わず，無礼なふるまいをおこない，ときおり下品な言葉も吐くようになりました。また，計画をあれこれ立てたかと思うと，途端に興味を失い実行するのをやめてしまうこともよくみられました。そこには，真面目で尊敬すべきかつてのゲージはおらず，新たな人格をもった人間がいたのです。

▶ **前頭葉の役割**｜ゲージのケースは，脳損傷と機能局在に関しておそらくもっとも有名で衝撃的な事例の1つです。彼の治療をした医師J.ハーロウは，鉄棒により彼の前頭葉の前方が選択的に損傷していたことを報告しています。鉄棒が貫通していたため，幸いほかの脳部位にはほとんどダメージはありませんでした。後に，彼の実際の頭蓋骨とCGを駆使した研究によって，<u>左前頭前皮質</u>のみに脳損傷があったことが示されています（**図10-3**)[7]。現在では，前頭葉は<u>遂行機能</u>や<u>社会性</u>，<u>情動</u>など人格に大きくかかわる脳部位であることが知られています。しかし，かつては「<u>沈黙の領域</u>」とよばれていたほど，どのような機能を担っているのかが不明な部位でした。ゲージの例では記憶や認知，運動機能などに障害がみられず，社会性のみが失われた状態になりました。これも1つの乖離の例です。残念ながらゲージの場合

---

[7] H. ダマシオら（*Science*, 1994）の研究で初めてCGを用いたゲージの脳損傷部位の検証がおこなわれました。しかし，この研究ではゲージの頭蓋骨ではなく標準的な頭蓋骨モデルが使われたため，両側前頭前皮質に損傷があったという，結果として間違った結論が示されました。

は，診断した医師が専門的な学者ではなかったため，詳細な検査がおこなわれず，前頭葉に関する学術的発展はしばらく先になってしまいました。しかし，彼の死後150年経ってから脳損傷部位が明らかにされ，さらには彼の脳損傷後の行動に関する新たな論文が出版される[8]など，神経心理学においては今でも非常に重要な症例です。 パーソナリティ心理学　社会心理学

ステップ3

神経心理学的研究の変遷

　脳損傷によって生じる神経心理学的症状は，理論上は，私たち人間がおこなうことのできる機能の数だけあります。たとえば，**失語**，**失認**，**失行**，**健忘**（記憶障害），**遂行機能障害**，**注意障害**が代表的な症状です。ただし，このような症状の分類は歴史的経緯あるいは社会生活における重要性にもとづくものです。そのため，症状の実態としてはこれらの分類がうまく当てはまらないケースもしばしばみられます。

　神経心理学は，障害における**脳機能の乖離**の存在を示すことで，ほかの研究分野では提供できない数々の強い証拠を提供してきました。たとえば，**症例HM**とよばれる患者の症状は，短期記憶と長期記憶といった記憶に関する認知モデルを裏づけました。HMは，手術によって両側側頭葉を切除した後に，**前向性健忘**という記憶障害を呈しました。すなわち，手術前までのことはおぼえているけれど，術後のことは新たに記憶できず，新しいことはすべて数分のうちに忘れてしまうという症状です。ここで重要なのは，すでに提案されていたモデルにおける「短期記憶から長期記憶への経路」が壊れた状態を，症例HMが示したという点です。この研究によって，現在知られている記憶の認知的モデルの基礎が固まりました。 認知心理学

　最近では，神経心理学が扱う症状の範囲も以前より広がってきています。たとえば，**自閉症**や**統合失調症**なども神経心理学の研究対象に含まれるようになってきました。これらの症状は特定の脳部位の後天的損傷ではないため，本来は神経心理学の研究対象ではありません。しかしながら，認知心理学的モデルの発展，ネットワーク的な脳機能のとらえ方の普及，および脳イメージング技術の発達によって，精神医学的症状に対しても，神経心理学的なアプローチを適用することが可能になってきたのです[9]。 臨床心理学

---

[8] たとえば，Macmillan & Lena, *Neuropsychol Rehabil*, 2010
[9] たとえば，Menon, *Trends in Cog Sci*, 2011 が参考になります。

2 脳の構造

ステップ1

大脳皮質

　私たちが通常，脳と聞いてイメージする部分は，大脳皮質とよばれている部位です。しかしながら，解剖学的には中枢神経系の脊髄よりも上の部分を指し，**大脳皮質**だけではなく，**皮質下**，**脳幹や小脳**なども含みます。ステップ1では，もっとも神経心理学にかかわりの深い大脳皮質に焦点を絞って説明します。

　大脳皮質は神経細胞を集めた大きな塊ですが，全体的には新聞紙をグシャグシャにして丸めたような構造をしており，大きく左半球と右半球に分かれています（**図10-4a**）。そのとき，表面が盛り上がった部分を脳回，凹んでいる部分を脳溝とよびます。脳回と脳溝の構造は，個人間でだいたい同じような形をしています。

生理心理学

　大脳皮質の表面は，灰白質（かいはくしつ）とよばれています。この部分の厚さはわずか2〜4mm程度ですが，そのなかで膨大な量の神経細胞どうしの情報のやりとりがおこなわれています。灰白質より下の部分は白質とよばれる領域であり[10]，神経細胞の軸索（情報を送るケーブル）が大量に詰まっています。また，大脳の左半球と右半球の隙間に，両半球をつなぐケーブルがまとめられており，この部分を脳梁とよびます（図10-4a）。そのため，この脳梁部分が切断されると基本的に左右半球の間の情報のやりとりはなくなってしまいます。

大脳皮質の分類

　脳の特定の場所を指す際には，複数の異なる基準が用いられています。これらの分類は，初学者にとっては混乱を招く厄介なものですが，それぞれ重要です。本書では，解剖学的分類，機能的分類，細胞構築学的分類という3つの分類を紹介します。解剖学的な分類は**脳の形状**を，機能的な分類は**処理**

---

[10] 白質は，軸索を包む素材（ミエリン鞘）が白いため，白い色をしています。

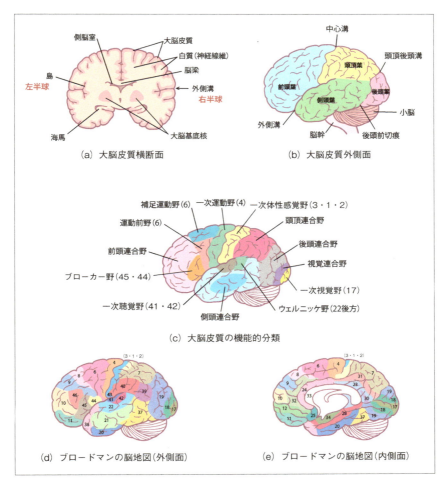

図10-4 大脳皮質の分類

する情報の内容を,そして細胞構築学的な分類は皮質を構成している**細胞のバランス**をそれぞれ分類の基準としています。

▶ **解剖学的分類** 大脳皮質は,4つの葉という単位に分類されます。すなわち,**前頭葉**,**側頭葉**,**頭頂葉**,**後頭葉**です(**図10-4b**)。これらに加えて,島という部位も**島葉**として数え,5つとする場合もあります。前頭葉と頭頂葉の間は**中心溝**(ローランド溝),前頭葉・頭頂葉と側頭葉の間は**外側溝**

（**シルヴィウス溝**），頭頂葉と後頭葉の間は**頭頂後頭溝**とよばれる脳溝で分けられます。側頭葉と後頭葉の境目は，目安はありますが実は曖昧です。

　葉よりも細かく解剖学的な分類をおこなうときは，脳回や脳溝の名前を用います。たとえば，前頭葉には3つの大きな脳回が見えるため，上から**第一前頭回**，**第二前頭回**，**第三前頭回**とよびます[11]。溝の場合も同様です。このよび方が適用できない場合は，**縁上回**（えんじょうかい）や**角回**（かくかい）など，特定の名前をつける場合もあります。

▶ **機能的分類** | 脳をコンピュータにたとえた場合，信号の入力と出力およびそれらの中間でさまざまな信号を統合処理する箇所がそれぞれ存在します（図10-4c）。まず，大脳皮質へは，身体のさまざまな部位からの**感覚信号**が入力されます。入力を受ける大脳皮質の脳部位は**感覚野**とよばれます。とくに，ある種類の感覚信号が大脳皮質に最初に到達する部位を**一次感覚野**，その次に処理が行われる部位を**二次感覚野**と呼びます。それぞれの感覚野においては，ある特定の感覚しか処理されません。たとえば，眼球から入った光の情報は，後頭葉にある**一次視覚野**に入力されます。ここでは視覚の情報しか扱われず，聴覚や体性感覚などの情報が処理されることはないといわれています。

　いっぽう，大脳皮質からの信号を出力する脳部位は，**運動野**とよばれています。私たちの脳は残念ながら，さまざまな種類の信号を出力することはできません。私たちの大脳皮質からの出力は基本的にはすべて[12]，**筋肉を動かすための指令**です。運動野においては，最終的な出力部位が**一次運動野**とよばれています。運動の準備や計画にかかわる情報を処理し，一次運動野に情報を送る部位は**前運動野**，**補足運動野**とよばれています。

　大脳皮質において，感覚野でも運動野でもない部位は，**連合野**とよばれており，さまざまな感覚の統合や認知処理をおこなっています。ある感覚野とほかの感覚野の間は直接の連絡路は存在せず，必ず連合野を経由して情報のやりとりがおこなわれます。とくに前頭葉はほかの葉と比較して連合野の割合が高く，さらにほかの動物と比較した場合にヒトにおいて大きく発達している部位です。このような連合野の発達によって，ヒトが有する高度な思考能力や人格といったものが支えられていると考えられています。

---

[11] 数字の代わりに，上・中・下を使用する研究者もいます。たとえば，第一前頭回は，上前頭回ともよばれます。
[12] 内分泌系や自律神経系に対する制御にもかかわっていますが，これらは意識的な制御が難しい対象です。

▶ **細胞構築学的分類** | 大脳皮質は，薄いシートのような構造をしていますが，実はそのシートはミルフィーユのように6層に分かれています[13]。それぞれの層には特定の機能をもった細胞が詰まっており，各層の厚さは脳部位によって異なります。この層の厚さの違いによる大脳皮質の分類を，細胞構築学的分類とよびます。この分類はドイツの神経科学者K.ブロードマンがおこなったため，ブロードマンの脳地図とよばれ，現在でもその区分が研究・臨床分野両方において使用されています（図10-4d, e）。本書においても，たとえば「BA44」と書いたら，「ブロードマンの脳地図上で44番の部位」を指します[14]。

ステップ2

2つの脳

　ステップ2では，私たちの左右の脳半球の働きに関する有名な研究を1つ紹介します。この研究は，左右半球の情報の橋渡しをする脳梁を切断した場合（分離脳）の認知処理機能について調べました。驚くべきことに，脳梁が切断されていても，日常生活にはほぼ問題がありません。しかしながら，厳密な実験によって，左脳と右脳の情報交換の重要性や働き方の違いが明らかになりました。

▶ **交差性支配と分離脳** | 実験の説明の前に，大脳半球に関する解剖学的な特徴である交差性支配と，分離脳の歴史を説明しましょう。まず，交差性支配とは，原則として身体の右側からの情報は左半球へ送られ，身体の左側からの情報は右半球へと送られるという事実を指します。身体を動かす際にも同様に，反対側にある脳半球の運動野が身体運動の制御をおこなっています。ただし視覚に関しては，右視野の情報は左半球の視覚野へ，左視野の情報は右半球の視覚野へ送られます。つまり，視覚では，右の眼球からの情報がすべて左の視覚野に送られているわけではありません。　知覚心理学

　次に，分離脳についてです。1886年から，てんかん患者の発作の拡大を

---

[13] 厳密にはシート状の何かがあるわけではなく，特定の機能をもつ細胞の密度が異なるため，6層に分かれて見えます。そのため，さまざまな種類の砂や石によって構成される地層のようなイメージのほうが正確です。

[14] BA は Brodmann's area の略です。この分類手法の背景には，同じような細胞層パターンを有する脳部位は，同じようなやり方で情報処理をおこなっているという仮定が存在します。逆にいえば，細胞層パターンの違いが機能的違いを生んでいるはずである，という考え方です。このように，機能と構造を結びつけた分類であるという点に，細胞構築学的分類の重要性があります。

防ぐため，脳のある領域を切除するという手術がおこなわれはじめました。てんかんというのは，脳における神経細胞の過剰興奮です。興奮はある脳部位からはじまり，次第に拡大していきます。この過剰な興奮が脳の広い領域におよぶと，突発的な意識消失にいたり，二次的な事故をひき起こす危険も伴います。このような興奮の拡大を防ぐ手段として，**てんかんがはじまる脳部位の切除や伝達経路の切断**という方法が提案されました。たとえば脳梁を切断すれば，片方の半球で生じた神経の過剰興奮は，少なくとも対側半球には伝播しません[15]。この**脳梁離断手術**は1960年代にその有用性が再確認され，一般に普及していくことになりました。

▶ **分離脳研究** | 1960年代初期に，神経心理学者である**R.W.スペリー**と**M.S.ガザニガ**らは，左右それぞれの脳半球の機能を検討するため，分離脳状態にある患者を対象とした実験をおこないました。実験は，どちらかの視野だけに視覚刺激（単語や絵）を瞬間呈示し，何が呈示されたのかを答えてもらうというシンプルなものでした。このとき，視覚刺激は**片方の視野**だけに呈示されているため，その**視覚情報は片方の半球のみ**にしか伝わりません。さらに，分離脳患者の脳梁は切断されているため，呈示された刺激の情報が脳梁を通じて反対側に送られることはありません。

たとえば**右視野**に車の絵を呈示すると，患者はそれを正しく口頭で回答することができます。いくつかの選択肢が目の前に示された場合には，正しい答えを右手で選ぶことができます。しかしながら，選択肢を左手で選ぶように指示されると，とたんに答えがでたらめになってしまいます。これは，右視野に呈示された情報は，左手の運動を司る右半球に送られることがないためです。いっぽうで，**左視野**に絵を呈示された際は，その名前を**口頭で回答**することができないのにもかかわらず，**左手を使えば正しい答えを選ぶこと**ができます（図10-5）。さらに驚くべきことに，なぜその答えを選んだのかをたずねても，その理由を答えることができませんでした。

この実験結果は，左半球に言語を司る**言語野**が局在しているためだと考えられます。すなわち，左視野から右半球へと送られた刺激の情報は，左半球にある言語野へとアクセスできないため，絵の情報から言葉の情報をとり出

---

[15] 同じような外科的手術として，繊維連絡や少量の部位だけを切除するのではなく，前頭葉皮質の大部分を他の領域から切り離すロボトミーという方法が1930年代から施術されていました。ロボトミーは，うつ病や統合失調症などの精神科の患者に対しておこなわれました。当時なす術のなかったこれらの症状に対して，ロボトミーはある程度の有効性があったため，この手法の開発者はノーベル賞を受賞しています。しかしながら，人格を荒廃させるなどの副作用も大きく，現在ではロボトミー手術は事実上禁止されています。

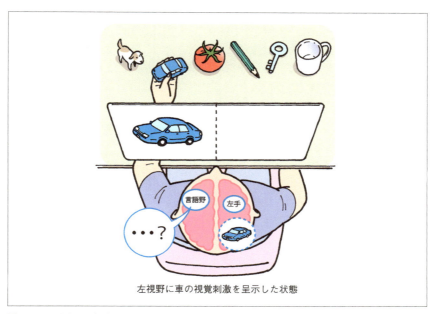

図10-5　分離脳患者における認知実験

すことができません。いっぽうで，絵の情報は右半球内で処理され，正しく左手に伝えることができます。ただし，その処理には左半球は関与していないため，言語的にその行為を説明することはできません。この結果は，私たちの**左脳と右脳はある特殊な側面から見ると，他者である**と考えることもできることを示唆しています。スペリーとガザニガの研究は，これまで信じられてきた統一的な人間観を覆した点，さらには半球内認知処理の独立性（モジュール性）を明らかにした点において，大きなインパクトがありました[16]。

----- ステップ3 -----

脳イメージング技術

　昔は，脳損傷部位を特定するには，解剖して確かめるしかありませんでし

16　スペリーは，この業績によって1981年にノーベル生理学・医学賞を受賞しています。この研究はF.J. ガルやP.P. ブローカから続く機能局在論を実験的に支持したものの，右脳と左脳の"モジュール性"に焦点を当てた研究であり，両半球の"機能差"や"2つの人格があること"を示すものではありません。

た。しかしながら，現在では脳イメージングという手法が確立し，脳の損傷部位および脳の活性度を調べることができるようになりました。このようなイメージング手法（CT，PET，MRI，SPECTなど）によって，患者の症状と脳の解剖学的損傷（病変部位）との対応関係がより直接的に推論できるようになりました。 生理心理学

▶ **トラクトグラフィ** ｜ 近年，MRIの解析技術の発展によって，脳の新たな側面を映し出すイメージング技術が開発されました。今までの技術は脳の大局的構造や，損傷部位・活動部位を映し出すことをおもな目的としていました。いっぽうで，MR拡散テンソルイメージングによって可視化されるトラクトグラフィは，白質における神経線維の走行（つながり方）を映し出すことを目的としたものです（図10-6）。脳は神経細胞の集まりであり，神経細胞は情報を入出力する部分と，情報を伝えるケーブルによって構成されています。トラクトグラフィは，そのケーブル部分を可視化したものといえます。

脳活動は，なんらかの情報の入出力の結果，生じます。したがって，脳の

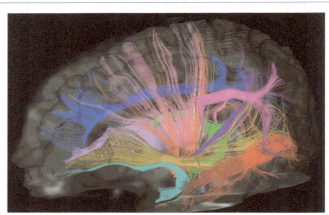

拡散テンソル像を用いて可視化された大脳半球内の主要白質路

[下地啓五・徳丸阿耶（2015）．脳白質線維トラクトグラフィーと定量解析．*Brain and Nerve―神経研究の進歩*, 67（4），475-485, p.478, Fig.7. より転載]

図10-6　トラクトグラフィの例

ある部分が活動したということは，その部分に対する一定の情報の入力があったということです。しかし，脳部位の活性化の情報だけでは，その入力がどこからきたものかはわかりません[17]。脳部位の活動に関する情報に加えて，脳部位間に存在する経路を明らかにすることができれば，脳損傷に起因する脳機能障害に関して，より妥当な推論が可能になります。最近では，トラクトグラフィにグラフ理論とよばれる評価手段を組み合わせて，脳のネットワークとしての特徴を解析する試みが盛んにおこなわれています。このアプローチによって，局所的処理の程度や情報伝達の効率化に関して，高次脳機能障害患者に限らず，統合失調症患者など精神疾患患者の脳内処理過程に関する新たな特徴が明らかにされてきています。

3 失語症

ステップ1

失語症とは

失語症（aphasia）は，言語に関する障害であり，神経心理学の歴史のなかでもっとも古くから研究されている症状です。言語と一口にいっても，私たち人間は喋ったり聞いたりする"話し言葉"のほかに，読んだり書いたりという"書き言葉"も発達させてきました。そのため，脳損傷が生じると，それらの機能が，あるときは独立に，またあるときは同時に障害されます。すなわち，話すことだけができなくなったり，聞くことと読むことの両方ができなくなったりします。

失語症は，**言語理解と産出に必要な視聴覚機能や口や手を動かす運動機能が保たれているにもかかわらず，言語にかかわる特定の機能のみが障害されている状態**と定義されます。話し言葉が障害される場合を失語症とよび，基本的には，その障害は書き言葉にもおよびます。話し言葉の障害は目立たず，読み書きに強く障害が現れる症状をそれぞれ失読症（alexia），失書症

---

[17] たとえば，脳部位の活性度が駅の混雑度であると考えてみましょう。駅にはたくさんの連絡経路（山手線，中央線，地下鉄など…）があります。ただし駅の混雑度は電車から"下車した人数"しか反映しないため，駅の混雑度のみからでは，どの連絡経路が混雑していたのかは判断できません。

（agraphia）とよびます。話し言葉の障害が軽く読み書き両方に障害が出ている場合は，失読失書症とよばれる場合もあります。失語症は，脳損傷による後天的症状のみを指すため，幼いころから言語の障害を抱えている場合は，失語症とはよばれません[18]。 発達心理学

失語症の分類

失語症の古典的な分類を図10-7に示します。失語は，その特徴によって8種類に分類されます。この図式は臨床現場でもっとも普及している分類であり，失語症状を呈する患者の診察の際には，まずこの図式に従った診断が下されます。失語症の分類において重要になるのは，①発話の流暢性，②復唱障害の有無，③聴理解の程度の3点です。本節では，これらの分類のなかでもとくに有名な3つの失語症タイプと，読み書きの障害である失読失書について簡単に見ていきます[19]。

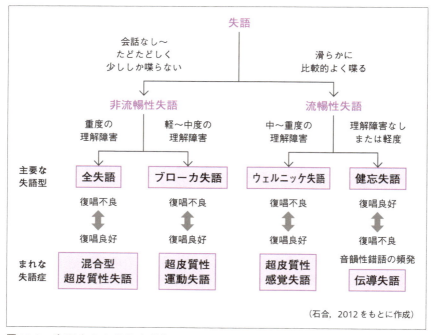

図10-7 失語症の古典的な分類

▶ **ブローカ失語** | ブローカ失語は，①非流暢・努力性の発話，②復唱障害，③自発話に比べ良好な聴理解が特徴とされます。また，文法の障害（失文法）や，意図した言葉が出てこない症状（喚語困難）も頻発します。たとえていうなら，ブローカ失語は，英語を聞いてだいたいは理解できるけれど，喋るのは下手な状況と似ているかもしれません。つまり，喋れたとしても流暢ではなく，文法的な間違いも多くなります。また，本人も喋れないことを自覚しているため，抑うつ的な気分になるケースが多いことも報告されています。おもな病巣[20]は，左下前頭回後部（BA33, 34）などとされています。

▶ **ウェルニッケ失語** | ウェルニッケ失語は，①流暢な発話，②復唱障害，③聴理解の低下がおもな特徴です。さらに，錯語・錯文法・ジャーゴンが頻発し，多くの場合に多弁になります。ジャーゴンとは新造語という意味で，実在しない言葉を指します。また，ウェルニッケ失語を呈する患者のイントネーションは比較的正常に保たれることも特徴です。そのため，たとえば日本語がわからない外国人が，日本人のウェルニッケ失語患者が話しているのを見たときには，その人が障害をもっているとは思わないかもしれません。患者本人は聴理解も障害されていることが多いため，自分の喋っていることを正しく把握できていない場合も多くあります。さらに，読み書きにおいても発話と同様の誤りが出現することも興味深い特徴です。おもな病巣は左上側頭回後部（BA22）とされます。

▶ **伝導失語** | 伝導失語は，①流暢な発話，②復唱障害，③良好な聴理解を特徴とします。すなわち，発話と聴理解は保たれているいっぽうで，復唱することだけに顕著な障害が出現します。ただし，発話と聴理解のすべてが正常かというとそうではなく，音が似ている単語に言い誤ったり，聞き誤ったり，あるいは書き誤ったりする音韻性錯語というエラーが顕著です。おもな病巣は，ブローカ野とウェルニッケ野をつなぐ神経繊維の束である，皮質下白質（弓状束）とされています。

▶ **失読・失書** | 失読失書とは，失語症分類の基準である発話の流暢性・復唱・聴理解の3つは比較的保たれているいっぽうで，読字と書字に顕著な障害を呈する症状を指します。そのなかでも純粋失書は，文字を書くことのみ

---

18 たとえば，比較的多い発達的な読みの障害は，難読症（dyslexia）とよばれています。
19 失語症の分類については，いまだに論争も多く，さまざまな解釈が混在しています。実際の失語症症状を聞きたい場合には，たとえば『失語の症候学』（相馬・田邉，医学書院，2003，CD-ROM付属）が役に立ちます。
20 病的変化が起こっている部位という意味です。

が障害される症状です。これとは逆に，純粋失読は読むことのみが障害される症状です。純粋失書の患者は読むことはできるけれど，読んだ文字を書こうと思っても書けず，純粋失読の患者は自身がたった今書いた文字でさえ読むことができません。ただし，興味深いことに，純粋失読の患者は，通常は読めない文字を指でなぞることによって，その文字が"読める"ようになることが知られています。これはなぞり読みの促通効果とよばれ，言語を読む際には動的な要素が何かしらの処理を助けている可能性を示唆しています。

ステップ2

神経心理学，事はじめ

ステップ2では，ブローカとウェルニッケの業績を紹介します。ブローカは典型的な失語症例を初めて報告し，脳における機能局在の考えを普及させました。その後ウェルニッケは，言語処理の障害モデルを考案し，現在の症状分類の礎を築きました。

▶ **ブローカの業績** ｜ 1861年4月18日，フランスの外科医であるP.P.ブローカは人類学会において，ある患者の剖検例について報告しました。この患者はルボルニュという名前でしたが，「タン，タン」としか発音できなかったため，タン症例とよばれていました。彼は発話障害と麻痺を患っていたものの，理解能力や認知機能には障害がありませんでした。足の壊疽の治療のために彼が外科医のブローカのもとに回されてきたときには，すでに余命わずかでした。

ルボルニュの死の翌日に，ブローカは彼の脳の解剖をおこない，脳の損傷部位を突き止めました。ブローカはこの結果にもとづき，言語活動に重要な領域は大脳左半球の下前頭回にあると，その日の午後の学会で発表しました。当時の医学界では，ある脳部位が特定の機能を担うことはないという説（全体説）が主流でした。しかしながら，ブローカはその全体説を覆す証拠を提出したのです。タン症例は①言語機能だけが特異的に障害されており，②脳の損傷部位は脳全体に広がっていませんでした。ブローカはその後の数年間で，左前頭葉に病巣が限局した8つの症例を報告しました。この発見は，それまで支配的であった全体説を否定し，F.J.ガルが提唱していた局在論を直接的に支持した点で画期的でした[21]。

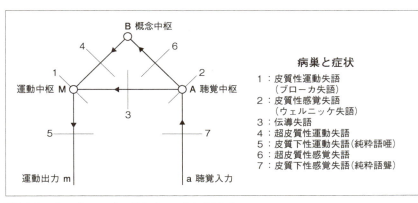

図10-8　ウェルニッケ-リヒトハイムの図式

▶ **ウェルニッケの業績** ┃ ドイツの神経科学者で外科医の**C. ウェルニッケ**は，ブローカの発見を受け，発話機能が脳のある場所に局在するならば，理解機能は別の場所に局在するはずであること，および理解能力だけが障害される症例も存在するはずであると考えました。事実，彼の予測どおり，1874年にウェルニッケは，流暢に話すことはできるが発話内容が意味をなさず，聴理解も悪い患者と出会いました。

　彼はこの発見からある図式を完成させました（**図10-8**）。この図式では，発話機能と理解機能が独立に存在している点が特徴です。ただし，私たちが会話をおこなうためには，それらの機能間にはなんらかの情報のやりとりが必要となります。そこでウェルニッケは，この情報のやりとりをする経路だけが障害される離断症状も存在するはずだと予測しました。つまり，発話も理解も可能であるいっぽう，理解からの発話，すなわち復唱ができない症状があると考えました。そしてその予測どおり，復唱のみが選択的に障害される症状である，伝導失語が発見されることになります。

　ウェルニッケは，言語のサブシステム（発話機能，理解機能など）を仮定した処理モデルを作成し，言語機能障害を理解しようとしました。このアプローチは，コンピュータのコの字もない時代において先駆的でした[22]。さら

21　実は，ブローカは大脳局在論を信じておらず，むしろ反対派でした。タン症例を解剖する際も，前頭葉に限局した病変が出ないことを期待して解剖したのでした。そのため，学会報告では下前頭回が失語をひき起こしたことを示唆しつつも，言語機能が前頭葉全体に広がっているのか，特定の場所に存在するのかはわからない，と述べています。

22　チューリングマシンに代表されるような逐次的な"情報処理"の概念は，コンピュータの普及によって一般的になったといえるでしょう。

に，いまだ発見されていない脳損傷症状を予測した点においても，このモデルが人間の言語処理構造の要点をいかにつかんでいたかがわかります[23]。

　ブローカの発見とウェルニッケの発見は，脳機能と脳部位に関する二重乖離の典型例です。fMRI など，生きている人間の脳の中をのぞき込む手段がない時代においては，二重乖離の証明は脳機能と脳部位の対応関係を明らかにする唯一の手法でした。この二重乖離による脳機能・部位対応の同定というアプローチは，彼らの研究から100年間以上にわたり，神経心理学の基礎となってきた重要な考え方です。

ステップ3

認知神経心理学的アプローチ

　ステップ3では，失語症に対する新たなアプローチを紹介します。従来の神経心理学は，ウェルニッケ-リヒトハイムの図式[24]に代表されるモデルを脳に当てはめていくことによって発展してきました。このアプローチは，患者の症状を体系的に分類するという点で優れており，現在でも使用されています。しかし実際には，純粋な失語タイプは臨床症状としては非常にまれであるうえに，時間経過による症状の消失や，リハビリによる症状の改善などの経過を説明・記述するには最適ではありません。古典的な神経心理学的アプローチは，"脳のどこが壊れたら何の機能が障害を受けるか"を探る方法でした。しかしながら，患者の病態についての詳細な把握や，適切なリハビリのためには，"脳ではどのような処理がなされているのか"を突き止め，その知見にもとづいた検査や治療アプローチが必要となります。このアプローチをおこなうのが，神経心理学的知見にもとづきつつも，認知心理学的手法を前面に押し出した認知神経心理学です。　認知心理学

　例として，単語の読みの障害に関する研究を紹介します。表層性失読とよばれる失読では，規則的なつづりの単語では，実在語でも非語[25]でも読めますが，不規則的なつづりをする単語[26]は読めません。いっぽう，深層性失読とよばれる失読では，実在語は読めますが非語は読めません。このようなエ

23　ちなみに，このモデルを発表したとき，ウェルニッケはまだ26歳でした。
24　機能を線でつなぐので，このような考え方はコネクショニズムともよばれます。
25　実在せず，意味をなさない単語。「mandy」「もかし」など。
26　たとえば，pintという単語は一般的な英単語のルールに従って読むとピントですが，実際にはパイントと読むため不規則語となります。日本語では熟字訓などが不規則語と考えられます（昨日や五月雨など）。

ラーの特徴をもとに，J.C.マーシャルとF.ニューカムは，言語を処理するためには①規則的な処理をする経路と，②辞書のような役割をする経路の両方が存在する必要があると仮定しました[27]。このモデルでは，入力された情報が進む途中で経路が二股に分かれ，出力部分で再び統合されます。すると，たとえ規則的な処理をする経路が障害されても，辞書は存在するために，単語を読むことは可能です。しかし，辞書にない言葉が入力された場合は規則によって読むことができないために，答えることができないか，辞書に存在する似た単語を誤って出力してしまいます（規則化錯読）。

このように，**健常なモデルの一部を破壊あるいは機能低下させる**ことによって健常者と脳損傷患者双方のパフォーマンスやエラーを予測できる点が，認知神経心理学的アプローチの強みです。このモデル以降，M.コルトハートに代表される**二重経路モデル**や，D.プラウトやK.パターソンらによる**トライアングルモデル**など，さらに洗練されたモデルが提案されています[28]。

4 失認症

ステップ1

失認症とは

失認症は，対象の認知に関する神経心理学的症状です。認知とは，感覚器から受けとった刺激にもとづいて，その刺激が何であるかを把握する処理過程を指します。失認症の患者では，この処理課程に障害が現れます。すなわち，感覚器から得られた情報はきちんと知覚されているのにもかかわらず，**その対象が何であるか，どんな意味をもつのか**という，より高次な処理過程に障害があると考えられる症状です。失認は基本的には感覚モダリティ依存であり，ほかのモダリティを使用すれば対象の認識が可能です。たとえば，視覚に関する失認を呈する患者は，聴覚や触覚の情報を使えばすぐに対象を

---

[27] Marshall & Newcombe, *J Psycholinguist Res*, 1973
[28] これらのモデルはコンピュータ上でモデルの損傷具合を設定することによって，患者の出力をシミュレーションすることも可能です。これらのプログラムはweb上で公開されています。

認識することができます。知覚心理学 認知心理学

失認症の種類

　失認症は基本的には，感覚モダリティごとに生じます。ステップ1では，そのすべてを紹介することはできないため，視覚と聴覚に関する失認をとりあげます。さらに，失認の定義には当てはまりませんが，臨床的に重要な症状であるため，ここで半側無視もあわせて紹介します。

▶ **視覚失認**｜視覚（性）失認とは，視力や視野に障害がないにもかかわらず，目で見た対象が認識できないという症状を指します。H. リッサウアー（1890）による古典的な分類によると，視覚失認は統覚型と連合型という2つの型に分類されます[29]。これに加え，そのほかの特殊な視覚失認として相貌失認を紹介します。

▶ **統覚型・連合型**｜まず，統覚型視覚失認（apperceptive[30] visual agnosia）とは，物体に関する知識は保たれており，物体の明るさや傾きなどひとつひとつの特徴は認識できるにもかかわらず，それらの**特徴を1つの物体として統合することができない**症状を指します。1つの物体としての認識が成立しないため，2つの物体の異同判断や模写などの簡単な課題さえもできません。統覚型の視覚失認は両側または左一側の後頭葉病変により生じますが，その原因のほとんどは一酸化炭素中毒です[31]。

　いっぽう，連合型視覚失認（associative visual agnosia）とは，物体の部分的な特徴は正確に把握できるにもかかわらず，**全体としてはそれが何かわからないタイプの失認です**。図10-9は，連合型視覚失認の患者が描いた絵の模写です。細部まで模写できているのにもかかわらず，この患者は**この絵が何であるかを認識することができません**。責任病巣は統覚型視覚失認とほぼ一緒であり，両側または左一側の後頭葉とされます。

▶ **相貌失認**｜相貌失認とは，**人間の顔のみが認識できなくなる症状です**。顔のパーツの認識には問題がないため，顔パーツが特徴的であればその記憶のみで人物を同定することが可能です。また，声を聞けばただちに人物を同定

29　現在では，統覚型視覚失認をさらに統合型（integrative）と形態型（form）の2種類に分類する研究者もいます（Riddoch & Humphreys, *Brain*, 1987）。

30　apperceptiveという単語は，しばしば知覚型と訳されます。しかし，apperceptionは"過去の経験にもとづいて刺激を解釈する過程"といった意味がありますので，単に知覚と訳すのは誤りです。また，注29に示した統合型と混同している例も散見されますので気をつけましょう。

31　一酸化炭素中毒によって，後大脳動脈が損傷を受けると，その動脈が酸素を供給している領域のみが損傷されます。

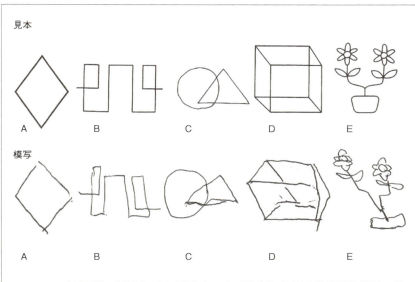

[森岡悦子・金井孝典・山田真梨絵（2012）．視覚失語に移行した連合型視覚失認の1例．高次脳機能研究，32（2），328-336, p.331, 図2より転載]

図10-9　連合型視覚失認患者の模写の例
A：ひし形，B：変形まんじ，C：重ね絵，D：立方体，E：花。連合型視覚失認患者は，絵を細部までうまく模写できるが，模写した絵が何の絵であるかを答えられない。

することができます。しかしながら，顔全体については，たとえ鏡に映った自分の顔だとしても，自分のものだと認識することは困難です。この症状は人間の顔でなくても熟知している対象には生じることが知られており，ドッグブリーダーが犬の種類を認識できなくなったり，車好きの人が車を見ても車種がわからなくなったりする症例が報告されています[32]。ただし，鳴き声やエンジン音を聞けば即座に対象の認識が可能です。

▶**聴覚失認**｜**聴覚失認**とは，音は聞こえているのにもかかわらず，何が聞こえているのかがわからない症状を指します。とくに，音声言語の受容面に関する障害に特化した場合は，**言語聾**とよばれます。**環境音失認**とは，**言語や音楽以外の音が認識できない症状**であり，動物の鳴き声の認識障害が代表的です。**失音楽**は，メロディや音色の区別がつかなくなる症状です。この症状を呈していても，会話におけるイントネーションは問題なく理解することができます[33]。

---

[32] さらに，街の風景に関する失認として，街並失認とよばれる症状も存在するといわれています。

▶ **半側無視** │ 半側無視（hemineglect）は，半側空間無視ともよばれ，左右どちらかの対象を無視してしまう障害を指します。左側を無視してしまうような場合には，左半側空間無視とよばれます。右半球損傷による左半側空間無視が一般的であり，一過性の症状も含めるとかなり高い割合で生じます。責任病巣は広く，ある意味で右半球のどこを損傷しても生じます。半側無視はモダリティ依存の失認症ではなく，空間的注意の障害であると考えられています。

左側を無視するといっても，自身を中心とした左側の空間を無視することもありますし，見ている対象の左側だけを無視することがあります。それぞれの場合の判断基準がどのように変更されているかは解明されていません。基本的にはそれらの両方が混じりあっている症状です。絵を描いていても左側は描き残したまま完成したといったり，食事の際も，右側に見えるもののみを食べて食事を終えしたりします。日常生活としては，左側のものにぶつかる事故がとても多く，早急なメカニズムの解明と適切な対処方法の開発が求められています。 ▸認知心理学

ステップ2

知覚と認識，そして行為

ステップ2では，視覚失認の症状についてのさらに詳しい研究を紹介します。この研究によって，私たちの脳では，"世界を見て，行動する"という単純な図式では処理がおこなわれていないということがわかりました。

▶ **症例DF** │ 1991年にM. グッデイルやD. ミルナーらは視覚失認をもつDFという女性の症例を報告しました。[34] 彼女は一酸化炭素中毒によってひき起こされた両側後頭葉外側腹側（底面）領域（おもにBA18野と19野）への損傷により，視覚形態失認[35]の症状を呈していました。すなわち，視力・色

---

[33] 失音楽ではありませんが，有名な音楽家が脳損傷を受けた例として，「ボレロ」などで有名なM. ラヴェルがいます。彼は失語や失行などの症状によって作曲活動ができなくなった後も，音楽の理解や（頭のなかでの）メロディ産出の能力は失われませんでした。脳損傷が彼の後期の楽曲に対して与えた影響を検討する興味深い論文も出版されています（Amaducci et al., *Eur J Neurol*, 2002）。

[34] 詳しいことが知りたい方はGoodale & Milner（*Nature*, 1991; *Trends in Neurosci*, 1992），Milner et al.（*Brain*, 1991），Goodale et al.（*Curr Biol*, 1994）を参照してください。日本語訳されている本では『もうひとつの視覚』（新曜社，2008）があります。

[35] 原典ではvisual form agnosiaと記されています。この用語はBenson & Greenberg（*Arch Neurol*, 1969）によって導入されましたが，日本語ではあまり直訳されないようです。古典的には統覚型視覚失認に分類されます。

覚・知的能力は保たれているのにもかかわらず，**物体の形態や傾きの認識・弁別ができませんでした**。もちろん人の顔も姿もわかりません。しかし，声を聞けばすぐにそれが誰だかわかります。単純な直線の傾きを答える検査をおこなっても，直線の存在や色は問題なく答えることはできるものの，傾きはまったくわかりませんでした。

しかしながら，驚くことに，彼女は**形や傾きがわからない形状の物体を，難なくつかむことができました**。同様に，道にある障害物もしっかりと避けて歩くことが可能でした。このような行為をはたから見ると，彼女の脳に損傷があるとは誰も信じないでしょう。そこで，グッデイルらは彼女に対して一連の実験をおこないました。まずは，スリット（郵便ポストの投函口みたいなもの）の傾きを答える課題です（**図10-10a**）。目の前にあるスリットの傾きをさまざまに変化させて，その傾きにあわせて自分の手を傾けます。もちろん私たちは簡単にそれができますが，DFにはできず，回答はほぼ適当でした。しかしながら，そのスリットに対してカードを入れるように教示すると，まったく問題なく**スリットの傾きにカードの角度をあわせて入れることができたのでした**（**図10-10b**）。物体のサイズに関しても，ものをつかむ動作を通して同様の傾向が確認されました（**図10-10c，d**）。

▶ **腹側経路と背側経路** ｜ この発見は，私たちの意識にのぼる感覚情報がそのまま行為に用いられているわけではないことを示唆します。すなわち，脳に入力された視覚情報は，意識にのぼる**視覚世界をつくる領域**と，意識にはのぼらずに**行為をプログラムする領域**へ別々に送られます。前者の経路は**腹側経路**，後者の経路は**背側経路**とよばれています。DFの場合は，腹側経路のみが障害され，背側経路は無事だったと考えられています。

1994年には，DFとは逆の症状，すなわち**二重乖離**を示す症例RVもグッデイルらによって報告されています。その後の健常者に対する錯視を使った実験によっても，意識にのぼる視覚情報と行為に使用される視覚情報が異なる可能性が示されました。

ステップ3

自身に対する失認

ステップ1と2ではおもに視覚と聴覚についての失認について見てきまし

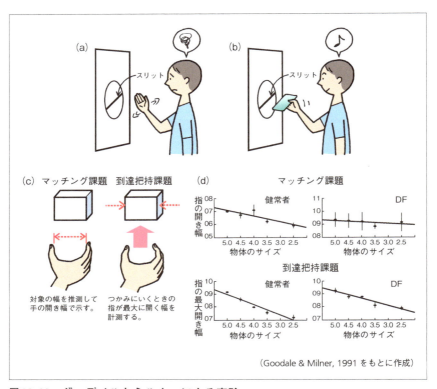

図10-10　グッデイルとミルナーによる実験
(a) スリットの傾きに合わせて手を傾けるマッチング課題。(b) 手に持ったカードをスリットに入れる行為課題。(c) 対象の大きさに関するマッチング課題と,対象を手でつかむ到達把持課題。(d) 2つの課題の成績。DFは,マッチング課題では物体のサイズによってあまり指の開き幅が変わっていないのに対して,到達把持課題における指の最大開き幅は物体のサイズに応じて適切に調整されている。

た。視覚と聴覚以外のモダリティでは,たとえば触覚失認なども知られています。ステップ3では,モダリティを超えて,身体や自身の状態そのものに対する認識ができなくなる,身体失認(asomatognosia)と病態失認(anosognosia)という症状を紹介します。

▶ **身体失認** ｜ 身体失認とは,運動能力や感覚には問題がないにもかかわらず,身体が自身のものとして認識できない症状を指します。手や指に関するものはとくに手指失認とよばれていますが,ほかの身体部位でも生じることがあります。とくに半身麻痺がある場合には,半側身体失認を併発すること

が多いです。半身麻痺では，身体の右あるいは左半分が麻痺して動かない状況にあります。しかし，身体失認を併発した患者にとっては半身が動かないという認識はなく，**半身は存在しないものとして扱われます**。

▶ **病態失認** ｜ 身体の存在は認めるものの，**麻痺などの障害の存在を否定する症状**は病態失認とよばれます。病態失認は，身体失認と同じメカニズムで生じているわけではないようです。病態失認の患者は，自身に麻痺などの症状は存在せず，健康であることを主張します。たとえば実際に動かない手を見せたとしても，「今は動かしたくない気分」などの言い訳をします。

このように，脳損傷によって，自身の身体に関するイメージ[36]のような高次の概念まで変容することがあります。身体失認や病態失認患者は障害に気づかない，あるいは障害の存在を否定してしまうため，リハビリをおこなおうとしません。このような原因によって，社会復帰が遅れたり，周りの人との関係性が悪化してしまうという弊害も多く生じます。いっぽうでこのような症状の存在は，私たちの"身体"は物理的な肉体にとらわれない"イメージ"でしかなく，何かのはずみで**簡単に壊れてしまう**ものであることを教えてくれる点で重要です。

5 失行症

ステップ1

失行症とは

失行症は，麻痺などの運動障害がないにもかかわらず，**合目的な行為・動作ができなくなる症状**です。合目的な行為・動作とは，何かしらの意図をもっておこなう運動を指します。認知能力は保たれているため，他人の行為を把握することには問題がありませんし，自身の行為が何かおかしいことも認識しています。しかしながら，何がどうおかしいのかはわからず，行為の修正も困難です。失行症は脳に損傷を受けてから時間が経つと自然に消えることが多い症状であり，それゆえメカニズムの解明があまり進んでいません。

36　ボディ・スキーマや，ボディ・イメージとよばれます。

失行症の分類

　失行症に関しては，いまだにその症状の定義・分類に関する議論が落ち着いていません。ほかの神経心理学的症状も時代の変遷とともに定義や分類は変化してきていますが，失行症がその最たるものといっていいでしょう。

　失行という言葉は1900年にH.リープマン[37]というドイツの神経学者がその論文のなかで初めて使用し，詳細な症例報告とともに体系的な分類を提案しました。リープマンによると，失行症は大きく観念運動失行（ideomotor apraxia），観念失行（ideational apraxia），肢節運動失行（limb kinetic apraxia）の3つに分類されます。その後現在にいたるまで，多くの研究者がリープマンとは少しずつ異なる失行の分類方法を提案しています。そのため，文献を読む際には，同じ名前の失行のタイプでも研究者により定義が異なる点に注意が必要です。表10-1に，リープマンに加えてもう1つの古典的定義である，J.モルラア（1928）[38]の定義を示します。モルラアの定義はリープマンに比べてすっきりしているものの，必ずしも正確な分類ができるとは限りません。

▶ **観念運動失行** ｜ 観念運動失行は，バイバイなどの**手を振るしぐさ**，敬礼のポーズ，あるいはハサミなどの**道具を使用する真似**（パントマイム）などができないといった症状を指します。これらはとくに**検査場面**で口頭命令，あるいは検査者が見本を視覚的呈示によって真似をさせる場合によく観察されます。いっぽうで，日常場面で何気なくおこなう際には問題なく動作を遂行できる場合が多いことが知られています。この点から，リープマンは観念運動失行を，**意図的な運動指令に関する伝達障害**であると考えていました。

　たとえば，観念運動失行の患者は，お見舞いに来た家族が帰るときには"バイバイ"と自然に手を振ることができるのにもかかわらず，検査の場面でバイバイをしてください，あるいは手を振ってくださいと言われた際には，間違った動作をしてしまいます。この場合の間違いとは，**手の向き・関節や動かす方向がふつうではない状態**を指します。観念運動失行の責任病巣は，左側運動前野から頭頂葉前方にかけてであるとされています。

---

[37] リープマンは哲学の学位をとった後，医学博士もとりました。その後1899年まで，本章第3節で紹介したウェルニッケが勤める病院でアシスタントとして働いていました。リープマンの優れた臨床症状の定義と分類は，彼の幅広い学術的な背景に加えて，ウェルニッケの認知モデル的な考え方も大きく影響していたと考えられます。

[38] Morlaas, *Contribution à l'étude de l'apraxie*, 1928

表10-1 失行の古典的な分類

	Liepmann（1900）	Morlaas（1928）
観念運動失行	意図的な動作表象運動指令の伝達に関する障害	対象のない動作の障害
観念失行	複雑動作の系列的操作の障害	対象のある動作（道具使用）の障害

▶ **観念失行** 観念失行は，道具を実際に使用することの障害を指します。使用する道具が単一（たとえばハサミ）の場合にも障害が現れますが，**複数物品の使用において顕著な障害**がみられます。たとえば，たばこを吸う動作においては，通常はたばこを口にくわえた後に，ライターを着火し，たばこに火をつけるという手順が必要です。観念失行の患者は，それぞれの要素的な運動は正しくおこなえるのにもかかわらず，動作の時系列がおかしかったり，動作が間違った対象に向かったりしてしまいます。

観念運動失行と異なり，観念失行は**日常場面においてもよく観察**されます。観念失行の責任病巣は，観念運動失行よりも少し後ろに位置する，左側頭頂葉後方領域とされますが，両側の病変であることも多いです。

▶ **肢節運動失行** 肢節運動失行は，上記の2つの失行のタイプとは異なり，**手や指の巧緻運動が障害される**症状と定義されます[39]。軽い麻痺や知覚障害があると，手指の運動が拙劣になる症状が現れますが，そのような麻痺や知覚障害が存在しないことが鑑別の要件になります。しかしながら，肢節運動失行の責任病巣は症状と対側の中心領域（中心前回と後回）と考えられているため，臨床症状・および画像診断にもとづくと，麻痺や知覚障害に起因する運動障害と厳密な区別ができません[40]。そのため，**肢節運動失行という失行タイプは存在しない**と主張する研究者もいます。

----- ステップ2 -----

行為の随意性と運動制御

神経心理学が扱う症状においては，随意動作には障害が現れ，自動的におこなわれる動作には障害が現れない例は少なくありません。ステップ2ではそのような**随意性**の点から，失行や日常の運動行為について考えてみます。

---

[39] 細かい運動制御が必要な運動・動作を，巧緻運動や巧緻動作とよびます。
[40] 麻痺や体性感覚障害の責任病巣も対側半球の中心領域です。

▶ **随意のレベル** ｜ 運動行為というものは，**随意的におこなうかどうかという選択が必須である点が特徴的**です。つまり，運動行為では，「動作をおこなうという意図」があったとしても，①**運動自体はほぼ意識せずにおこなわれる**こともありますし，②**一瞬一瞬の動きを随意的に制御する**ことも可能です。また，動作をおこなうという意図すら必要とせず，③**反射的に行動を起こす**こともあります。

　上記の3つのパターンについての具体例を示しましょう。パターン①は，私たちの日常生活においてもっとも一般的な状態でしょう。ご飯を食べるときの箸の動きやキーボードを打つときの手や指の動きは，最初こそ練習しますが，その動きを習熟した後はあまり意識することはありません。しかし，「食べよう」「文字を打とう」という意図がない限り動作は発現しません。パターン②は，新しい動作をおぼえる際には必ず出現する状態です。ただし，動作に習熟した後でも，私たちが望めばいつでもこの状態をつくり出すことが可能です。パターン③は，とっさに出る動作や，何かほかの考えごとをしながら習慣的におこなってしまう動作が当てはまるでしょう。

▶ **障害の受けやすさ** ｜ 意図的に何かをおこなう機能が障害を受けると，意図したものとは異なる動作が出てしまったり，動作そのものが出なかったりします。これはパターン①の障害です。パターン②の障害では，「思ったように」身体を動かすことができなくなります。たとえば，目の前で検査者が見本を見せているのにもかかわらず，それと同じ動作ができません。いっぽうで，パターン③の**不随意的な動作は，かなりの確率で障害を受けません**。

　検査場面において，命じられた動作ができないで困っている患者に対して「手を戻してください」と言うと，滑らかな動きで手を膝の上に戻すことが観察できます。この動作も，本人の意識が強く働けばできなくなるかもしれません。さらにブローカ失語の患者においても，ふだんはほぼ喋ることができないのにもかかわらず，何かを間違えたときの罵りの言葉や，危険を感じたときに助けをよぶ言葉は滑らかに出ることが知られています[41]。

　このような行為の随意性に関する考察は，私たちに**運動メカニズムの複雑さ**を気づかせてくれます。身体を動かすには無数の筋肉を協調させて動かしていますが，私たちは人差し指を動かすときにどの筋肉をどのように使っているかなど，ふつうはまったく知りませんし意識もしません[42]。そのような

---

[41] 「ダメだ」「クソッ」などは臨床検査場面でもよく観察されますし，火事が起きた際に「火事だ」と大声で叫ぶ失語症の患者の例も過去に報告されています。

ことを自然におこなえるのは，脳が運動指令と出力結果の対応関係を学習し，その都度適切な計算をおこなっているからだと考えられます[43]。

　行為が随意的な場合には，そのような計算をある程度意識的におこなう必要があります。意識的な計算が脳損傷により障害されると，失行のような症状が出現するのでしょう。このような運動制御の考えにもとづくと，随意性・自動性における障害の受けやすさの乖離は説明できるかもしれません。実際，失行などの行為障害において身体運動制御の観点を重要視する研究も少しずつ増えてきています[44]。

ステップ3

意図に反した行為

　ステップ2では運動の随意性について検討しましたが，ステップ3では身体が自らの意図に反した行為をおこなうという不思議な神経心理学的症状を紹介します。これらは **他人の手徴候**（alien hand syndrome）と総称され，**拮抗失行**（diagonistic dyspraxia）と **道具の強迫的使用**（compulsive manipulation of objects）という2つの症状を含みます。この症状は，左右半球をつなぐ神経繊維の束である脳梁の損傷により生じるとされます。

▶ **拮抗失行** ｜ 拮抗失行とは，片手の意図的な動作とは無関係の動き，あるいは片手の動作を阻害するような動きをもういっぽうの手がおこなってしまう症状です。阻害するような動きとはたとえば，右手は本のページをめくるのに対し，左手はめくったページをもとに戻してしまう，というような動作です。さらに，阻害する動きを止めようと，まるでコントのように右手が左手を押さえる場面もよくみられます。検査場面だけでなく，日常的にみられる症状であり，下肢に生じた例も報告されています。

▶ **道具の強迫的使用** ｜ 道具の強迫的使用とは，患者が見たり，右手で触れたりしたものを，右手が意図に反してつかみ，使用してしまう症状を指しま

---

[42] 健常者においても，たとえば本当に笑っているときには目じりの横にしわができますが，随意的に笑顔をつくる際にはそのしわができません。この"本当の"笑顔のことを，発見したフランスの神経学者の名前をとってデュシェンヌ・スマイル（Duchenne smile）といいます。

[43] この考えは，運動制御を工学的にとらえる分野（運動計算論）で用いられます。目的を達成する（たとえばある場所に手をもっていく）ための手先軌道・運動速度・筋肉の使い方などは無数にあり，単一の正解をもちません。しかし，私たちは，ある基準・制約にもとづいて，常に1つの可能性を瞬時に計算していると考えられます。

[44] たとえば，Petreska et al.（*Prog Brain Res*, 2007）や福澤・小池（神経心理学，2010）が，失行症に対して運動制御の考え方をとり入れるべきだと主張しています。

す。この際，左手は意図によって制御することができるため，右手の使用を押さえる側に回ります。拮抗失行と異なり，道具の強迫的使用は視覚的あるいは体性感覚的な刺激さえなければ生じません。また通常，道具に限らず手に触れたものを反射的に握ってしまう把握反射（grasp reflex）や**本能性把握反応**（instinctive grasp reaction）も合併します[45]。

　このほかにも，道具を見ると「使いたい気持ち」が湧いてくる症状や，人の真似をしてしまう症状など，脳損傷により多彩な症状が生じます。本章第1節でみた**フィニアス・ゲージ**の例では，新たな人格が得られたような症状が現れました。第2節でみた**分離脳**の例でも"意図"があたかも左右の脳で分かれているような症状を呈していました。

意志と神経心理学的症状

　失行症の例も含め，これまで紹介した神経心理学的症状は，**自由意志や人間性が，脳という臓器に宿っていることを示しているのでしょうか？**　ある意味では正解で，ある意味では違う，というのが妥当な答えでしょう。心理学が学問として重要であるのは，私たちのこころを支える脳の機能を解明し，社会・臨床場面に応用してよりよい世界をつくるためです。しかしながら同時に，心理学は**「人間とは何か？」**という哲学的な問いに科学的な手法を用いて答える目的をもっていることも忘れてはいけません。その目的のために，本章で紹介した症例にもとづき，自由意志や人間性という概念を改めて見つめなおしてもらえれば幸いです。

図版引用文献一覧

図10-1　1848 edition of American Phrenological Journal published by Fowlers & Wells, New York City. Wikipedia.
図10-3　Ratiu, P. & Talos, I. F. (2004). Images in clinical medicine. The tale of Phineas Gage, digitally remastered. *The New England Journal of Medicine*, 351, e21.
図10-7　石合純夫（2012）．高次脳機能障害学 第2版．医歯薬出版, p.30, 図1.
図10-10　Goodale, M. A. & Milner, A. D. (1991). A neurological dissociation between perceiving objects and grasping them. *Nature*, 349 (6305), 154.

45　把握反射は私たちヒトが新生児のころにもっている反射で，掌にものが触れたときにぎゅっと手を閉じて握る動作です。いっぽうで本能性把握反応は，掌でなくても，手や手首に皮膚刺激があるとそれを探してつかむという反応を指します。

事項索引

欧文

ABCDEモデル … 228
ABC図式 … 225
ADHD（Attention Deficit/Hyperactivity Disorder）… 252
AI … 125
Anima … 2
ASD（Autism Spectrum Disorder）… 252
attentional blink … 130
cognition … 122
double dissociation … 268
DSM（Diagnostic and Statistical Manual of Mental Disorders）… 210
DSM-5 … 204, 211
EMDR（eye movement desensitization and reprocessing）… 232
EP（evoked potential）… 71
ERP（event related potential）… 71
fMRI（functional magnetic resonance imaging）… 24, 75
IAT（Implicit Association Test）… 185
ICD（International Statistical Classification of Diseases and Related Health Problems）… 210
LD（Learning Disorder）… 252
MBCT（mindfulness-based cognitive therapy）… 229
MBSR（mindfulness-based stress reduction）… 229
MRI（magnetic resonance imaging）… 74
N400 … 73
NIRS（near infra-red spectroscopy）… 24, 75
P300 … 72
PDP（parallel distributed processing）… 126
PET（positron emission tomography）… 74
P-Fスタディ（Picture Frustration Study）… 186
Psychē … 3
Psychology … 3
PTSD（post traumatic stress disorder）… 233
$S = k_{log} I$ … 8
S-O-R … 19

あ

愛着 … 242
アイデンティティ … 255
　――の拡散 … 256
アタッチメント … 242
圧覚閾 … 115
アニミズム的思考 … 251
アリストテレスの錯覚 … 118
アルバート坊や … 16, 224
アルファ波 … 69
安全基地 … 242
イオンチャネル … 61
閾値 … 92
一語文 … 246
一次運動野 … 148, 274
一次感覚野 … 274
一次視覚野 … 274
1次条件づけ … 39
一卵性双生児 … 201
一致依存的模倣学習 … 53
イデア界 … 3
遺伝子 … 201
遺伝と環境の交互作用 … 203
遺伝論 … 238
意味記憶 … 136
色順応 … 101
因果 … 196
因果関係 … 196
因子分析 … 187
印象操作 … 154
インプリンティング … 24, 33
ウェーバー・フェヒナーの法則 … 8
ウェルテル効果 … 57
ウェルニッケ失語 … 281
氏か育ちか … 5, 201
うつ病 … 260
運動準備電位 … 25, 73
運動ニューロン … 78
運動能力 … 2
運動野 … 9, 25, 65, 79, 148, 274
栄光浴 … 159
鋭敏化 … 33
疫学 … 199
エクスポージャー法 … 227
エディプス・コンプレックス … 13, 215
エピソード記憶 … 136
エラー関連陰性電位 … 73
エンカウンター・グループ … 223

遠心性神経	64
オキシトシン	67
オドボール課題	72
オペラント学習	16
オペラント行動	41
オペラント条件づけ	42, 224
オペラント水準	45
音韻性錯語	281
音韻ループ	137
音源定位	112
音色	109
温度感覚	115

か

回帰分析	189
外向性	194
外向性—内向性	193
解釈	217
外傷	267
階層的ネットワークモデル	143
外側溝	273
ガイダンス	50
外的精神物理学	8
概念	142
海馬	18, 65, 139, 197
灰白質	272
外発性注意	131
回避	43
乖離	268
顔の倒立効果	108
蝸牛	109
核磁気共鳴（MR）信号	74
核磁気共鳴画像法（MRI）	74, 179, 278
学習曲線	49
学習障害（LD）	252
学習性無力感	44
学習理論	223
確証バイアス	164
カクテルパーティ効果	128
仮現運動	11
可視光	97
家族療法	230
可聴域	110
活性化拡散モデル	143
活動電位	60
ガルシア効果	40
感覚	2, 92, 240, 266
感覚記憶	136
感覚器官	92

感覚強度	7
感覚モダリティ	92
感覚野	65, 274
環境	201
環境音失認	287
環境論	238
観察学習	53
観察法	184
感情	10, 83, 217, 261, 268
観測変数	188
眼電図	80
観念	6
観念運動失行	292
観念失行	292
顔面神経	78
顔面麻痺	79
関連	196
記憶	19, 65, 125, 135, 261, 271
気質	194, 239
拮抗失行	295
基底膜	109
機能局在	64, 282
——論	267
機能的核磁気共鳴画像法（fMRI）	75
気分一致効果	138
基本的信頼感	243
基本的な帰属のエラー	164
逆向性健忘	139
虐待	248
逆転移	217
求心性神経	64
急速眼球運動	70
吸てつ反射	241
鏡映描写実験	51, 140
強化	42
強化子	42
強化スケジュール	44
共感覚	95
共感的理解	222
共著者の責任	28
共同注意	246
恐怖症	56
共変動の原理	163
虚偽検出	81
局所論	213
緊急反応	84
近赤外線分光法（NIRS）	75
空間分解能	68
クライエント中心療法	209, 220

クリューバー・ビューシー症候群	85
群衆	174
経験への開放性	194
経験論	5
経済学	199
傾聴	222
系統的脱感作法	227
系列再生	135
ゲシュタルト派	11
血圧	77
血液型ステレオタイプ	192
結果の知識	49
血管障害	267
血行力学的反応パターン	77
原因帰属	162
嫌悪刺激	42
言語相対性仮説	143
言語野	276
言語聾	287
検索	135
原始反射	32, 241
健忘	139, 271
語	142
語彙爆発	146, 246
行為者観察者バイアス	164
効果の法則	43
交感神経系	66
交差性支配	79, 275
高次脳機能障害	266
公衆衛生学	199
恒常性	100
構成主義	10
構造化面接	186
構造方程式モデリング	187
構造論	214
行動遺伝学	201
──の3法則	202
行動主義	14, 147, 219, 239
──心理学	16, 37
行動の科学	12
後頭葉	273
行動療法	16, 38, 209
行動理論	209
興奮	61
興奮性シナプス	62
合理論	5
コーシャスシフト	174
個人的無意識	14
固着反応	84
ごっこ遊び	247
骨相学	267
古典的条件づけ	35, 224
ゴルジ染色法	62
コンサルテーション	212
コントロール欲求	162
コンフリクト	12

さ

最近接発達の領域	23
裁決質問法	82
再生（法）	19, 135
再認（法）	135, 141, 268
細胞体	60
細胞膜	61
作業記憶	137
錯覚	11, 106
サッケード	80
査読（peer-review）	27
三項随伴性	42
3次条件づけ	39
地	103
シータ波	70
シェイピング	47
シェイピング法	228
ジェームズ・ランゲ説	87
シェマ	23
自我	14
視覚	6, 34, 64, 93, 131, 240, 274
視覚EP	71
自我同一性	255
自我の芽生え	247
時間分解能	68
視空間スケッチパッド	137
軸索	60
刺激強度	7
刺激性制御	46
試行錯誤	12, 127
──学習	43
自己開示	257
自己概念	152, 220
自己実現	218
自己実現傾向	221
自己中心性	251
自己呈示	154
自己評定	185
思春期	255
視床	65, 110
視床下部	65

事象関連電位（ERP）	71	純粋性	222
肢節運動失行	292	消去	37, 44
自然観察法	187	消去抵抗	45
自尊心	153	条件刺激	36
失音楽	287	条件性強化子	47
実験観察法	187	条件づけ	15
失語	271	条件反応	36
——症	148, 266, 279	象徴遊び	247
失行	271	情動	83, 270
——症	291	情報処理過程	122
失書症	279	症例HM	139, 271
失読失書症	280	初期学習	33
失読症	279	触二点弁別閾	116
失認	271	触覚	6, 93, 115, 240, 285, 290
——症	285	初頭効果	135
児童期	250	徐波睡眠	70
シナプス	62	処理水準効果	138
——間隙	62	処理モデル	283
——後電位	68	自律訓練法	231
自発的回復	33	自律神経系	66
自発的微笑	241	新近性効果	135
自閉症スペクトラム障害（ASD）	252	神経筋単位	78
ジャーゴン	281	神経細胞	60, 126, 134, 267, 272
社会心理学	21	神経症傾向	194
社会性	270	神経症傾向—安定性	193
社会的学習	52	神経心理学的症状	266
社会的促進	172	神経節細胞	98
社会的手抜き	173	神経伝達物質	62
社会的排斥	179	神経変性疾患	267
社会的比較理論	153	人工知能	20, 125
社会的抑制	172	新行動主義	19
弱化	43	新生児期	241
シャルパンティエ効果	118	新生児微笑	241
集合の無意識	14	新生児模倣	241
自由再生	135	深層性失読	284
集団極化	174	身体失認	290
集団心理療法	229	心的外傷後ストレス障害（PTSD）	233
集中練習	50	心的辞書	144
習得の行動	30	心的反射	15
周波数	69	心電図法	77
十分に機能する人間	222	心拍出量	77
自由連想法	217	心拍数	77, 81
主観的輪郭	103	深部感覚	115
手指失認	290	心理アセスメント	208
樹状突起	60	心理劇	230
出現頻度効果	145	心理構成概念	183
受動の対処	78	心理性的発達理論	214
受容体	62	心理療法	186, 208, 250
馴化	32	図	103

随意性	293
遂行機能	270
──障害	271
錐体	97
推論の誤り	228
ステレオタイプ	155
刷り込み	24, 33
性格	194
誠実性	194
静止膜電位	61
性衝動	14
成人期	258
精神病質	194
精神物理学	6
精神分析	213
──学	14
──療法	208, 215
──理論	208
生成文法	146
生得的行動	30
青年期	254
正の強化	42
正の強化子	42
正の転移	51
正の罰	43
生理学的心理学	9
生理心理学	18
脊髄	64
脊髄反射	64
摂食障害	256
節約率	135
セルフサービングバイアス	165
セルフハンディキャッピング	154
セルフモニタリング	154
宣言的記憶	136
先行条件	41
前向性健忘	139
選好注視法	130
先行手がかり法	131
潜在変数	188
全習	50
漸進的筋弛緩法	231
全体説	282
前頭葉	94, 148, 253, 270, 273
相互活性化モデル	145
相互作用論	190
走性	30
相貌失認	286
側頭葉	85, 93, 139, 148, 273

ソマティック・マーカー	89

● た

第一反抗期	246
体験	220
胎児性アルコール症候群	243
帯状回	65
体性感覚	64, 115
体性感覚EP	71
胎生期	240
体性神経系	66
態度	160
第二次性徴	255
第二反抗期	255
大脳基底核	65
大脳皮質	25, 64, 268, 272
大脳辺縁系	65
タイムアウト法	228
代理強化	53
代理的古典条件づけ	53
多元的無知	171
他者評定	185
多重貯蔵モデル	136
脱馴化	32
他人の手徴候	295
タブラ・ラサ（白紙）	6
ダブルフラッシュ効果	113
単眼手がかり	105
短期記憶	18, 136, 271
単純接触効果	156
タン症例	282
談話	142
知覚	11, 71, 92
逐次接近法	47
知的障害	252
知能テスト	27
チャンク	125
注意	128
──の特徴統合理論	129
──の配分	128
──のフィルター理論	20
──の容量モデル	129
注意欠如・多動性障害（ADHD）	252
注意資源	129
注意障害	271
中央制御部	137
中心溝	273
中枢起源説	87
中枢神経系	63

中性刺激	36
中年期危機	259
聴覚	93
聴覚EP	71
聴覚失認	287
聴覚的補完	112
長期記憶	136, 271
調査法	184
調査面接	186
超自我	14
聴理解	280
調和性	194
直面化	217
貯蔵	135
沈黙の領域	270
追従眼球運動	80
対呈示	36
痛覚	115
低出生体重児	243
テスト・バッテリー	187
手続き的記憶	136
デルタ波	70
転移	51, 217
転送	136
伝導失語	281
ドア・インザフェイス法	176
投影法	184
統覚型	286
――視覚失認	286
道具の強迫的使用	295
洞察（学習）	12, 127
洞察（精神分析）	216
動作法	231
闘争・逃走反応	84
同調	170
――現象	22
頭頂葉	94, 115, 273
逃避	43
トークン・エコノミー法	228
特性論	190
特別支援教育	252
トライアングルモデル	145, 285
トラクトグラフィ	278

な

内観法	9
内集団びいき	178
内臓感覚	115
内的作業モデル	244
内的精神物理学	8
内発性注意	131
内分泌系	67
なぞり読みの促通効果	282
喃語	245
二次感覚野	274
二次受傷	213
二次障害	254
2次条件づけ	39
二重乖離	268, 284
二重経路モデル	285
乳児期	241
入眠期	70
乳幼児突然死症候群	243
ニューラルネットワーク	21
ニューロン	60
二卵性双生児	201
人間性心理学	208
――理論	218
認知	122
認知科学	125
認知革命	20, 124
認知行動療法	209, 225, 249
認知行動理論	209
認知症	261
認知処理	122
認知神経科学	18, 21, 127
認知神経心理学	127, 284
認知心理学	19
認知地図	16
認知的再体制化	228
認知的不協和理論	161
認知能力の発達段階理論	250
認知のゆがみ	228
認知療法	228
認知理論	209, 225
脳	64
脳イメージング	24, 278
脳回	272
脳機能イメージング法	74
脳溝	272
脳梗塞	267
脳磁図	71
脳出血	267
脳卒中	267
能動的対処	77
脳波	68
脳梁	272
脳梁離断手術	276

は

把握反射	241
パーソナリティ	182
──研究の危機	191
──障害	204
──特性	190
バーンアウト	213
背側経路	289
バウム・テスト	186
白質	272
暴露法	227
箱庭づくり	186
パス解析	189
罰	43
発火	61
発達	236
──の規定因	238
発達障害	252
発達心理学	23, 236
発達段階	236
──説	143
発話の流暢性	280
場の理論	12
パフォーマンスの知識	52
バランス理論	160
ハロー（後光）効果	156
般化	38, 45
般化勾配	45
般化模倣	53
半構造化面接	186
反実仮想	167
反射	32, 222
半側空間無視	133, 288
反応形成	47
反応時間	123
反復	136
比較認知科学	127
非構造化面接	186
左視野	275
左半球	272
ビッグ・ファイブ	194
表象	122
表層性失読	284
病態失認	290
病変部位	278
表面筋電図	79
敏感期	34
フィニアス・ゲージ	269
フィルターモデル	129
副交感神経系	66
復唱障害	280
腹側経路	289
腹内側前頭前皮質	88
腹話術効果	113
符合化	135
ふたご	201
物心二元論	3
フット・インザドア法	177
負の強化	43
負の強化子	42
負の転移	51
負の罰	43
部分強化	44
フラッディング法	227
フリージング	84
プレイセラピー	218
ブレイン・コンピュータ・インターフェイス	73
ブレイン・デコーディング	25
プレグナンツの法則	11, 104
ブローカ失語	281
ブロードマンの脳地図	275
プロスペクト理論	168
プロトタイプモデル	143
文	142
文化的自己観	158
分散表象	145
分散練習	50
分習	50
文法の構造	20
文脈依存効果	138
分離脳	275
平衡感覚	115
並列分散処理（PDP）モデル	126
ベータ波	69
ヘッブ則	17
ヘリングの反対色説	99
扁桃体	65, 85
弁別	38, 46
──閾	7
──刺激	41
──反応	46
防衛機制	215
傍観者効果	171
忘却曲線	19, 135
報酬訓練	43
報酬刺激	42

保存の概念	250
没個性化	175
ポップアウト	130
ポリグラフ検査	81
ホルモン	67
本能的行動	31

ま

マインドフルネス	226
マインドフルネス・ストレス低減法（MBSR）	229
マインドフルネス認知療法（MBCT）	229
マガーク効果	113
膜電位	61
マジカルナンバー7±2	20, 125
マターナル・デプリベーション	243
末梢起源説	86
末梢神経系	63
マルチメソッド	187
味覚嫌悪学習	40
右視野	275
右半球	272
脈波	77
ミュラー・リヤー錯視	107, 116
無意識	13, 213
無条件刺激	36
無条件の肯定的な配慮	222
無条件反応	36
明確化	217
面接法	184
モジュール性	277
モデリング	50, 53, 228
模倣学習	53

や

ヤング・ヘルムホルツの三色説	99
遊戯療法	218
誘発電位	71
指さし	246
幼児期	245
陽電子放射断層法（PET）	74
ヨーガ	232
抑圧	215
抑制性シナプス	62
予測的妥当性	196
欲求階層説	219
四体液説	4

ら・わ

ライフレビュー	260
ラバーハンド錯覚	119
ラポール	221
リスキーシフト	174
理性	3
理性感情行動療法	228
離断症状	283
リッカート尺度	184
リハーサル	136
リビドー	214
両眼手がかり	105
両側性支配	79
両側性転移	51
臨界期	34
——仮説	147
臨床面接	186
類型論	190
ルビンの壺	103
霊魂論	3
レスポンスコスト法	228
レム睡眠	70
連合型	286
——視覚失認	286
連合主義	6
連合野	274
連続強化	44
老年期	259
ロールシャッハ・テスト	186
ロゴジェンモデル	144
論理療法	228
ワーキングメモリ	137

人名索引

アイゼンク Eysenck, H. J. 190, 209
アッシュ Asch, S. E. 22
アリストテレス Aristoteles 2
ウィーセル Wiesel, T. N. 34
ヴィゴツキー Vygotsky, L. S. 23
ウェーバー Weber, E. H. 7
ヴェルトハイマー Wertheimer, M. 11
ウェルニッケ Wernicke, C. 283
ヴント Wundt, W. 9
エインズワース Ainsworth, M. D. S. 242
エビングハウス Ebbinghaus, H. 19, 135
エリクソン Erikson, E. H. 236, 255
エリス Ellis, A. 225
オルポート Allport, G. W. 190
ガザニガ Gazzaniga, M. S. 276
カバット-ジン Kabat-Zinn, J. 226
ガル Gall, F. J. 267
ガレノス Galenus 4
キャッテル Cattell, J. M. 27
キャノン Cannon, W. B. 87
グッデイル Goodale, M. A. 288
グレゴリー Gregory, R. L. 107
クレッチマー Kretschmer, E. 190
クロニンジャー Cloninger, C. R. 190
ケーラー Köhler, W. 12
ゴールトン Galton, F. 238
コスタ Costa, P. T. 190
コルンフーバー Kornhuber, H. H. 25
サイモン Simon, H. A. 20
ジェームズ James, W. 9, 86
シェーン Schön, J. H. 27
シェリフ Scherif, M. 21
シェルドン Sheldon, W. H. 190
ジンバルドー Zimbardo, P. G. 22
スキナー Skinner, B. F. 16, 42
スキャモン Scammon, R. E. 237
スピアマン Spearman, C. E. 188
スペリー Sperry, R. W. 276
ソーンダイク Thorndike, E. L. 16, 43
ソクラテス Sôkratês 3
チョムスキー Chomsky, N. 20, 146
デーケ Deecke L. 25
デカルト Descartes, R. 5
トールマン Tolman, E. C. 16
ナイサー Neisser, U. 21
ニューウェル Newell, A. 20
バトラー Butler, R. N. 260
パブロフ Pavlov I. P. 15
パルマー Palmer, J. C. 140
バンデューラ Bandura, A. 54, 228
ピアジェ Piaget, J. 23, 250
ヒポクラテス Hippocrates 4
ヒューベル Hubel, D. H. 34
フェスティンガー Festinger, L. 22
フェヒナー Fechner, G. T. 7
プラトン Platon 3
ブルーナー Bruner, J. S. 19
フロイト Freud, S. 13, 208, 213
ブローカ Broca, P. P. 282
ブロードベント Broadbent, D. E. 20, 129
ベック Beck, A. T. 209, 228
ヘッブ Hebb, D. O. 17
ヘリング Hering, E. 99
ヘルムホルツ von Helmholtz, H. L. F. 99
ペンフィールド Penfield, W. G. 17
ボウルビィ Bowlby, J. 242
ポズナー Posner, M. I. 131
マズロー Maslow, A. H. 208, 218
マックレー McCrae, R. R. 190
ミシェル Mischel, W. 191
ミラー Miller, G. A. 20, 125
ミルグラム Milgram, S. 21
ミルナー Milner, A. D. 288
ヤング Young, T. 99
ユング Jung, C. G. 14
ラシュレー Lashley, K. S. 17
リープマン Liepmann, H. 292
リッカート Likert, R. 184
リベット Libet, B. 26
レヴィン Lewin, K. 12, 21, 191
レモ Lømo, T. 18
ローレンツ Lorenz, K. Z. 24, 33
ロジャース Rogers, C. R. 208, 220
ロック Locke, J. 6
ロフタス Loftus, E. F. 140
ワトソン Watson, J. B. 14, 37, 224, 239

編著者紹介

板口　典弘　博士（文学）
　2013 年　早稲田大学大学院文学研究科博士後期課程修了
　現　在　慶應義塾大学文学部　准教授

相馬　花恵　博士（文学）
　2013 年　早稲田大学大学院文学研究科博士後期課程修了
　現　在　駿河台大学心理学部　准教授

NDC 140　317 p　21 cm

ステップアップ心理学シリーズ
心理学入門　こころを科学する 10 のアプローチ

　　2017 年 9 月 20 日　第 1 刷発行
　　2025 年 2 月 6 日　第 17 刷発行

編著者　板口典弘・相馬花恵
発行者　篠木和久
発行所　株式会社　講談社
　　　　〒112-8001　東京都文京区音羽 2-12-21
　　　　　　販　売　(03)5395-5817
　　　　　　業　務　(03)5395-3615
編　集　株式会社　講談社サイエンティフィク
　　　　代表　堀越俊一
　　　　〒162-0825　東京都新宿区神楽坂 2-14　ノービィビル
　　　　　　編　集　(03)3235-3701
本文データ制作　株式会社　ＫＰＳプロダクツ
印刷・製本　　　株式会社　ＫＰＳプロダクツ

落丁本・乱丁本は，購入書店名を明記のうえ，講談社業務宛にお送りください。送料小社負担にてお取替えいたします。なお，この本の内容についてのお問い合わせは，講談社サイエンティフィク宛にお願いいたします。定価はカバーに表示してあります。

Ⓒ Yoshihiro Itaguchi and Hanae Soma, 2017

本書のコピー，スキャン，デジタル化等の無断複製は著作権法上での例外を除き禁じられています。本書を代行業者等の第三者に依頼してスキャンやデジタル化することはたとえ個人や家庭内の利用でも著作権法違反です。

Printed in Japan
ISBN 978-4-06-154808-4